话说横州

袁海 著

说横州，说的并非仅仅限于今日的横州街，而是以横州街为中心，包括永淳在内的大横州。故乡的味道自小就氤氲于灵魂深处，不经意间就会触发出来……

广西人民出版社

自序

人，大约都想了解故乡。

想了解故乡，是因为生于斯长于斯，故乡的味道自小就氤氲于灵魂深处，不经意间就会触发出来。读大学期间，偶然浏览到范成大《桂海虞衡志》记载横县与宾阳间的古辣泉酿酒，眼睛居然莫名地亮起来，范成大的名字看着也格外亲切，而且过目不忘。

这种感觉强化着对故乡的关注。随着时间的推移和阅读面的扩展，对故乡的历史多了一些了解和思考。阅读的资料越多，发现的问题就越多。如清《横州志》自身就有不少自相矛盾甚至错误之处，此后出版的志书又以讹传讹。本邑热心人士对故乡往事的探究，或因研读古籍不足，或因出于需要或善意而解读，导致不少曲解甚至错误。1995年我参与编写南宁地区爱国主义教育补充教材《家乡在改革大潮中崛起》，阅读到更多的乡土资料，曾摘录一些前后矛盾或有疑问的问题，想日后探讨。但想归想，写始终未能跟进，踌躇之间，十几年的时光就没了，直至2011年下半年，才又想起搜集资料写点文字。

但要了解故乡并不容易。岁月沧桑，往事漫漶，故乡的人和事都随时间的流逝而烟消云散，后人只能在前人留下来的文字碎片或遗址里琢磨和拼接故乡的旧图像。而时空、观念、立场、阅历、学识等因素都影响着人们对前朝旧事的探究。前人记录的人和事，也同样免不了掺入记录者的想法，所以要窥视故乡的本来面目很难。本书大都是叙述、解读式的文章，重在梳理事物的本源，又顺便纠正前人的疑似错误。还对今人一些说法和做法有所评论，这并非自矜一己之见寻瑕造隙，而是想通过不同观点的表达引起关注，互相探讨求得确论。最后还有感于今人翻译的不足而译了几篇人们多所称引的古文附录于书末，想通过对古籍的直接解读，帮助纠正一些我以为有问题的说法。尽管如此，本书仍不敢说是去伪存真正本清源之作，因为我自以为是的所引所论，保不准也捎带着前人或今人的戏说甚或胡说，更遑论由于本人学识不足而可能导致的错误了。我所能做的，就是尽量搜寻资料，尤其是最早的资料，使自己拼接的故乡图像言之有据，言之成理。至于效果如何，就听读者评判了。

本书脱稿之际，我既有担忧又有期待。我教过语文，作文课常要求学生"我手写我口"，以把事情讲清楚为准。本书的写作也力求"讲清楚"，结果大约也像学生习作那样有"语"而无"文"，不知读者能否体谅。文中不通不周不恭甚至乖谬之处，估计不少，无任欢迎读者批评指正。如果有幸得到读者详加点评，引发更多热爱故乡的人关注和研究横县历史，则本书的写作就超值了。

聊为序。

著　者

2016 年冬月

重印附记

本书这次重印，对个别地方作了些必要的修改，谨志。

2021 年 8 月 20 日

目　录

话说横州

说横州，说的并非仅仅限于今日的横州街，而是以横州街为中心，包括永淳县在内的大横州。

春秋时期，横州属越国。之前，横州属古荆州。古荆州具体的行政区域已不可考。

战国时楚国灭越国，越王诸族子散处江南海上，各成部落称君长。因部落众多，号为百越，"越"通"粤"，所以又称百粤。横州大约属百越中的"骆越"，一说"瓯越"。

公元前221年秦始皇灭六国，在岭南一带设桂林郡、象郡、南海郡。横州郁江之北属桂林郡，郁江之南属象郡。^①

秦末陈胜、吴广揭竿起义，天下大乱。正所谓"秦失其鹿，天下共逐之"。但岭南地区的主官赵佗却不蹚这趟浑水，他将"横浦、阳山、湟溪"这三个出入岭南的重要关口道路挖断，"聚兵自守"，不让外兵进入。做好这一切后，赵佗便对外号称南越王。待刘邦南征北战收拾群雄创立汉朝时，已经精疲力竭，而北方还有匈奴，南方还有岭南。纠结再三，刘邦只好"释佗弗诛"（《史记·南越列传》），册封赵佗为南越之王，南越成为西汉藩属。横州为南越地。

西汉元鼎五年（公元前 112 年），经过几十年的休养生息，汉国力大增。汉武帝继承高祖遗志，把罪人编入部队，让他们戴罪上阵，应允立功后转为平民，招募士兵十万，任路博德为伏波将军，讨伐南越。元鼎六年（公元前 111 年）平定南越。之后，南征部队中死剩的罪人和自愿者就地解散，定居于岭南地区。此举一石几鸟，既灭了南越，又减少了监狱，移了民。随后把南越地分为苍梧、郁林、合浦三郡，受交趾（今越南北部）部刺史总管。横州为合浦郡属地，位于合浦郡北部。

东汉建武十七年（公元 41 年。以下单用数字表示），交趾女子征侧反汉，攻陷岭南数十个郡县。光武帝命马援为伏波将军平叛。马援西征进军路线史书无载，有专家据《后汉书·马援列传》"就缘海而进，随山利道千里余"，推测是自合浦入北海然后沿海岸西进（《广西历史地理》）。这个说法有道理。用兵讲究快和出其不意，如果逆水过蜿蜒十几里航道狭窄而又水流湍急的乌蛮滩，一日才过得十来艘，数百艘战船何日过得完？但横州人传说是逆郁水西进，战船受阻于横州乌蛮山脚的乌蛮滩。马援命将士凿礁疏流得以通过。后人于乌蛮滩建庙祀之，至今仍香火不绝。

东汉建宁三年（170 年），"冬，郁林太守谷永以恩信招降乌浒人十余万，皆内属，受冠带，开置七县"（《资治通鉴·汉纪四十八》）。

十万乌浒人的内迁，当是四方瞩目遐迩皆知的大事。乌浒人原住地在哪里，又迁到哪里？明朝福建人魏浚（1553—1625）写《峤南琐记》（横县端书图书馆藏书），引作者、年代均轶的《异物志》说：

南海郡之西安南（今越南北部）都统司之北，即乌浒蛮也，古损子国（又曰啖人国），生首子辄解而食之，曰宜弟，味旨则献其君，君喜之而赏其妇，娶妻美则让其兄。其国有乌蛮滩，汉建武中（25-55）国废。

魏浚曾于明万历三十七年（1609年）后，经浔州（今桂平）走陆路过横州、永淳，赴南宁任广西省提学佥事，想起横州人说有乌蛮滩，便加按语说："乌蛮滩在横州东十里。"[②]横县博物馆《铜鼓记忆》说"横县是乌浒人活动中心，东汉时，郁林太守谷永招降乌浒人十余万之事，就发生在横县乌蛮山一带"，大约就据此推测而成。

但南朝宋（420—479）范晔撰《后汉书·南蛮西南夷列传》说："其俗男女同川而浴，故曰交址。其西有啖人国，生首子辄解而食之，谓之宜弟。味旨则以遗其君，君喜而赏其父。取妻美则让其兄。今乌浒人是也。""址"亦写作"趾"，交趾西即今越南北部的西边。

北宋庆历六年（1046年）任粹到横州任知州，横州父老告诉任粹说，"乌蛮山原名乌岩山，五代时期（907—960）刘岩称帝，因避其名讳改称乌蛮山"。

明崇祯十年（1637年）徐霞客游横州过乌蛮滩，他说："乌浒蛮在贵县北，于此不相及。"[③]

按照范晔、徐霞客等人的说法，横州就不是古损子国，也就没有谷永在横州招降乌浒人十余万的事。清朝横州人也不将乌浒人说成本地人，清乾隆十一年（1746年）《横州志》第80页说："乌浒蛮，其国在交趾西，名啖人国。……汉郁林守谷永招降蛮众十余万，居于横州之乌蛮山。"据此，横州则是"内属"之县。但这个说法与《资治通鉴》有出入：横州即属"内属"之县，也只是七县之一，如何容纳了十万人？而从地图看，乌蛮山（今称大王岭）系南北走向的一组山峦，方圆不足60平方公里，其山中及周围至今只有古城、龙门塘、踏路村包括贵港大岭乡新济、那朋等17个村庄，又如何容得下十万之众？

实则所谓"啖人国"，更早的说法载于记录战国时期（前

475—前221）墨翟言论主张的《墨子·鲁问》："楚之南有啖人之国者桥，其国之长子生，则解而食之，谓之宜弟，美则以遗其君，君喜则赏其父。"并无"娶妻美则让其兄"的说法，也没有"乌浒蛮""乌蛮滩"的说法。④

汉武帝"罢黜百家，独尊儒术"以来，两千多年的封建社会都是以儒家学说为正宗。如《礼记·曲礼》云："夫唯禽兽无礼，故父子聚麀。""父子聚麀"就是父子共妻的意思。抹黑乌浒人时便往这方面靠，说他们"蛮""啖人""乱伦"，不说成禽兽死不罢休。

横州的少数民族除乌浒人外，清《横州志》说还有"猺""獞""獠""狼"等，中华人民共和国成立后统统去掉"反犬旁"，改为"瑶""壮"等。现今横县以汉族居多，世居少数民族只有壮族，约占总人口的36%，还有约占总人口1%的少数民族如"瑶""苗"等皆为外来人口。"獠""狼"等少数民族已不见记载，清《横州志》说是"累朝神圣之德渐被，诸蛮咸受冠带，输职役，遐迩一体，同归郅隆"。今天的横县，壮族居多的是云表、镇龙、石塘（含灵竹）以及西边的平马、六景（含良圻）、平朗、新福（含飞龙）等地，校椅、陶圩、莲塘是壮汉杂居地，汉族占大多数的乡镇有百合、马山、南乡（含板路）、那阳、横州，大部分属江南地。而与横县百合、马山、南乡（含板路）、那阳接壤的钦州市灵山县、浦北县乃至贵港市、玉林市等等都是汉族占大多数的地区。这种分布状况，是否说明横县的汉人多是从东边地区诸如广东、福建一带向西移民而来？比如据族谱记载，包括横县在内的广西11个县的袁氏就发源自广东番禺。

三国时横州为吴国辖地。永安八年（265年）⑤，吴王孙休把合浦郡地处郁江流域的北部剥离出来，设合浦北部都尉，职在防守郁江段，隶属交州部。不久又改为宁浦郡，郡治宁浦县，即宁浦郡的领导机关设在宁浦县，如同今横县人民政府设在横州镇一样。宁浦郡管三个县：宁浦县（今横县郁江西南岸包括旧永淳的江南等地，⑥县治无载）、兴道县（今横县东南百合一带，县治不详）、平山县（今横县江北一带，县治不详。清《横州志》说：今州治从化乡有平山村，盖因旧县名。平山村就是今云表镇邓圩平山村）。宁浦、兴道、平山这三个县是平行关系，如同现横县人民政府管辖下的乡镇。

宁浦郡是大横州最早的雏形，包括了原属桂林郡的江北地区和原属象郡的江南地区。此后的分分合合加加减减，或称郡称州称路称县，俱是在这块地皮上的打闹折腾。

晋太康元年（280年）灭吴国，天下一统于晋。皇帝司马炎一高兴，就下令州郡一律撤去驻军，以示天下大治河清海晏。按说皇帝一言九鼎，地方无论如何都要执行，但交州刺史陶璜却上书说："交州之人好为祸乱，而广州南岸周旋六十余里，不宾属者五万余户，州兵未宜约损。"（见清《横州志》第69页）司马炎无奈，只好屈尊从之。横州的驻军因此没被撤去。

太康七年（286年），司马炎在距离今横州城西南60里的陈埠江口（今称平塘江口）"又置简阳县"，县治陈埠江口街。⑦

平塘江口是广东钦州海盐从水路运至广西的交通枢纽。自灵山沙坪入横州新福至平塘江口，向东可达横州、贵州（今贵港）、浔州府（今桂平），向西可至永淳县、宣化县（原邕宁县）、南宁府，其位置的重要不言而喻。盐税又是地方军费的重要来源，魏浚就说过"粤右（即广西）兵饷半藉盐运"。自汉朝始，"汉世为佐军兴计，乃立盐榷之官孔仅，……而盐法盐政，后世于是益加详矣"。（引自清《横州志》）晋以后至元朝，历朝官府是否都在平塘江口设卡收盐税，目前未找到相关史料。有记载的是清乾隆前期（又或许是明朝），南宁府在平塘江口街设分府，光绪年间又设南宁盐税分卡。民国时期省府于此驻士兵一个班防守，设南宁统税兼饷捐征收处，抽取货运税金。由此看来，在平塘江口街设县治，实乃不二之选。

晋朝时宁浦郡因为一件事而被北宋司马光载入他主编的《资治通鉴》：晋太宁元年（323年），陶侃以军功领交州刺史。不久，皇帝的近臣吏部郎阮放求为交州刺史，皇帝一时把不住后门，许之。阮放奉着圣命，带着卫队威风八面行至简阳县。驻守简阳县的陶侃手下悍将高宝出来迎接这个"空降"的刺史大人。阮放恐高宝不满，为免后顾之忧，便设鸿门宴灭了高宝。不料强将手下无弱兵，群龙无首的士兵绝地反击，居然把身荷皇命顾盼自雄的刺史阮大人打回酒囊饭袋的原形。阮放抱头鼠窜，跑到交州不久就一病不起，完全彻底免除了后顾之忧。清《横州志》说，当年"阮放杀陶侃故将高宝，宝众击放，败走，保简阳城是也"。

南北朝时的梁国（502—557）干脆连宁浦郡也废去，直接把简阳县升格为简阳郡，隶属广州。

陈国（557—589）沿称简阳郡。

隋朝立国至亡国，只有短短的37年，却喜欢改名。立国第二年即隋开皇十一年（591年），取消郡一级建制，改简阳郡为简州。才过7年，开皇十八年（598年）又改称缘州。8年后的隋大业二年（606年），隋炀帝又废州复郡，缘州复称宁浦县，属郁林郡。

唐朝改郡为州，设州、县两级。唐初，在横州境内大动手术，把宁浦县的西北分割出去，设淳州（即后来的永淳县），州治永定县（今峦城镇江北，具体地点不详），管永定县、武罗县（今宾阳县甘棠一带，治所在甘棠圩）、灵竹县（原横县灵竹镇，治所在今灵竹街中心小学，2005年撤归横县石塘镇）。唐武德四年（621年）在宁浦县复设简州，两年后忽然发现四川阳安已于武德三年（620年）称"简州"，于是又将设在宁浦县的简州改为南简州。

同年又在东南分置乐山县（今横县百合、马山）。在郁江北岸分置蒙泽县和淳风县。蒙泽县在今横州镇蒙村周围，县治蒙村。⑧淳风县包括校椅镇、云表镇、马岭镇直至镇龙乡的马兰、白面村等江北一带。淳风县于唐永贞元年（805年）改称从化县，宋朝时撤从化县，清朝称从化乡，民国称北区。淳风县的县治清人没有记载，据民国《横县志》说是"在城东北二十里从化乡和塘村旁"。这个结论是中区局查报的，既没有公布考古依据，也没有标示从化乡距"城东北二十里和塘村"这个地方。"城北二十五里"只有个汶塘村，即今校椅镇汶塘村，使人引用这个结论时缺乏底气。

唐贞观八年（634年）把南简州改为横州，废去立县才13年的蒙泽县，并入横州。横州的地盘自此由江南跨到江北。唐明皇（玄宗）时又将横州改称宁浦郡，唐乾元元年（758年）再改回，称横州，并把州治移到江北"旧州东七里，郁江北岸，至贵县水路一百七十里"，⑨据此推算，新州治大约在平塘江口街对岸东头附近。

宁浦郡自三国时期吴国设置，之后无论改简阳郡还是南简州、横州、横县，都是行政层级变动的需要，这不足为奇。奇怪的是，在讲究"传承有绪"的古代，为什么历时千年的宁浦郡最终不以"宁浦"而以"横"为州名？

有人说是因为"郁江横带于前"（见《横州古今》第5页，横县地名集编纂委员会编）。也有人推敲说出于四个方面的考虑，甘书明先生的《茉莉花香》第42页说：

一是董京浪迹横州留下了"仙人横槎"的传说，体现了名人效应……二是郁江横贯县境中部，直至九曲十八弯到了香稻溪口，即月江湾后笔直横过州郡的署府前面……三是呵护州城的山，东有乌蛮山南北走向，北部州境有镇龙山脉，霞义山脉东西走向横接布山县和领方县，西有麻毕山、四排岭、娘山、太平山、骆驼山、从北至南逶迤而来。而屹立在州前方的南山巍巍然，东西横贯，风光秀丽，物华天宝，一个"横"字，体现了原南简州的地理环境；四是州署在晋朝起建有黉学，即州郡学宫的俗称。"黉"通"横"，……用"横"州冠州名，还含有"黉"之州，州之"黉"的意思体现横州尊师重教之民风，更富有希冀横州今后文教发展，人才辈出之义。

尽管言者谆谆，可我仍不理解为什么用各州县都有的"黉学"的"黉"的通假字来作州名，一点特色都不讲。且以现今横县人民政府所在地的地理位置来推论古横州的得名，自然也看不出"黉"含有体现横州尊师重教之民风，有希冀横州今后文教发展人才辈出的意思。至于从山脉走向和南山的东西横贯来探求"横州"的得名，虽然新潮但不足为凭。古代不比现代，没有航拍，没有卫星导航，进入镇龙的深山密林就成了"摸盲鸡"，能摸出来就不错了，要弄清楚那么大范围的横横竖竖高高低低大大小小的山势，谈何容易！这从清人绘制的《横州全图》就可以看出来，清之前更不用说了。倒是"董京浪迹横州留下了'仙人横槎'的传说，体现了名人效应"猜对了。清《横州志》第25页说，"横槎江，在州西五十里，又称槎浦，源出灵山。江中有横槎滩。《一统志》云，晋咸元间（注：查晋无'咸元'年号；一说指西晋咸宁至元康间），董京泛江，见一枯槎，枝干扶苏，坚如铁石，其色光黑如漆，横于滩上，因名"。而行政层级的"州"是个象形字，字形本身就像小岛被河水环绕，与"浦"的含义"水边或河流入海的地区"相近。《说文解字》注：水中可居曰州。起名"横州"，既有"宁浦"的影子，又切合地名"横槎江""槎浦江"或"横槎滩"，使人想起名人董京见"枯槎横于滩上"的古老传说。换作"简"或"缘"，都没有这样的效果。由此可见出"横州"二字的好处，这也许是宁浦郡最终不以"宁浦"而以"横"为州名的原因。

至于"郁江横带于前"的说法，我以为不足以采信。因为旧时交通与物流大都靠水道，许多州县都依山傍水，有的州县治所没有水也要人工开渠引水，以应风水之说兼以御贼，所以衙门前江水环流是常有的事。如永淳县署即今横县峦城完全中学，也是"郁江横带于前"，并非横州所仅有。

横州州治由江南移到江北，不单单是政府机关的迁移，还是江南横州文化向江北的移植、改造乃至重构。清《横州志》在叙说历史的时候，有些说法出现明显的前后矛盾，都在这南北衔接上，这是当时的撰稿人既想突出江北横州历史悠久，又抹不去江南横州历史的缘故。如董京在江南横州遇枯槎的故事，改造成董京在江北横州见仙人横槎于滩。清《横州志》第209页说，"董京，字威廉，元帝时避居横州登高岭（今东方旅社处）。秋夜泛舟于江浒，见一仙乘槎而来，枝干扶疏，黑光照人。京谒之，赐以血食……"与该书第25页的说法扞格不入。又比如"慈感"故事。"慈感"传说中陈氏遇白衣人的故事最早见于宋代《横州旧图经》：

> 唐贞观中，妇人陈氏居朝京门外，有鬻鱼者。忽白衣人谓陈曰"鱼不可食，既市可掷于水，急上山顶避之"。陈如其言。比至山巅，回望所居，皆陷而为池矣。陈既没，郡人即山顶立祠。⑩

后人移植或改造陈氏的故事有点悖于常理，说唐贞观年间，陈氏妇人住在横州北门外，在住地（今龙池塘）即将塌陷没于汪洋之中的危急情况下，她不是转身跑上旁边的北山（今革命烈士纪念碑所在的山）或四官岭避险，而是舍近求远一口气跑到七里之外而且还要涉过溪涧爬上陡峭的钵岭之顶。

承载着"慈感"故事的龙池塘并非地震塌陷的结果，而是旧河道的残留。它位于北山与四官岭两山之间。西北大地耸立着由校椅塘村至横州西津郁江边连绵数百平方公里的崇山峻岭，东面的山水由高向低流向郁江：北滩水因四排岭南端向东突出而转向东流经新桥、江头村、清江入郁江；娘山水流经宋村、莲州路口入龙池塘，然后过龙池西路中段、端书图书馆、体育场、粮食局、柳明路口、汽车总站，经西小区荣和路一带注入香稻溪过海棠桥汇入郁江。明朝吴时来开发汽车总站南边的乌石岭时就说，"鸣禽跃鱼争巧献奇于树林陂塘之间"，可以看出当时乌石岭旁边有水塘。明朝扩大横州城，西边城墙和北门城墙或许就是缘旧河道的岸边砌起来的，所以城墙之外没有路，在今西门李路口（横州镇医院南端）开了一个"肃清门"，最后还用砖堵死了。北门外也没有路，只有穿过干枯的河床才能通向报恩寺（旧址在今翠景华庭处）。现在的北门路连同端书图书馆、体育场等地方皆为填高河床而成。民国时期直至解放后改革开放前，这些路段和场地大都是水田洼地池塘。今天沿着这条线路勘察，仍可以明显看出龙池塘水绕北山前流过登高岭与乌石岭之间，然后经西区香稻溪注入郁江的大致地势。

永贞元年（805年）改淳州为峦州。

五代十国时期又改横州为宁浦郡。

宋朝时改宁浦郡为横州郡，郡治宁浦县，具体方位大约在今月江宾馆，为土城。元初被毁掉。元至正六年（1346年），横州州判倪诚斋和同知于瞻将今月江宾馆处的小土城扩修成"方围三里"的城池，把宁浦县治移入城内（宁浦县治从何移来不得而知），拆乐山古城的砖砌城墙，面对郁江开城门，称南门（今称小南门）。[①]明洪武二十二年（1389年）南宁驯象卫5000多名官兵移戍横州，分拨1000多官兵驻守横州街，立营于横州城北的赐官岭（又称四官岭，今开发为贵源华府、贵源国际新城）。此后又陆续增兵，前后2万多人，部分官兵还带家属。驯象卫署设在横州街今横县中学内，随军家属安置于城内今中军街。出于防务和安置家属的需要，横州城又向东扩展到三角坪，向北扩展到北门和迎宣门，成为"周十里……为门六"的规模，即从今天的三角坪向北沿环城公路经城东门（涵春门）到福满园小区，向西经五岔路口（迎宣门）、北门（清远门）到横州镇医院（肃清门），向南到月江宾馆（小南门），向东经百货大楼（镇彝门，又称大南门）再回到三角坪，方圆约一平方公里。还沿东墙、西墙、北墙外挖了宽约4米、深1.85米，绕城全长约3公里的城濠。这个城墙几经修茸，一直到民国年间因建设和交通的需要才逐年拆掉。

宋横州郡管宁浦、乐山、从化三县。北宋开宝五年（972年）把乐山县、从化县撤销，划入横州，使横州的地盘再度向北扩展到校椅、云表直至镇龙的马兰等地，向东扩展到百合马山一带。又废峦州，将永定县划为横州属县。第二年又将原属峦州的武罗、灵竹两县撤销，划入永定县。北宋熙宁四年（1071年）废去永定县，划入宁浦县。北宋元祐三年（1088年）复置永定县并改名永淳县。用原永定县、淳州两州县的第一个字冠名，以纪源流。永淳县县治仍在今峦城镇之江北，隶属横州。

自开宝五年（972年）废峦州，将永定县划为横州属县，原本从宁浦县分离出去351年的永淳江南地连同江北的古辣、甘棠、石塘、灵竹又归属横州。

北宋庆历年间（1041—1048），横州创办州学，地址在今横县人民武装部。南宋绍兴二十五年（1155年），开始在州学中祭孔，后来发展成孔庙，与州学合二为一，称学宫或黉学，直至清末废科举才废弃，前后延续800多年，对横州后人的影响最为深远。

永淳县学创办于元祐元年（1086年），地址在江北今新兴村小学内，也是学庙合一。1926年后拆毁，改成永淳县亲睦乡中心国民基础学校，解放初改为永淳县亲睦乡中心小学，1968年在校内附设初中部，1982年改为横县峦城镇第四初级中学，2005年恢复为小学，称横县峦城新兴村小学。

宋人曾编纂《横州旧图经》，这是迄今为止所能知道的最早记录横州山川形势的志书，惜乎没有保存下来，它的一些章节为后人引用得以流传，使我们知道宋朝有这么一本书。

北宋皇祐四年（1052年）四月，广源州（治所在今越南高平省广渊县，一说是今靖西、田东一带）依智高要求脱离交趾迁往内地，朝廷不允，遂率众五千攻占邕州（今南宁），建大南国，称"仁惠皇帝"。接着，依智高一鼓作气攻下横州、贵州（今贵港）、浔州（今桂平）、梧州等9个州，还一度包围攻打广州城，声震朝野。朝廷派狄青为宣抚使讨伐。鉴于之前官兵多次征讨不胜，将士畏战，狄青到任后一面大力整顿部队，一面利用南方人迷信鬼神的心理，大张旗鼓地祭神。用红漆涂于百枚铜钱面上，与庙神约定，说，此战如大捷，钱面红色向上。言罢，狄青当着睽睽众目扬手一挥，百钱落地尽红色，全军将士欢欣鼓舞，呼声震野。狄青命人将百钱就地钉牢，相约胜利后来谢神取钱。

皇祐五年（1053年）正月元宵节前一日，狄青率军进驻宾州（今宾阳），宣布就地筹粮并休整三天以欢度元宵节。当天晚上，狄青广邀宾客在军中举行盛大宴会，说要连饮三天。饮到第二天晚上二鼓时分（夜间10点左右），狄青以身体不舒服为由离开宴席，说由副将暂时主持宴会，等服药后再出来。可是，直到三鼓时分（夜间12点左右），也不见狄青出来，宾客正疑虑间，快马报狄青率精兵已攻下昆仑关了。侬智高见狄青绝险而至，遂放火焚烧邕州遁入大理国（今云南一带）。狄青收复邕州、横州等地。军士回去取钱时发现，原来钱的两面都涂了红漆。

北宋绍圣四年（1097年）冬，秦少游自郴州编管横州，第二年9月再徙雷州，前前后后在横州不足一年。

秦少游，名观，扬州高邮（今江苏）人，进士，历任太学博士、校书秘书省正字、国史院编修、左宣德郎等职，是宋朝婉约派的代表性词人。

南宋嘉定九年（1216年）闰七月五日，横州代理知州蔡光祖因秦少游"尝辱居焉"建怀古亭纪念之，这是目前见诸文字的纪念秦少游最早的活动。八百年后的今天，横州人仍然纪念秦少游，今人甚至编造说秦少游编管期间建书院培养横州人才。其实人们不是没有读懂秦少游在横州写的诗词和蔡光祖的《怀古亭记》，而是出于需要或善意而曲解。这是当年在横州饱受编管之苦，悲叹"醉乡广大人间小"的秦少游打死也想不到的。

图 1　1986 年横县人民政府建的横州怀古亭（笔者摄于 2016 年 4 月，本书图片无署名者皆为笔者所摄）

　　宋朝横州境内有民户 3451 户，以平均一家七口计不过两万多人，却比唐朝 1978 户共 8342 人要多得多。这都是清《横州志》的数据，这些数据肯定不准确，也没有标示年代，但足以提示我们，当时的横州地阔人少，异常荒芜。外地人来到横州，不但举目无亲，很多时候很多地方还举目无人。当年魏浚在 100 多卫士保护下赴南宁，沿横州、永淳县一路走去，感慨就很深。他说："横、永道上竟日无人居，抵州县次方止。日中小憩，野馆萧条，丛莽荒荆勾衣胃帻，狨豹昼啼……"这些都提醒我们说横州要有时空感，不要一说横州就是人口超百万的"泱泱大县"；也有助于我们认识远在宋唐之前的东汉"谷永招降乌浒十余万之事，就发生在横县乌蛮山一带"以及清人所谓"谷永招降蛮众十余万，居于横州之乌蛮山"，是如何的不可靠；有助于我们理解为什么皇帝总喜欢把战俘或犯人流放到横州而不是杭州，如秦少游编管横州就是流放到横州，受横州官府监管，而不是来横州应聘当老师办书院。

　　至元十三年（1276 年），横州城被元军攻破。至元十六年

（1279年）改横州为横州路，治横州郡，称总管府。领宁浦县、永淳县。不久改为横州，隶属岭南广西道。

相对而言，元代留给横州人的东西不多，仅有《横州修城池记》《重修横州儒学记》《鼓角楼记》载于清《横州志》。据《广西通志》说还编有《横州路郡志》，但没能留传下来。

明朝立国初仍称横州，改元朝横州州治左边的按察分司署为州治。洪武三年（1370年）废去具有千年历史的宁浦县入横州，领永淳县，属浔州府（今桂平）。洪武十年（1377年）归并永淳县入横州，改本州（即横州）为横县，拨隶南宁府。⑫洪武十四年（1381年）又改为横州。明嘉靖八年（1529年）复置永淳县为属县，不久又废止永淳县的隶属关系，与横州并列同属南宁府（据民国《永淳县志》）。

洪武末年，永淳县县治由江北迁到江南今横县峦城完全中学处。

明建文四年（1402年），燕王朱棣打着"清君侧"的旗号，带兵"靖难"攻破南京城，结果连建文帝也"清"了，朱棣坐上皇位当起了皇帝，改年号为"永乐"。朱棣对外说建文帝已投火死——其实即使未死也得说死，而且是自杀而死，不如此说这皇位就坐得不明不白。

但反对派说建文帝没死，说建文帝已潜逃出城——其实即使死了也得说没死，而且是潜逃而不是逊位外出考察，不如此说这反对就反得不明不白。今人还自作聪明说朱棣怕建文帝在外面登高一呼，全国上下会起兵平叛，所以派人到处查找建文帝踪迹，甚至派宦官郑和多次到海外寻查，这把朱棣看得太胆小太愚蠢了。你想，朱棣身经百战，当藩王时就敢起兵攻打建文皇帝，当皇帝后还怕建文庶人吗？即使朱棣怕建文帝，有傻到派人出国查找的吗？而建文帝在位时以皇帝之尊尚不能招来各路兵马灭掉朱棣，隐姓匿名唯恐暴露的建文庶人敢"登高一呼"吗？即使建文庶人敢"登高一呼"，他一无所有，拿什么来证明自己是皇帝，又拿什么做本钱招来兵马呢？

但建文帝潜逃的说法仍不胫而走，好多地方都争说建文帝曾隐居过。其中就有信奉"地以人传"的偏僻荒芜的横州，说是隐居于横州南门寿佛寺。

明朝嘉靖皇帝在位45年，崇道教好神仙，曾20年不上朝而求长生不老。皇帝的爱好就是官方施政的风向标，全国上下道兴而佛衰。横州也不例外：南门寿佛寺废弃；南山应天禅寺被"废佃民间"而失修崩塌至只剩地基，"具如坛壝"（吴时来语）；北山（今横州革命烈士纪念碑所在之山）顶上的柏林寺失修至废掉；登高岭下的观音庵被改为西城社学；下郭观音寺被改为东郭社学；横州慈感庙大约因为把道教庙神"白衣人"改成了陈十娘，于嘉靖十四年（1535年）被横州官府"申革祀典"，由官祀庙降为民祀庙。

到了万历朝（1573—1619），皇帝好的是佛。于是，横州士绅重修了南山应天寺，传说中的建文帝也从横州南门寿佛寺走进重修了的南山应天禅寺"访师"；横州南门寿佛寺虽未修复，但它的寺钟"飞"上了慈感庙，佛像堂而皇之坐镇慈感庙大殿，庙神淑惠夫人被挤到后殿。直到今天，供着神像的慈感庙仍然一片"南无阿弥陀佛"之声。

但无论崇道还是好佛，都不是地方长治久安的神丹妙药。据民国《横州志》载，嘉靖年间，平均约7年横州境内就发生一次较大的动乱。万历四十五年（1617年），贵县人劫横州乌蛮滩乌蛮驿，杀驿丞，这在当时是一件震动地方的大事。驿站是明朝用以传递文件、邮件，兼以招待信使和过往官员的机构，集邮局兼招待所的功能于一身。乌蛮驿位于乌蛮滩滩头今云表下滩村（今南宁市南岸水质自动监测站东侧），至今江边的大石头上还刻着清人余应松于清道光二年（1822年）书写的"古乌蛮驿"四个大字。余应松，字小霞，清浙江山阴（今绍兴）人。嘉庆年间进士，长期在广西任职，曾在大滩巡检司任过巡检。驿站设于洪武三年（1370年），驿站的官员叫驿丞，其手下有桨夫50名、站船5艘，房舍、床铺、厨房、铲锅碗碟等一应俱全。驿站经费多为自筹，横州官府划出驿站附近的土地，供驿站管理，驿站员工家属耕种或出租给当地人耕种，所得用以自给，或与当地人交易，换取驿站必需的生活用品及办公用品。驿站辟有码头，货运船只过伏波滩因航道狭窄水流湍急每次只能过一艘，其余船只只能在滩头等候，船员便上岸交换或购买生活用品。周围村庄以及长寨、云表等地甚至贵县三里的农产品也借道驿站码头渡江过对岸的百合。有时货物多，候运时间长，货主干脆就地销售。久而久之，乌蛮驿附近就形成圩街，因源于驿站，人们称其为"站圩"。清初改明制，驿站和巡检司俱裁汰，原驿站员工便在站圩定居下来。今站圩街居民姓氏有20个之多，且祖籍多为外地，如山东、河南等等。1937年前后，站圩人把街道拓展建骑楼，当时横县仅有横州、南乡、飞龙、江口、百合、陶圩、福旺、莲塘、校椅、青桐、云表、谢圩等12个圩街建骑楼，可见其热闹程度。

乌蛮滩地处郁江要津，山重水复，经常有贼人出没盗劫民众扰乱地方，清雍正时广西巡抚金鉷巡察地方，上《请移驻丞卒等疏》说：

南宁府横州之伏波大滩（即乌蛮滩），宜设巡检查防也。查横州幅员辽阔，俯临左江。该州伏波大滩，在州东七十余里，界连广东钦州、灵山等处，水阔山荒，宵小每乘间窃劫。州属仅有吏目一员，驻防州城，鞭长莫及，应请设巡检一员，弓兵十二名，驻扎其地，将附近村庄、河道，俱交与巡防，庶地方得以宁谧。

清雍正七年（1729年），横州官府奉命在大滩北岸的滩头村（今上滩村与下滩村的合称）复设大滩巡检司，主官称巡检，配差役2名、弓兵12名，驻防在驿站下游十里之地，即今下滩村经木鱼江过乌蛮山渡桥西头附近，巡防大滩河道和附近村寨，提高了这一带地方的安全指数，有利于商品流通，所以站圩就一直热闹。

明朝对横州文化影响重大的事件有四：

一是广西驯象卫两万官兵由南宁移成横州——即使今天，两万军人移驻横县也是件影响很大的事情。驯象卫官兵连同家属落籍横州，称军户，可世袭。横州街因此由"方围三里"扩大至"方围十里"。130多年后的嘉靖元年（1522年），在横州任判官的王济于《君子堂日询手镜》（横县端书图书馆藏书）里还说"城中居者多戎籍"。这些外地人永久聚居横州，其文化理念对横州人的影响不可估量。比如科举，有明一代，横州武举中试9人，其中8人即出自驯象卫。文举中试者也不乏其人，如陆氏一家四代就有陆坚、陆嘉鲤、陆舜臣、陆汤臣、陆嗣象等5人中举。这对提升横州人读书习武应举的风气当有积极的作用，对横州知名度及对外影响力的提高功不可没。

二是建文帝隐居横州的传说。先是嘉靖初年传说建文帝隐居"城之南门寿佛寺"15年。"城之南门"即今横州百货大楼面向大码头这个位置，当时那里立有一座门叫"南门"，即镇彝门，门外有座"南面江，北背城"的寿佛寺。这是建文帝隐居横州最早的传说。其后横州举人陆舜臣以及万历年间的邓国材等人又说成是建文帝曾到南山寺访师，亲笔写"万山第一"四个大字挂在寺门门额。到了清朝康熙年间，横州拔贡陈奎写《南山遗事记》，干脆说成建文帝隐居南山寺15年。故事演变的背后，是一代又一代横州人试图提升故乡知名度的不懈努力，其拳拳乡心不言而喻。

三是编写志书。横州举人黄济于嘉靖元年（1522年）编成《横州志》，这是有记载的横州人编写的横州地方志书，但没有流传下来。稍后的嘉靖三十九年（1560年），横州举人陆舜臣在此基础上再编成《横州志》，后来又经横州举人甘若馨编修，也没能完整地流传下来。尽管如此，这残本仍然成为清乾隆十一年（1746年）横州知州谢钟龄主编《横州志》的宝贵资料，清《横州志》有关明朝及明朝之前的资料，就抄自陆舜臣的遗稿，"是志纂于州牧谢公，而实创于乡先达陆公，盖陆稿而谢因之"（清横州举人施献璜语）。编写志书是横州读书人系统地审视故土的尝试，举凡山川物产、风俗人情、社会状态甚至奇闻逸事，都被编录入书，供后人"觇其形势，知其扼塞，而了然于拊循防御之方"（兵部右侍郎鄂昌语），或"流览闻见之用"（兵部尚书策楞语），影响了一代又一代的横州人，如横州八景、马伏波和慈感庙的故事，等等，至今仍被横县很多人津津乐道。

四是建书院。明正德年间知州黄琮将秦少游曾经题过《醉乡春》的祝家遗址改为淮海书院，这个书院虽然早废，但"淮海书院"的名字至今仍被横州人口口相传，足见其影响。又，几乎与陆舜臣编成《横州志》的同时，横州驯象卫的卫卒吴时来在今横县汽车总站南端的乌石岭（见图2，乌石岭的一半在今横县公路局宿舍内）创办了"乌石书院"，后来横州人为纪念吴时来改称"悟斋书院"。这个书院直至乾隆十一年（1746年）还存在，前前后后近两百年，不知为横州培养出几多人才。

图2 横县汽车总站南端，今横县公路局宿舍内的乌石岭（摄于2016年5月）

吴时来,字惟修,号悟斋,浙江仙居县人,嘉靖三十二年(1553年)进士,任刑部给事中,因上书抨击当朝权奸严嵩被贬戍横州驯象卫10年。他激赏横州山水,在乌石岭建书院,在龙池塘筑寄水亭,登宝华,爬钵岭,游凤凰,探崆峒,谒淮海,拜伏波,吟诗作赋,文采飞扬。

清《横州志》对明朝横州的农业生产没有详细叙述。据王济说,明朝时横州有水稻、旱稻,每年二月开始播种、插田,中途耘田除草一次,六月收割,每亩得谷一石(即50公斤)至二石多。此外便不再耕作,以致许多膏腴之地沦为芜莽。王济和吴时来在横州时曾教横州人于八、九月种麦,但因为麦收时节横州大热天气已过,麦子没晒得干透就贮存,结果大都发霉变质。人们吃发霉麦子引起呕吐,于是便认为横州地不宜种麦,最终废弃不种。王济甚至说"横人不知有桔槔"。桔槔是古代用以汲水抗旱的工具。王济的说法未必符合实际,但以之说明横州的农耕水平不高,倒是可信的。值得一提的是茉莉花。明朝时横州"茉莉甚广,有以之编篱者,四时常花",王济的记载,成为横县种植茉莉花历史悠久的明证。今天,横县的茉莉花种植已发展至十万多亩,横县茉莉花茶名闻遐迩,被林业部授予"中国茉莉之乡"称号,可谓实至名归。

明朝横州地处荒僻,农产品的贸易如粮食、西瓜、甘蔗、荔枝、龙眼等等大都止于内销。外销的商品主要是竹木类,如铁栗木,又称橡木,广州人多来采,制成椅、棹、食榀等器具,到吴浙一带销售。又如棕竹,广州人采往南京卖作扇材。茶叶的产销王济没有记载,大约此时横州茶叶没有进入流通渠道或者没有形成品牌效应。直到乾隆十一年(1746年)编的《横州志》才有一句话的记载,说:"茶出陆凤、宝华(即南山)、簸箕、陈塘(疑为'什塘')、箬菜诸山为上。"但其后嘉庆六年(1801年)广西巡抚谢启昆主编的《广西通志》却没有提到宝华茶,说:南宁府的茶"出宣化(原邕宁县)之都茗山,横州之陆凤、簸箕、陈塘、簕菜诸村，今横产总以陆凤为名。"陆凤、簸箕、什塘、簕菜，都是今校椅北滩水库区内的村屯。"今横产总以陆凤为名"，意思是当时横州茶叶外销都说是陆凤茶。新中国成立后至20世纪70年代，横县还有民谣说"麻毕岭脚好竹桠，陆凤簸箕好细茶"，可见谢启昆所记的陆凤茶确实名不虚传。

谢启昆为什么不提南山白毛茶？民国《横县志》的记载可作参考：南山白毛茶"色味远胜别茶……人多以为送礼上品，价值较普通茶倍蓰，惜产量无多，输出于外极少，计每年产量二三百斤。"

民国时横县茶叶产地主要有陆凤、卜基（即前文之簸箕）、簕菜等村及宝华山，还有陶圩龙头莲塘各圩及附城太平村蒙洞六猛响水等处，全县产量每年在百万斤左右，远销郁江上游的左、右江一带，甚至出口安南（今越南），下游的浔州（今桂平）、玉林、梧州、钦州等地。1943年《横县志》说："民国二十二年，本省政府题'品胜武夷'四字，书于玻璃屏以赠之。"这个"之"指的是以陆凤茶为代表的横县茶。而如果当时横县茶外销还打着"陆凤茶"的牌子，这"品胜武夷"就是赠给陆凤茶的。《横县县志》第264页说"品胜武夷"是题赠给南山白毛茶的，这是失于稽考了。

白毛茶出名比陆凤茶要迟得多。民国《横县志》说："民国初年，送巴拿马运河赛会，获给二等奖章。"又说南山白毛茶"产自邑南宝华山，及附近之六旺桐油村一带，相传为明建文帝卓锡应天寺时所植，故名圣种"，由此可知，今人说白毛茶是建文帝所种，就源于民国时期，估计是为白毛茶参赛而编造，因为翻遍清《横州志》也没见有"圣种"这个说法。解放后南山开辟茶场大规模种植白毛茶，也袭用"圣种"的说法大作宣传，从而形成南山白毛茶的品牌效应，陆凤茶却因北滩水库建成移民出外而弃种。从发展经济，造福百姓的角度来讲，南山白毛茶的崛起可喜可贺，而百年品牌陆凤茶的倒下，不知喜与不喜，贺与不贺？

明朝时横州有村 800 多，有圩市 100 多处，较大的圩市有陶圩、百合、青桐、古辣（时属横州今为宾阳辖地）等。校椅街当时还没有成圩，或者少有民居，横州与宾州之间设立的"陆铺"（传送公函的机构。明制：十里设铺，五十里设驿站）并不在校椅街，而是自横州铺走 10 里至方水铺走 30 里至青桐铺再走 40 里接宾州界。具体路径大约是：从横州街（总铺）的北门出发，向北经下宋村（今宋村）上宋村（今宋家庄）到方水铺（旧新桥养猪场），经石井圩、潘村、黄村（今旺村）、高桥村过校椅街所在地、校椅村、西里罗村（今西里村）、塘村到青桐街（铺）接宾州界。清康熙年间（1662—1722），改陆铺为"陆塘"，并在校椅街设塘，驻兵 6 名，专职传递公文和防守。其塘路为：从横州街（塘）的北门出发，经过上下宋村、新桥、石井街、福塘村、横塘村、瓦窑村到校椅街（塘），再经汶井村、青桐街到古辣圩接宾州界。设立陆塘，这是校椅街驻有官府职能机构的最早记载。这使经过校椅街食宿的人多了起来，"旅行取给于途，工贾贸贩于道"，对讲客话的校椅街包括清乾隆前期还未立村的福塘、横塘、瓦窑、汶井村等讲吗解话的村庄发展无疑起到了拉动作用。

校椅街成圩于设塘之前还是设塘之后已不可考。如果成圩于设塘之前，则在明末；如果成圩于设塘之后，则在清初康熙年间。雍正五年（1727 年）校椅街民在圩里集资建一座比篮球场还大的真武庙，又称南街大庙，以"凭藉神灵坐镇圩里"。如果校椅街的人口以及商业没有发展到相当的规模，是不可能集资建得起如此高大的庙堂，而从无到有从小到大发展到相当的规模，就得有几十年的时间。

校椅街成圩最早是南街和西街，这原是驿兵送信或官员往来必经的一段路，主要商业街道从南街大庙前大坪向西过西街。今西街旧市场一带当时全是荒地，民国时期为石井人所有，种上甘蔗。其北面也是荒地，散有居民。1931年左右，在西街今旧市场之北建街道，称上西街，在南街大庙东边新辟街道，与北街、东街相接，形成南北直贯、中间接东街的"丁"字街，三街相交处呈平面三角形，所以叫"三角坪"。解放后经土改没收地主土地，将西街石井人的蔗地辟作市场，在三角坪西边拆掉两间铺面通入市场，使三角坪变成今天我们所见到的十字街口。⑬新开辟的东南西北街都称中兴街。至此，北街和东街才真正开发。1937年左右，改造中兴街道，起骑楼。民国时期，北区区公所、校椅镇、乡、街公所以及高等小学等都曾设在南街大庙（1959年高等小学搬至今校椅中心学校），医务所、初等小学则设在南街大庙南边的大屳（kǎn）钟（20世纪五六十年代，法庭、公安曾设于大庙西边的雷遂发大楼）。还在校椅街架设电话分总机。修通三条县级公路：校椅街经云表街至贵县五里街；校椅街经青桐街至省级公路所过之永淳县石塘街；校椅街经龙头街到省级公路所过之陶圩街。修通三条乡级道路：校椅街至东圩街；校椅街至站圩街；校椅街至石井街。使校椅街成为北区政治、经济、文化中心，成为贵县、宾阳县、永淳县以及横县西区（即陶圩一带）通向横县县城的交通枢纽和"商贾往来辐辏之地"，校椅街很快发展起来。据1940年统计，校椅街的交易额达8万元，居百合街14万元、南乡街12万元、横州街8.4万元之后，名列全县圩市第四位。新中国成立后尤其是改革开放后，随着人口增长、经济发展，狭窄的老街已经不能适应需要，校椅镇政府机关北移至北街，新开辟商铺、市场，北街人气就旺盛起来，热闹了200年的老街——旧南街和旧西街也就沉寂下去。

除此之外，横州和永淳县壮人居住区还有许多没有记录在案的露天小圩场，买卖都在露天里进行。魏浚当年路过横州和永淳县就遇到过，他见所未见，觉得很新奇：

余初行部自梧至邕，道横、永间，圩集皆无草舍，值雨就雨中贸易，盖所创见，因作诗。

> 箸篮双放垄头安，却坐林边解竹箪。
>
> 粽叶结衣宜避湿，青纱裹额不忧寒。
>
> 篓根对语时还嚼，车骑来过亦聚观。
>
> 此去茅村应未远，满溪涩靷翠团团。

> 迂回岩径转嵯峨，笑问蛮家第几窠。
>
> 入市每衣芒木布，出门时唱浪花歌。
>
> 峒丁惯箸歼狐矢，壮女能抛织贝梭。
>
> 圩散尽投归路去，断烟半垄冒荒萝。

明崇祯十七年（1644 年），李自成领导的农民起义军攻入北京。崇祯皇帝吊死于景山，明亡。清军随即入山海关。

清顺治六年（1649 年），明宗室永明王朱由榔退守广西梧州，组织力量抗击清军，号永历帝，命抗清名将安西王李定国镇守横州，李定国建帅府于城内十字街东边今横州镇第一初级中学处。顺治十三年（1656 年），清兵攻克横州城。

清朝是满族人在吴三桂等汉族人帮助下建立起来的王朝，他们打着为明朝崇祯皇帝报仇的口号由吴三桂引入关内进攻李自成，把李自成赶出北京后就住了下来并发号施令，改年号称"顺治"。有清一代两百多年里对横州的名字没做改动，只是在攻占横州城后，看到明州治已被战火摧毁得一塌糊涂，遂于康熙六年（1667 年）将李定国的帅府定作州治。

清朝皇帝好佛，所以全国各地多有佛寺，横州也不例外。康熙年间建文帝隐居横州南山寺 15 年的故事，就是在这样一种氛围中编成，而慈感庙、伏波庙里的神灵与菩萨也能和睦相处长期并存。专家对此归结为中国人的泛神观念，其实说是千百年来皇权钳制的结果更为精确。

康熙十二年（1673 年），吴三桂反清，次年占横州城，康熙十八年（1679年）被清军赶出横州城。

康熙四十年（1701年），横州创办浮槎义学，后来先后改称义斋、秀林书院、淮海书院，最终改回秀林书院。

康熙年间，永淳县知县凌森美主编《永淳县志》，现存第四卷至第十四卷。清光绪二十六年（1900年），知县杨怀震主编《永淳县志》，今存一册残本。

乾隆十一年（1746年），横州官府根据明人甘若馨编修过的陆舜臣志书残本编纂《横州志》，光绪二十五年（1899年）重刻。1983年横县县委、县人民政府组织人员校对，将繁体字改为简化字，竖排改为横排，重新印刷出版。遗憾的是，当年校对后，那本光绪己亥年重刻的清《横州志》不知落在哪里。

康熙、雍正、乾隆三朝被史学界称为"康乾盛世"。其时农业有了很大的发展，广东水稻种植由单一造变成早晚两造，这个变化肯定会传入与广东廉州府灵山县接壤的横州。但横州的水利设施不行，农作物生产仍然粗放经营，一旦天旱或水涝则颗粒无收。如乾隆四十一年（1776年）、四十二年（1777年）大旱，农作物绝收，横州"米价腾贵，至五十余文钱一斤"。永淳县则出现将小孩送人也无人愿要，人人难以自保的惨境。永淳县人余明道写诗《弃儿行》曰：

乾隆丙申、丁酉岁饥甚，鬻男女以千计，有妪携儿乞食不得，竟弃儿去。余所亲睹，感而作此。

> 丙申丁酉天亢阳，草根白泥充为粮；
> 老少鸠形面鬓黑，饿殍在道无人伤。
> 有妪携儿来吾村，乞食不得泪长流；
> 将儿送人人不受，人言我儿昨卖休。
> 儿饥向妪啼不息，妪拉儿坐将衣拭；
> 转过村北去不回，儿走觅妪妪无迹。
> 人皆卖儿过他乡，妪难割爱儿傍徨；

自计乞食图两活，一朝不保弃路旁。

　　决意弃去复何语，儿妪不如死各处；

　　平时养儿惜如金，穷饿有儿弃如土。

　　安得许昌数千币，活得千百孤儿齿；

　　安得富公仓为糜，一齐存活妪与儿。

　　余明道亲睹的惨象其实不单单是社会生产力低下所造成，盛世粉饰之下横州的社会生态脆弱不堪，动乱频发。除吴三桂造反的六年动乱外，康熙四十九年（1710年）横州长寨被人劫掠，康熙五十六年（1717年）横州街甚至被人入城洗劫民户，这是志书记载的，影响小一点没有记载的估计更多。有鉴于此，康熙五十九年（1720年）任广西巡抚的高其倬上书说：

　　南宁府属之横州，乃商旅往来要路，猺獞杂处，水陆交冲，上距南宁三百里，下至浔郡（今桂平）亦三百余里，且逼近广东两省交界。向时藏匿奸匪，原防把总一员，兵二百三十五名，实不足以资弹压。应请将左江镇前营游击带经制千总一员、外委二员分拨，撤回怀集（今广东怀集县，时为广西辖地）之兵一百六十五名，连原防把总一员、兵二百三十五名，共兵四百名，驻扎布防……

　　但朝廷没有采纳高其倬的建议，至乾隆十一年（1746年），横州驻军仍是235名。这些兵除驻防横州街外，还要分驻于甲塘堡（在州城北70里约今镇龙山与贵县、宾阳交界处）、武思堡（在州城东100里约今属贵港的大岭乡之东，与横贵水陆交界处）、陶圩堡（约在今陶圩与石塘交界处，当时石塘为永淳县辖地）、青桐堡（约在今灵竹古逢村之北与灵竹交界处，当时古逢村为横州辖地，灵竹为永淳县辖地）等11处地方，平均每处驻兵不足20人。

　　清朝横州驻军之所以少，是因为清廷废去明朝驻军体制后，在继承明朝保甲制度的基础上实行"寓兵于农"政策。横州城内只设城守官一员，率左江镇标前营军士巡防郁江河道及驻防州界关隘。遇到大的动乱，则由南宁府派兵弹压。地方设团练，相当于今天的民兵，由村中青壮年组成，刀枪粮草自备，平时为农，战时为兵，既不与民争利，又能捍卫地方。咸丰、同治后称"地方自治"。这个自治体制延及民国，团练改为民团。县民团由县府提供武器弹药，乡村民团武器弹药自备。比如1948年，长寨乡民团有步枪200支、轻机枪15挺、重机枪2挺，为全县乡镇之最；莲塘乡民团有步枪96支、轻机枪6挺、重机枪2挺，为第二；校椅乡（不含青桐、东圩、石井）民团有步枪60支、轻机枪6挺、重机枪2挺，排第三；莲塘乡杨彭村民团有步枪100支、轻机枪6挺、重机枪1挺，为全县村屯之最。乡村拥有如此多的武器，用来对付盗匪流寇可能不成问题，一旦内乱头就大了。如村与村之间因土地、山林、风水引发纠纷，甚至对立的两村男女青年谈恋爱也被当作耍风流而刀枪相向，一旦打起来就扫机关枪。民国时期国民党县府为制止械斗费了不少心机，连县长也亲自出马劝说，但收效甚少。新中国成立后人民政府积极疏导教育，强化枪支管理，才最后解决问题。

寓兵于农虽然不与民争利，但其弊端也显而易见。一是兵不像兵，战斗力不强；二是村与村之间不容易协调，甚至各人自扫门前雪，不管他人瓦上霜，容易被敌人各个击破，即使组合成军也是乌合之众；三是南宁府派来的军队只利于速战速决，不利于拖延时日久滞地方。所以不论是农民起义还是盗寇作乱，只要不傻，在没有强大到足以与官兵硬对硬打阵地战的时候，大都采取流动作战方式以求生存，这叫从实际出发。就算那些老拿没有建立根据地来批评农民起义的史学专家们造反，处在当时的社会环境，也不免沦为流寇。

横州地阔人稀，关隘众多，防守原本就不易。而驻军少，单靠那些各自为政的城镇乡村团练，要扑灭祸患于萌芽，谈何容易！要弹压境内此伏彼起的动乱，剿灭那些打一枪换一个地方躲猫猫式的流寇，更可谓十锅九盖，顾此失彼。

道光二十六年（1846年），在贵州（今贵港）一豆腐店当雇工的广东高要人张嘉祥犯事逃跑，聚众在横州大岭圩、站圩、百合圩、大炉村、永淳县甘棠圩和灵山县等地往来打家劫舍。还曾一度在百合圩建立大本营，曰"怡义堂"（《横县县志》第195页说是在横州上石村建怡义堂），打着"劫富救贫"的旗号，派人到各圩、村勒交钱粮，限定自行缴纳时间。每到一处商铺富户，就把预先腌腊好的人手和木制的大刀挂出来。所到之店铺商家，无不魂飞魄散。当然也有不买账的主，如校椅街就恃人多势众和多年构建的易守难攻的防御工事，蔑视张嘉祥的腊手木刀，最终顶住了张嘉祥真刀真枪的攻打。道光二十九年（1849年）官兵围剿，张嘉祥走投无路，只好受官府招安，改名张国梁，随提督向荣围攻太平天国洪秀全，清咸丰十年（1860年）军败身死。

道光三十年（1850年），横州天旱失收，饥民流离，州官拒绝开义仓济民，激发民变。上南区狮子村（今横县飞龙乡新妙村）剃头佬李文彩（人称李七）以永淳县平朗村为据点，举起反清大旗，应者云集。咸丰元年（1851年），李文彩响应太平天国起义，悬红旗大书"顺天者存，逆天者亡"，声势浩大，威震远近。

咸丰四年（1854年）冬，李文彩联合陶圩北村黎浦村人谢锡祥（绰号长腰四）包围横州街，打了20多日，未下。咸丰七年（1857年）二月，李文彩再攻横州城，亦未下。不久，李文彩率众攻破永淳县城。守土有责的知县刁汝元逃到那檀村，见城池陷落恢复无望，自知死罪难逃，气急败坏而死。消息传到横州，人心惶惶。横州官府为防止村民暗中资敌，也为了增强守城力量，搞坚壁清野，把横州城周边村庄民众迁徙入城内，一时人气骤增，人心稍安。三月二十九日，李文彩联合贵州、浔州的反清力量，挟得胜之威水陆夹攻横州城，声势更其汹汹。四月三日晚，横州知州罗定霖被吓坏了，竟置满城子民生死于不顾，弃城潜逃狂奔30里至下北乡杨彭团杨彭村躲避，满城百姓浑然不知。四日，李文彩声东击西，先是从陆上佯攻州城东南角即今三角坪，牵制团练上万人，然后内应打开大南门，城遂破。守城团练惊溃，被枪击刀砍践踏死伤甚众，区世瑚一家七口投井死（今存《奉旨旌表》墓碑于横县博物馆门前树荫底下），"至妇女之投井死及蹈塘死者，不下四五千人"。[14]

清朝时的下北乡大致包括今陶圩镇、莲塘镇以及向东沿旧公路所经过的杨彭、蒙峒、太平、宋村、蒙村等。杨彭团由杨彭、毛所（今茂所）、张村、岭江等自然村组成，杨彭村最大，所以称杨彭团。杨彭团坐落于旧公路去横州街的入山口处，其西南附近有米埠江。进，可以攻横州城；退，可以扼守山口，实在顶不住还可以经米埠江口渡江退到上北乡（今平马镇一带）的小涩村、乾井村，再渡郁江退入南乡出灵山至北海。因杨彭村地处交通要道且村民全是汉族而历来为横州官府倚重。杨彭村有六曹庙，康熙四十六年（1707年），村民联名以六曹庙神"不独福于民，即往来人等咸戴厚德"为由，叩请横州知州张绳祖将摆渡所得"归六曹大庙永祀香灯"，张绳祖"俯允舆情"照准。雍正八年（1730年），又得横州知州何其昱允准，"令庙祝招摆，其香灯照旧供设"。由此看出，杨彭村是横州官府用心经营的进退之地，这是罗定霖逃向杨彭村的原因所在。

在李文彩占据横州街两年间，龟缩在杨彭村的州官罗定霖无家可归，便在杨彭村设署办公。其后代理知州朱腾伟、知州蔡达卿也先后在杨彭村躲避。

咸丰九年（1859年）七月，左江兵备道和左江总镇都督府率军从东区百合方向攻打横州街，商请广东廉州都司出兵五千由灵山北上经南乡渡郁江过杨彭村、莲塘街，到苏村、硬叶、石狗（今石狮）等村，进攻上西区福龙乡（今属陶圩镇）的令里村（时为李文彩部下谢长腰所占），因缺乏渡船，代理知州朱腾伟要求杨彭村置办竹筏以供军用，用的是协商与讨价还价的口吻，全无居高临下的赫赫官威，真是居人屋檐下，不得不低头。其谕令是这样说的：

署理横州正堂加三级纪录五次朱谕尔杨彭村军职练长周士浩等知悉：本州奉左江兵备道吴、左江总镇都督府色，即日由南岸渡江北剿。尔杨彭村附近米埠大江阻隔，船艇俱无，尔等果实心实力，能办竹筏一百余号渡江，全军无虞，扫平丑类，本州定将出力之人详请大宪赏给军职，以鼓奋勇。为此，谕仰该练长等尽心办理，无负本州奉宪之心。切切。此谕。

咸丰十年□月□日谕

八月，李文彩退出横州街至校椅街。

咸丰十年（1860年）五月，官兵围剿校椅街，李文彩退至百合街，最后退出横州地盘，不知所终。

李文彩退出横州街后，横州街又几次被其他股匪劫掠。每次有警，州官即脚底抹油溜到城外村庄躲避，丢下城里百姓任人宰割。拉锯式的争夺，使城内百姓寥落，精壮告竭，横州街气息奄奄，几如死城。

咸丰十一年（1861年）九月十六日至清同治元年（1862年），新任知州蔡达卿两次率军收复横州街，杨彭村团练都"助米随营"，即供给军粮并随军打仗，出力尤著。蔡达卿要求周士浩将有功之人包括之前办理竹筏有功者开列注明，报上宪赏给军职。周士浩回杨彭村与村民协商，或者有鉴于前任州官朱腾伟口惠不实，怕此次亦成竹篮打水；或者认为等上级审批军职，不知等到何年何月；或者想避免申报军职引起村民争功斗气，不如请免地方夫役世代利益均沾皆大欢喜。总之，周士浩报告蔡达卿说，军职赏赐只属个人沾恩，且均派不匀，请免杨彭村的夫役。同治元年（1862年）十一月二十日知州蔡达卿批复：

尔杨彭屯练长练勇既不愿报举军职，情愿免其地方夫役，查尔碑内载承当之松枝簕蕨稻稿准免办可也。

朱腾伟谕和蔡达卿批文后来被杨彭村人凭记忆刻于同一块石碑上，曰《奉州主免役碑》，留存至今，现镶嵌于杨彭村小学教学楼墙上。朱腾伟谕的落款"咸丰十年□月□日"当为误记。因为据民国《横县志》载，官兵由灵山取道莲塘攻打令里村只有咸丰九年（1859年）七月那一次。

在那个动乱时期，许多乡村也遭受劫掠。咸丰九年（1859年）二月，贵县人陈开率众攻陷百合圩，大肆焚掠。又攻打江口村、大板村（今属马山乡），把江口村团练屠杀殆尽，大板村士商农民被杀三四千人。三月，围攻云表下甘村。村民不愿坐而待毙，奋起抵抗，苦苦坚持40多天也没盼来官府的救兵，最终弹尽粮绝而陷落。陈开恼羞成怒，将下甘村劫掠一空，杀村民数以千计。同治元年（1862年）六月，在平头山结巢打家劫舍的谢圩人杨增邦（又名杨尾）率众攻入横州街。至同治三年（1864年）五月，短短的两年间，横州街六次被人攻入劫掠。附近乡村也不能独善其身。

清末同治、光绪、宣统三朝，社会更乱。云表大塘村的班特题（真名班以题）、校椅汶井村的李亚木、百合太宁村（今属马山乡）的韦善辉以及永淳、灵山、贵州、兴业等地到横州流窜作案的各色人等，或扛着反清复明的大旗，或喊着劫富济贫的口号，或趁月黑风高穿窗凿墙，或在光天化日杀人越货，往来践踏，鱼肉地方。而官兵进剿，又拉夫催粮，鸡犬不宁，甚至滥杀以邀功请赏，或者将整个村子视为匪巢贼窟加以毁掉，殃及无辜。如之前的咸丰元年（1851年）二月，官兵攻陷被迫从贼或被贼窃据的百合乡陈山、独竹（今称绿岭）和今属马山乡的平石、上石、六壮等村，将陈山、上石、良善三个村铲平。半月之内，不分青红皂白，将抓来包括家长送来自首的600多名"匪徒"尽行诛戮于百合街老猪仔行外的平坡（今百合中心学校本校处）。同治九年（1870年）三月十三日，曾为横州秀林书院立《秀林书院学约》的知州王涤心率兵攻陷云表大塘村（今云表大良村委大塘村），班特题逃脱，官兵即将大塘村平毁，并勒石示禁，永远不准再立村寨。直至1958年，人们才又重回大塘村建房子。⑮光绪三十二年（1906年）三月，横州官府派兵到校椅汶井村抓盗贼，被李亚木等人围殴官差抢夺人犯。知州赖久棠闻报勃然大怒，披挂上马亲自督兵进剿汶井村，还命令云表团练随队出击。骑着高头大马的先锋林鉴堂轻敌冒进，在凹凸不平草长荒高的狭路上被李亚木设伏，用一把长柄泼草刀将其一刀勾下马来。兵练哗溃。押后的赖久棠刚到石井，闻变大惊，遇到溃逃拥来的团练，或许疑为李亚木的诈兵，慌忙掉转马头狂逃，一路风声鹤唳，一惊一乍，马靴也跑丢了一只，一直跑入迎宣门。横州街人看到赖久棠这个鬼样子，以为李亚木必接踵而至，于是"全城惊恐"，有人甚至携家带口跑出城外躲避。四月，南宁府派兵攻入汶井村，杀戮之外，为泄愤还将村里大部分民房捣毁，有的连地基也扒掉。世道不宁，兵匪莫辨；刀枪无眼，玉石俱焚。应了古人所说，"兴，百姓苦；亡，百姓苦"。

"毁村"的做法自古就有，明朝时称"剿村"。明朝时期，在横州城内居住的全是汉人，如州官及其属下，南宁驯象卫的官兵及其家属，来横州做生意而暂居的游商或定居的商人。（陶圩、莲塘、校椅、云表等，圩市的居民也都是定居做买卖的汉人），他们自视正统、文明而视周边山村壮人为野蛮、愚昧。清《横州志》说："獞，撞也，粤之顽民，性喜攻击撞突曰撞。"与当年抹黑乌浒人如出一辙。而壮人很少出远门，更少涉足衙门，往往将田税交由上门揽生意的客人（壮人对汉人的别称，在他们看来，汉人都是外来的）代缴，有些客人吃手续费外又虚增纳税数量以图利，引起壮人的不满，当年李文彩领导的反清暴动，最初就是由抗租税引起。壮汉之间的猜疑、对立素来突出，官府动不动就以"剿村"来对付壮人，更加剧壮汉之间的矛盾。吴时来贬戍横州时就曾批评说："剿村，其亦末矣。……莫若废剿村之令，而富民教民。"吴时来说得极好。如果不着眼于改善民众生活质量提高民众文化素养，驻兵再多镇压再猛也不能解决问题，而"地方自治"也会弄巧反拙变成"地方自乱"。

吴时来不愧是政治家，眼光比别的官员高出许多。

蒙骗壮人常导致壮汉冲突，官府对此深恶痛绝。清《横州志》载广西官府颁布的《檄拿汉奸谕》曰：

……凡在土司，现有湖广（指湖北湖南）、江西等人居住境内者，即查其来由，作何事业，如属行踪诡秘、游手好闲，及借些小生业为名，而实唆指土愚为种种不法之事者，此等汉奸，速拿解该管地方官，讯取确供便具报，一经审实，即照光棍例拟斩立决……

"光棍"，指无正当职业，或敲诈勒索、偷鸡摸狗；或好勇斗狠，欺行霸市之辈，并非今人所指娶不上老婆，没有后代的人。

明清两朝既有"剿村之令"，则必多有剿村之举，但清《横州志》一件也没有记载。这是当时编写志书的流弊：说好不说丑，记喜不记忧。写景观多有八景乃至十二景，就连江水反常，出现紫色，也被说成是"紫水呈祥"。写人物多是才子佳人正人君子，比如所记州官几乎都是好官，没几个是坏的。

光绪三十一年（1905年），朝廷下令废科举兴学堂。

有清一代科举，横州出进士8人，武进士3人；举人71人，武举人23人，钦赐举人6人；贡生294人（不计用钱买的例贡）。

废科举是件惊天动地的大事，在那个内忧外患的多事之秋，许多人还以为是朝廷计出权宜，肯定有恢复之日。横州不少守旧的士绅，宁愿把自己的孩子送去私塾读《四书》《五经》，也不愿送去学堂。光绪三十四年（1908年），横州知州陆清翰下令将南山寺、报恩寺、城隍庙等庙寺田地统统划作学堂经费，横州街那些反对学堂的士绅鼓动僧人与信众数百人向州衙示威，唆使市井无赖侮辱、殴打学堂的学生。陆清翰派兵弹压，把为首者抓起来戴枷游街示众三日。尽管如此，横州反对学堂的声音仍然不少。陆清翰卸任离横时，在郁江码头上船，送行人群中突然冲出几个人，向陆清翰砸砖头、瓦片、石灰包。陆清翰赶紧登船离去。新任州官高廷梅闻报即派兵抓人，严刑拷打，还把为首者装在笼子里游横州街示众，笼子上贴着"阻辱前官"的封条。反对学堂的人除武打外，文攻的势头也不弱。横州守旧的头面人物如进士朱永观、举人施献璜等人视学堂为异端，施献璜写《斥异端论》散发到各乡村说："数千年来孔孟之道天经地义，有益人心，何以舍而不用，反而迷信夷狄的无父无君谬论，我大清不亡何待？"[16]

施献璜，横州街人，光绪十九年（1893年）癸巳恩科中举，曾任博白县知事（县长），光绪二十五年（1899年）主持重刻乾隆本《横州志》。见过世面的施献璜无论如何也想不到，他竟然一语成谶：大清真的死到地了。只是他不明白，大清的死亡并不是因为学堂，也不是因为废科举，而是因为其自身的腐烂，因为老百姓的唾弃。

宣统三年八月十九日（1911年10月10日），武昌起义。九月十七日，广西宣布独立。二十日，横州宣布独立。

宣统三年（1911年）十二月二十五日，皇帝颁布退位诏书，入主中原267年的清朝成为历史。

清朝横州的疆域，东至云表石，接贵县，西到今飞龙长江塘，接永淳县，东西长60公里；南到板路的独镇岭，接灵山县，北至今灵竹的古蓬村，接永淳县，南北长65公里。这个疆域一直保留至1952年。

朝廷废科举，为科举而设的横州学宫随之废弃。清末横州划分为东区（百合马山）、西区（陶圩莲塘平马）、南区（飞龙新福南乡板路）、北区（校椅云表马岭及镇龙一部分）、中区（横州那阳）5个学区，遍设小学堂。为解决师资不足的问题，光绪三十一年（1906年）横州官府把秀林书院改为横州师范传习所，为学堂培养师资，学制半年，学成后分到各学区小学堂任教。师范传习所招收的学生有的是秀才，有的是读过几年私塾的童生，如南乡蔡板乡下黎村人王缉熙，别号师文，就是秀才出身，师范传习所毕业后留校任教，1943年编纂《横县志》时被县政府聘任为编辑股股长（总编辑）。横州师范传习所开办半年后，改为州立两等小学堂，即既有初等小学，又有高等小学的学堂。民国初，改为县立第一高等小学校。1929年，停办高等小学校，拨入县立初级中学，至此，秀林书院成为县立初级中学的一部分。

横县县立初级中学创建于民国初年，系改龙池庙（在今北门外对面的旧皮革厂）而成，校园外自北门至东门一长块旧城脚地为该校学生劳作实习基地。1923年，学校正式招生。1929年，将与劳作实习基地相连的县立第一高等小学校（旧秀林书院）划入县立初级中学，教学区也从龙池庙遗址转移到旧秀林书院。1935年，又将位于县立第一高等小学校前座的县教育局划归县立初级中学，至此，县立初级中学"渐臻完备"。1943年，县立初级中学更名为县立中学，开始招高中，解放后改为横县中学。[17]

永淳县创办县立初级中学是在1928年3月，比横县迟5年（以横县县立初级中学于1923年正式招生开学计）。招高中则比横县迟两年，1945年才招高中。1946年在今镇政府所在地创办中区初级中学，同年10月又将县立初级中学分立两所：一为永淳县立第一初级中学，设在峦城街，新中国成立后改为峦城中学；一为县立第二初级中学，设于甘棠圩，1952年随甘棠区划归宾阳县，即今宾阳县甘棠中学。师资、图书、仪器设备等亦一分为二划入这两所学校。

在横县县立初级中学酝酿招收高中生的时候，1942年3月24日，东区百合乡率先改县立第二小学校为私立鳌山初级中学校（东区包括今百合马山两地，新中国成立后改为横县百合中学、横县百合完全中学）。1943年3月22日，上北区校椅乡跟着也改县立第七小学校为私立西北中学校（西北指西区和北区，招生范围包括陶圩、莲塘、校椅、云表和马岭等地，解放后改为横县校椅中学、横县校椅完全中学、横县第二高级中学校椅校区）。1945 年，中区创办中区区立初级中学（校址在今县委机要局办公地，旧为龙兴寺，1950 年并入横县中学），1946 年在南乡成立西南中学（西南指下西区的平马和南区），又称南乡中学。这些就是当时横县最早的中学。1956 年创办陶圩初级中学（1988 年改为横县陶圩完全中学，招生范围为陶圩莲塘平马）、飞龙初级中学、横县壮文学校（1992 年又挂牌称横县民族中学，属一个学校两套牌子）。1964 年创办云表农业中学，1990 年改为横县职中云表分校。1968 年至 1971 年，创办峦城、马山、那阳、横州、飞龙、六景、镇龙、良圻、平朗、云表、平马、马岭和横州五七中学（后改为横州镇高中，1990 年改为横县职中本部，1999 年改为横县中等职业技术学校，2007 年 9 月改为横县职教中心）等 13 所公社（今称乡或镇）中学，而且都是既有初中又有高中的完全中学。同时各大队（今称村公所）则于中心小学附设初中部。1981 年后压缩高中，保留横县中学和横州镇高中两所高中，保留百合中学、校椅中学、南乡中学、峦城中学、陶圩中学和良圻农场中学等 6 所完全中学，其余公社中学全部撤销高中部，改为初中，撤掉或合并附设初中，联办一批初中，形成村办小学乡镇办初中县办高中和完全中学的基本格局。1993 年台胞宋献琼与横县人民政府共同创办横县献琼中学，俗称"私立公助"：县政府负责土地、调配师资及发放老师工资；宋献琼负责出资建校舍购设备。1997 年 3 月，横县申办横县第二高级中学得上级允准。8 月，经友好协商宋献琼同意取消横县献琼中学，将校舍和设备有偿转让给县政府，是年县政府改献琼中学原址为横县第二高级中学，2012 年又改横县校椅完全中学为横县第二高级中学校椅校区。

1912 年改横州为横州县，也许觉得州县同称有点拗口，又想起明朝曾有"横县"之称，复古亦属雅事，于是第二年又改横州县为横县，仍属南宁府。自后内忧外患迭起自顾不暇，再无改名之举。

横县国民政府袭用清官府旧址，设在今横州镇一中。

民国初期横县把西区分为上西区、下西区，南区分为上南区、下南区，北区分为上北区、下北区，连同中区、东区，全县共8个学区。中区（横州那阳）为第一学区；东区（百合马山）为第二学区；上南区（飞龙新福平塘，1984年10月飞龙分为飞龙乡、新福乡，2005年又合并称新福镇）为第三学区；下南区（南乡板路，1984年10月南乡分为南乡镇、板路乡，2005年又合并称南乡镇）为第四学区；上西区（陶圩）为第五学区；下西区（莲塘平马，1969年平马自莲塘分出，称平马公社）为第六学区；上北区（校椅马兰，新中国成立后马兰划入镇龙乡）为第七学区；下北区（云表马岭）为第八学区。1933年又恢复为5个学区，直至新中国初期。新中国成立后行政区域和名称多有变化，学区也随之更改，无需细说。

1920年，粤桂战争爆发。

1921年6月，孙中山任命陈炯明为总司令，兵分三路攻打广西军阀陆荣廷。当月，粤军从水路攻入横县县城，陈炯明入住横州街朱光泽堂。陈炯明部队良莠不齐，加上军官勒兵不严，扰民多多，有的甚至纵兵抢掠、搜求藏镪、追鸡逐狗、杀人拉夫。从南路进入横县的粤军勾结匪徒攻陷南区禄嘉团27个村庄，烧毁民房800多间。从东边陆路进入横县的粤军则把东区百合街抢劫一空。后来粤军撤走，百合人还在高湾隘设伏截击，出了一口恶气。

8月，粤军攻占南宁。

10月，孙中山由梧州乘火轮溯郁江上南宁，道经横县，泊大南门码头，停留一宿。横县知事施献钧和绅士陈寿民等人下轮觐见。1948年2月，陈寿民离开横县时，留下字条云（标点为编者所加，文中括号为原文）：

中华民国国父孙中山先生于民国十年九月入桂，由梧乘轮西上，道经横县，泊南大码头一宵。（时值中秋节后）当日下午三时，县知事施献钧及绅士陈寿民数人（姓名可另查）下轮

觐见。孙中山先生垂询地方民间疾苦甚详，均经施知事等一一
奉答。孙先生莅临本县，系光荣历史之一页，如能列入县志，
意义重大，应请修志诸君卓裁。

陈寿民　卅七　二

陈寿民，原名陈善祺，横县百合大炉村人，日本东京法政
大学法律科毕业，1924 年出任横县教育局首任局长，后来历任
邕宁平南桂平等县县长、浔州区及百色区行政督察专员兼保安
司令、广西省党部执行委员及书记长、省政府委员兼秘书长、
省政府顾问等职。1921 年觐见孙中山时才回到国内不久，没有
任公职，所以自称"绅士"。也许陈寿民记忆模糊，加上行色匆匆，
没有推算精准孙中山莅临的时间，只给出了一个模糊的时间段"时
值中秋节后"。1988 年，横县编纂《横县县志》，修志者把这
件事记入书中，推敲日期，说是"9 月 23 日"。这月份是不对的，
应是 10 月 23 日。⑱

1922 年 3 月，广西自治军四起反击，粤军退回广东。横县
知事施献钧（字秉衡，横州街人）弃冠而去，横县群龙无首。
横县参议会召集各乡知名人士，公推并票选省议员陈佑向出任
知事。这是横县也许还是广西有记载的第一个民选知事，但还
未正式上任，广西自治军任命的横县新知事、黑龙江省宾县人
廖国光已带兵强势进入横州街了。

陈佑向，横县陶圩樟元村人，光绪十五年（1889 年）己丑
恩科举人，早年参加孙中山组织和领导的中国同盟会，民国初
当选广西参议员，还代理过省参议长，晚年到那阳教书，最后
回家乡樟元村教书，1933 年春出任《横县志》总编纂，第二年
在家病逝，其遗稿成为 1943 年编纂《横县志》的底本。《横县
县志》说陈佑向于 1931 年到横县修志局编写县志，与民国《横
县志》所载不符。

1924 年，永淳县黄天锡编修《永淳县志》八卷，今仅存第
一卷至第五卷。

1937年7月7日，卢沟桥事变，日本挑起全面侵略中国的序幕。

1939年8月31日，日机一架由永淳县飞至横县县城盘旋后向校椅圩飞去，再复飞县城上空，投下3枚炸弹，炸毁公馆1座，房屋2间。此后，日本鬼飞机又多次轰炸横州街及永淳街。两间县立中学校可能都被疑作军营，礼堂、教室、宿舍，全部炸成颓垣残砾。两县县城街上许多商铺民居被炸得一塌糊涂。此外还轰炸横县通往永淳县及宾阳县交通要道上的校椅街、青桐街，永淳县的甘棠街（今属宾阳县），轰炸永淳县的南阳（今属南宁青秀区），横县的江口、南乡、清江、站圩等郁江边上的圩街。

10月25日，日机一架从横县东南方向窜入县城上空，在东郊盘旋后向东沿郁江飞去。

1940年3月，日本鬼从钦州的灵山县烟墩乡侵入横县菜板乡进犯南区，焚烧横县当时第二繁华的圩市南乡街。

南乡街相对于平塘江口街是个后起的圩镇。在平塘江口街收盐税收得手软的时候，人们就在灵山的平南走私盐经南乡街渡江入乾井、杨彭到横州等地。清光绪年间，南宁府在南乡设盐税分卡，后改盐糖征收局、厘金局、百货统税局。1930年，又设南宁统税兼饷捐征收处南乡分卡。1943年前，修省级公路自永淳县的石塘经横县的陶圩街、福旺街、莲塘街、英莲村，过桥到涔江村、三鸽塘、小溢村、乾井村，渡郁江入南乡街出灵山到北海。汽车陆运比船舶水运快捷，包括海盐在内的货物运输也由平塘江转移到南乡江口，南乡街很快发展成横县西南地区最富庶之地。

日本鬼轰炸横县，是侦察有无驻军并弄清楚横县与周边的永淳、宾阳、贵县、灵山等地水陆交通和山川形势，为日后的军事布局作准备，这从日机飞行路线及轰炸的地点可以看出来。轰炸的结果，日本鬼知道横县没有驻军。

在日寇入侵、生死存亡的危急关头，横县又连年惨遭天灾。

据民国《横县志》载：民国二十九年，春夏旱，秋又大旱，牛疫盛行，死者甚多；三十年春，天花痘疫流行，老幼死者颇众，秋旱岁饥；三十一年，夏大水，秋旱，各乡大多数稻谷失收，米价每斤涨至国币8元左右；三十二年春夏旱，米价每斤涨至国币20元左右，饥民载道，卖妻鬻子者时有所闻，吃草根树茎者所在多有。

但横县没有被击垮，全县上下同仇敌忾同赴国难。一是建立统一战线，不论党派，不论民族，不分男女，有枪出枪有钱出钱有力出力。二是停止村与村之间的械斗，枪口对外，各乡村民团组成抗日自卫队，由县府统一调度。三是组建学生军。四是开展抗日宣传，组织抗日宣传队，创办宣传报《南路》，乡镇成立联社、诗社或者宣传社，开展以抗战为主题的征联征诗活动。如横县香溪诗社、南乡抗战联社、南乡救亡联社、禄嘉宣传诗社、校椅兴也吟社，等等。五是全县民众集资给国家买飞机，还节衣缩食支援抗战。如1942年为筹建西北中学，校董会发动全西北区户均捐献2斤稻谷作建校费用，因军情紧张，最后将捐谷全部拨给抗日自卫队作军粮。

1944年6月，广东揭阳人、民主人士张树春出任横县县长，创办《晓报》（见图3），聘请中共党员和进步人士主持报务及编辑工作，为抗战大声呐喊。

这年的12月12日，日本鬼当年的侦察成果被派上用场——

图3 1947年5月3日的《晓报》（横县端书图书馆馆藏）

日寇大队长度部市藏中佐率 200 多人，大摇大摆地从贵县乘船溯郁江而上。15 日，在大王岭（刘公圩下游不远处）一带，被横县抗日自卫队截击，度部市藏当场毙命。18 日，日寇退回贵县。

这次阻击似乎没有使日本鬼长记性（与国民党军队打仗极少败北的日本鬼从不把地方群众武装放在眼里），1945 年 1 月 5 日，日本鬼 300 多人从陶圩过龙头经校椅侵犯横县县城，以为坚枪利炮会吓得横县地方武装望风溃散。讵料横县抗日自卫队 4000 多人在四排岭拼死阻击，相持数日，日本鬼终不能越雷池一步。日寇不得已，12 日，从宾阳抽调 700 步兵、60 骑兵南下驰援，最终攻入县城横州街，19 日撤走。

张树春组织和指挥了这两次阻击战，1945 年 12 月被派任贵县县长。贵县比横县大，由小县到大县，张树春是升级。张树春新中国成立后被错误镇压，1985 年获平反。

1945 年 8 月 15 日，日本宣布无条件投降。

日本鬼入侵横县和永淳县期间，共炸毁和焚烧民房 4046 间（含永淳县 1926 间），枪杀、炸死、烧死 4402 人（其中永淳县 1610 人），炸伤杀伤 1684 人（含永淳县 592 人），失踪 1298 人，炸毁公路 641 公里（含永淳县 247 公里），两县受害乡（镇）共 40 个，村（街）291 个，诚千古之浩劫也！

1945 年 8 月 29 日至 10 月 10 日，国共两党在重庆谈判签署《双十协定》，确立和平建国的基本方针。

1946 年 6 月，国民党撕毁《双十协定》，大举进攻共产党领导下的中原解放区，打响全面内战第一枪。

1947 年 4 月，中共广西省工委在陶圩乡六秀村召开全省主要干部会议，决定全面开展武装斗争。

9 月 3 日，国民党县府政务指导员、北区"清剿主任"苏民困率警察突袭六秀村，逮捕中共地下工作者，收缴六秀村民的枪支。六秀村民奋起抵抗。4 日，中共横县县委宣布举行武装起义。随即在横县西区、西南区和北区发动武装起义。6 日，梁德和农朝武率领六味、那罗、草衣、张村组成的武装人员围攻退至北区青桐乡公所所在地青桐街的苏民困，通过开明人士邓晖［青桐乡那寺村人，原名邓家和，曾任西北中学训导主任、英语教师、国民党广西绥署政治部上尉指导员、绥署宪兵团政治部上尉指导员、梧州干部训练班主任指导员、广西省参议会参议员，解放后任过横县人民委员会（即人民政府）委员、广西区政协委员］做苏民困的思想工作，促使苏民困缴枪投降，青桐街被游击队占领。其后苏民困等人被释放回县城。

农朝武，北区青桐乡六味村人，1938 年在横县中学读初中时参加广西学生军，不久加入中国共产党，曾任中共横北特支副书记，横县北区第三武工队指导员、支部书记，抗战时期任手枪队队长，率队参加过四排岭抗日阻击战。1948 年 3 月，横县游击队十九团主力奉命转战十万大山，全县的武装斗争由大搞转入小搞。在横县革命斗争处于守势的艰难时期，农朝武奉命留下来与强敌周旋。1948 年 9 月 1 日，农朝武带领 20 多位武工队员回六味村活动，突遭国民党扫荡队的袭击而牺牲。敌人割下他的头颅，逼迫其父用鸡笼背着到县城横州街。路过北区区公所所在地校椅街时，还在三角坪的清平楼悬颅示众。这惨烈一页直到今天，仍然深刻于校椅街许多老人的记忆中。

这血腥一幕的导演就是横县时任县长莫蛟。但结果却出于莫蛟意料：这一完全没有人性的招数不但没有吓倒老百姓，反倒使人们看出国民党凶狠残忍的本性，促使更多的人同情游击队最终奋起推翻国民党的统治。

莫蛟于 1947 年 11 月出任横县县长。是月，广西省府撤掉"剿匪不力"的横县县长廖哲。

廖哲，宾阳人，1947 年 4 月 27 日到职视事，8 月兴修在抗战期间炸毁的翔云桥（今称新桥，在横州街北五公里。廖哲写有碑记，现镶嵌于横县博物馆北面墙上），11 月 15 日被撤职，在任 7 个月，12 月转任永淳县县长，1948 年 3 月至 11 月转任宾阳县县长，同年倡办私立昆仑初级中学，新中国成立后于1959年改称宾阳新桥中学。

1947年冬，《晓报》停刊。同年12月18日，横县国民政府创办的《横县日报》出刊，这是新履职的县长莫蛟为"扫荡"以杨烈、陈清源等人领导的中共横县游击队而创办的报纸，1949年12月反被人民解放军扫而荡掉。

莫蛟，原名莫焕玉，横县东区元福乡（今属百合镇）圩背村人，官至南宁专区专员兼保安司令，1949年人民解放军解放南宁时被俘，1950年12月20日在横州迎宣门外体育场公审、押至北门外旧刑场枪决。

1949年10月19日，横县人民政府在横县下西区龙平乡龙平小学（今平马镇中心学校）宣布成立，曾被莫蛟悬赏稻谷一万斤购其项上人头的陈清源出任人民政府首任县长。

陈清源，原名陆永耀，横县东区联平乡（今属百合镇）陆龙村人，1940年加入中国共产党，曾任横县人民解放军司令部代司令、粤桂边区人民解放军第十九团政委，新中国成立后先后任南宁地委秘书长、组织部部长、广西农学院党委书记。陆永耀1943年1月毕业于南宁高中，其姓名与他的老乡，毕业于中央军校第一分校高级班的莫蛟一起被收录于1943年的《横县志》。当时高中毕业、大学毕业的人很少，全县记录在案者仅有192人，高中毕业被等同于科举时代的"贡生"载名于史册。

1949年12月4日，横县解放。

5日，永淳县解放。

永淳县的县域，东至今镇龙乡的那旭，南至平朗秀璧，西至今邕宁区的南阳，北至今宾阳县的古辣。

1950年4月，横县人民政府由平马镇迁移至横州镇一中，1959年移至西门街，具体地点无载，1961年移至现址。

1950年4月11日、16日，国民党的散兵游勇及土匪先后在下北区云表、东区百合暴动，攻陷邓圩、龙来、云表等乡人民政府，枪杀下北区区委书记王玉石（河北省人，南下干部）、龙来乡乡长黄耀全等共产党干部和群众，甚至攻陷百合街。13日，人民解放军一三三部队和县属民兵前往围剿。至28日，毙匪636名，俘虏1500多名。10月18日至25日，围剿土匪的大本营镇龙山区，毙匪700多名，俘获400余名。年底，永淳县歼灭土匪4000多人，至此，全部肃清横县和永淳县境内的匪患。

是年，朝鲜战争爆发，形势趋紧。剿匪抓来的一千多土匪分散关押在各乡镇庙寺、宗祠、仓库里，他们百无聊赖，还时不时滋事生非，甚至时有逃逸。加上新中国成立初期百业凋敝，人民生活困难，供土匪一日三餐是个不小的负担。1951年3月，横县奉命在马岭设立劳教队农场，将土匪集中到农场监管，1952年也将原永淳县抓来的土匪集中到劳教队农场监管。既能使土匪通过劳动自食其力改造思想，又能大幅减少分散监管的人力物力。1954年广西省公安局接管，改名为广西马岭劳改农场。1955年8月，广西马岭劳改场在谢圩兴建糖厂。1969年11月17日，广西马岭劳改农场撤销，交还横县管理，谢圩糖厂改名横县糖厂。

马岭地处北区，多丘陵沙砾，荒芜一片。校椅、云表人经常去那里铲草皮烧灰作肥料，这样的土地称为"官荒"。辟为劳改农场后，种上大片烟叶、菠萝、剑麻等旱地作物。1958年兴建六蓝水库和云表水库后，广建水利引水灌溉，许多旱地种上水稻。1970年用于安置莲塘、平朗、南乡等十多个乡的西津库区移民1.5万多人。同年5月14日，在马岭成立东方红人民公社，后更名为马岭人民公社、马岭乡，1994年撤乡建镇，称马岭镇。1976年秋，又将位于马岭山脚的苗圃（原马岭劳改农场监狱区）改为横县五七大学，由县教育、文化、农业、农机和水电等部门联合举办。撤销自1952年起就附设在横县中学的师范部，将该部中师一班39名学生拨入五七大学师范专业，成为创办横县五七大学的首批学生和"拓荒牛"。后来除师范专业外，其他专业因故停办。1979年下半年改为横县师范学校，1982年迁回横州街今横县教育局旁，马岭遗址复为苗圃。1983年横县师范改名横县教师进修学校，2007年9月并入横县职教中心，原址划归横县中学。

1952年8月，调整行政区域，撤销永淳县，把甘棠、露圩、古辣等地划入宾阳，其余如石塘、灵竹、良圻、平朗、六景包括永淳县县政府所在地峦城街划入横县。

同年，把横县的禄嘉乡划归灵山县；把灵山县的木凹村、下山村划归横县。

1953年，把横县的大岭、学心、江兴、古平、凤恩、金沙、马泮、新旺等划归贵县（今贵港市）；把贵县的双桥、汗桥、新田、新龙划归横县。

同年，把横县的伶秀、良绿、雄会、留凤、朗西、新楼、施厚、二田、南阳等地划归邕宁；把留江、新宁、大桥、合庄等地划归宾阳。

1954年年初，建芦村、六景火车站。1959年8月，把宾阳的芦村、下峒、沙江划归横县。

至此，横县疆域锁定：从东头的马山乡平塘村到西头的峦城镇都溪村，距离约81公里；从南边的南乡镇板鹧村到北边镇龙林场的那歪林站，距离约77公里，总面积3464平方公里。至今总人口约为120万，排广西人口大县第六位。

1955年，在武汉大学读书的校椅文村人韦其麟创作长篇叙事诗《百鸟衣》，在《长江文艺》发表，又被《人民文学》等刊载，蜚声远近。据说还被翻译成多国文字。这是横县人创作的具有全国性影响的文学作品，就广西诗歌领域而言，《百鸟衣》之后，诗歌创作的成就和影响至今无人比肩，遑论超越。

韦其麟除代表作《百鸟衣》外，还创作有《凤凰歌》《寻找太阳母亲》《童心集》《含羞草》《梦的森林》《苦果》《壮族民间文学概观》《依然梦在人间》等作品。曾任广西师范学院中文系教授、民族民间文学研究所所长、广西文联主席、广西作家协会主席、中国作家协会第五届和第六届副主席等职务。

1956 年 4 月，横县县委创办《横县农民报》周刊（见图 4），1958 年改为《横县报》（见图 5），1959 年 6 月停办。1985 年 1 月 15 日，《横县报》复刊，5 月 1 日正式出刊，2003 年 4 月改称《横州日报》，同年年底停刊。

图 4　1958 年 10 月 1 日的《横县农民报》（横县端书图书馆藏）

图 5　1958 年 10 月 7 日由《横县农民报》改版的《横县报》

1958 年 8 月，在苏联的援助下，国家兴建西津水电站，建设者来自广西区内外，主要的"家当"就是一台 40 千瓦的柴油发电机，几部汽车和一不小心就顶翻筋斗的推土机，几把大锤，此外就是扁担、泥箕、锄头、铁锹等简陋工具。1964 年、1966 年苏联援助的一号机组、二号机组先后建成发电，1975 年、1979 年自主设计的三号、四号机组相继建成发电，整个电厂建设告竣。

西津水电站的建成，彻底改变了江南的面貌。原来阡陌交通鸡犬相闻的繁华富庶之区，成为水乡泽国孤岛独岭。南乡街、平塘江口街、飞龙江口街这些古代简阳郡或南简州、横州名噪一时的地方永远没于水底。南乡、板路、飞龙、新福、莲塘、平马、平朗、六景、良圻、峦城、附城等乡镇被淹没耕地 7.6 万多亩，搬迁民众5万多人。南乡公社党政机关因此撤至板路圩（今板路镇党委、政府所在地）办公。西南中学迁至板路。1984年南乡公社分为南乡镇和板路乡，南乡镇新建南乡初级中学，西南中学于1988年改称横县板路完全中学。飞龙初级中学迁至莲塘，改名莲塘中学。1985年飞龙乡于飞龙街的状元山新建初中，即今飞龙中学。峦城中学迁至芦村，改名芦村中学，1970年才迁回峦城街并改回原名。而今天西津水电站上游江南的圩街和乡村大都从山脚撤到山顶，依傍露出水面的山头而建，名称照旧，但与古代的圩街乡村已然不是同一个概念。

其实，即使不建西津水电站，如今的横州江南也与古代不同一个概念。如今天的横州郁江北岸，新中国成立后，1958年至1960年间全县人民勒紧裤带肩扛手推建起六蓝水库、旺安水库、云表水库、北滩水库、望天塘水库、青年水库等，使昔日江北大片荒芜贫瘠的"望天田"成为一年两造、旱涝保收的良田，水稻单造亩产300公斤甚至超500公斤，仅此就与古代天差地别，更不用说其他了。所以，说横州，无论怎样说也说不全、说不尽。一是因为横州历史悠久，许多东西连古人也说不明白，或者有意不说明白，今人说横州更不容易说清楚了。二是横州发展变化太大，尤其是新中国成立以后，沧海桑田，说不胜说。只能根据所能见到的清《横州志》、清《永淳县志》、民国《横县志》、新中国成立后的《横县县志》等志书，略去不影响理解的枝枝蔓蔓或一些沿革繁琐的称谓，选取一些自以为重要的行政、军事和经济、文化教育等方面的史料，力求堆出横州从古代到新中国成立初期的基本轮廓。至于改革开放以来的发展变化，因为距离我们不远，大家有目共睹，且许多资料都有记载，就不抄书了。

2015年2月18日

✤ 注：

　　① 见《中国县情大全》第1429页，中华人民共和国民政部、建设部编，中国社会出版社1992年版。

②见《峤南琐记》，1936年12月版，横县端书图书馆藏书。魏浚当年没有从水路经过乌蛮滩，所以他说错了，实际上乌蛮滩在横州东37.5公里。

③引自《横县县志》第690页，1989年版，横县图书馆藏书。《贵港市志》载："建宁三年（170年）乌浒人起义，郁林（今贵港市）太守谷永发兵，归附者十余万人。"

④见《墨子》第66页，大众文艺出版社，2009年6月二版。

⑤"永安八年"，清《横州志》原文如此。"永安"是吴国孙休年号，只有7年。

⑥民国《永淳县志》载：永淳"晋为宁浦县隶简州（即今横县）"。清《横州志》载："宁浦县，在城西南。"城西南就是江南一带，可知晋朝的宁浦县包含了江南的永淳地。

⑦见清《横州志·世表》。陈埠江口今已海没水底，今日的平塘江口街建于山顶，沿山顶走向一字排开。

⑧引自清《横州志》第61页："蒙泽县，在城西北，即今蒙村。"这个说法有三疑问：一是今蒙村的方位历来不是在"城西北"，而是在城北。二是作为一个县，今蒙村连同其周围地域是否太小了？三是清《横州志》第39页载，下北乡在州西北隅，包括今蒙村、宋村、蒙峒与莲塘、平马、陶圩等地。不知是否古蒙泽县的范围？如是，则县治设于偏在东隅的蒙村，对隔山隔水、远在西边七八十里且与永淳县接壤的陶圩街平林村等地如何管理？

另据明末清初顾祖禹的《读史方舆纪要》说："蒙泽废县，州西四十里。唐武德四年置蒙泽县，属简州。贞观十二年省。"据此，蒙泽县应在横州城西四十里（沿旧公路计程）的莲塘街一带。我以为顾祖禹的说法比较可信。按地图，郁江之北的横州地被瞻顾山脉分隔为东西两大块，东边的校椅、云表、马岭、横州等地为淳风县；西边的陶圩、莲塘、平马等地为蒙泽县，这应该是最便于管理的模式。如果按清《横州志》第61页的说法，蒙泽县仅限于蒙村周围，则莲塘、陶圩、平马一带又属于哪个县？

⑨引自民国《横县志·公署·宁浦县署》，不知据何得来？清《横州志》第51页说，"东往浔州府贵县，水路：州城（今横州街）十里至曹村塘十里至黎村塘……至贵县大岭界"，此段水路共50公里。而自州城至陈埠塘（即设于平塘江口街附近的驿站）水路为35公里，两段水路加起来得85公里，可推测旧州的位置就在

原简阳郡所在的平塘江口街，据此得出移到江北的新州治大致位置。

⑩见刘汉忠《宋元时期横县的几部志书》，载《横县报》1993年6月19日，横县端书图书馆藏。

⑪清《横州志》载元朝人钟世传《横州修城池记》曰："……横州郡百粤分野，秦属桂林，丙子平定，城池遂废……至正丙戌五月，州判诚斋倪公下车之初……遂捐己俸……鸠工庀材……孟春，通守于公曜到任，亦捐己俸，同寅共济。中秋，公重命……量城，方围三里，池三百九十丈。计料才定，宁浦、永淳二邑百姓鼓舞兴起，取砖于乐山古城……各认地亩丈尺，修城开濠，筑墙排栅，至正丁亥仲春落成……迁馆驿，移县治，惠民药局，安置祀典、庙宇、州县公廨……"

元横州署具体地点在今县供电商厦右侧月江宾馆处。民国《横县志·公署》云："横州署，旧在城内西南隅，宋元置为总管府……万历间改按察分司署为之，在旧署左，明末毁于兵燹。"又云："按察分司署在城内西南，明万历中改为州署，清改为常平仓。"查清《横州志·州城全图》得知，常平仓位于今县供电商厦右侧，即今月江宾馆，正对小南门。

⑫这段文字引自成书于明永乐年间朝廷组织编写的《永乐大典》（见刘汉忠《明朝横县的几部志书》，载《横县报》）。又清《横州志》载：洪武"十年，改为横县，与永淳并属南宁府"，与《永乐大典》所记不同。另，王济在《君子堂日询手镜》里说横州的大圩市，其中就点到"古辣"圩，可见当时永淳县属于横州，清《横州志》的说法是错的。

⑬据校椅南街梁鸿镇（82岁）、大狗妈（97岁）、文村韦世坚（82岁，1949年曾在南街大庙读小学）采访笔录。

⑭这是民国《横县志》的数字。而清人周炳蔚在《区世瑚殉难诗集序》说："咸丰丁巳，土寇之变，殉难死者数千人。"不知民国《横县志》的编者据何得出单单妇女之投井死及蹈塘死者不下四五千人？

⑮引自采访云表镇文化站原站长、70多岁的大塘村人黄家香的笔录：班特题真名叫班以题，"特"是壮话中对男子的称谓。现在南宁宗祠里有其名字。当年大塘村人被驱散到周边居住，至今已立村5个，即东边的新仲、南边的新安、西边的新宁、

北边的新盛、东北边的新进。1958年人们又回大塘村建房。大塘村有一塘约300亩，水从大山流来，水口处原有一块石碑，现在已不见了。

⑯引自陈寿民《我读旧式私塾、新制小学及师范学校之经过》，该文将横州知州陆清翰写成陆翰清。

⑰民国《横县志》第五册载："龙池庙在北门外……该庙已于民国初年拆毁，遗址拨作县立中学校校园。"

第二册载："县立初级中学：民国初年，将买受甘姓地一所，建筑讲堂二间……民国十八年、二十四年，先后将一高小校（即县立第一高级小学校）、教育局（位于原一高小校即旧秀林书院前座）拨归该校建设，始渐臻完备。"

第四册载："县立第一高级小学校：清光绪三十一年，就原日秀林书院……开办师范传习所半年……旋设两等小学堂，及民国始改今名……计自光绪三十一年二月开办，至民国十八年一月止……停办后改设初级中学校。"

第四册又载："县立初级中学……计自民国十二年开学以来，共毕业初中学生二十七班……"《横县县志》第6页说，民国"十二年十月，成立横县县立初级中学校"，这个"横县县立初级中学校"当指第二册所载的县立初级中学，而非由秀林书院改办。横县中学校史说秀林书院"1923年（民国十二年）改为县立中学"，这是错的。

⑱孙中山当时到横县的时间为"10月23日"，这可以从以下记载推算：

一是《梧州市志·综合卷》云："10月17日下午4时 孙中山到达梧州。18日，孙中山在梧州乘'广明'浅水巡轮赴南宁。"

二是《桂平县志》云："民国十年十月二十一日，非常大总统孙中山先生，为与陈炯明商谈北伐事宜，从梧州赴南宁途中抵达桂平，因事驻跸县城一天。翌日……下午，乘电船离浔。"

三是《南宁市志·综合卷》说："10月24日，孙中山抵达南宁。"陈寿民任横县教育局局长是在民国十三年（1924年），是年横县改横县劝学所为横县教育局。民国《横县志》第二册载：陈寿民，"十三年任横县教育局局长"。《横县年鉴》（1987—1990）第214页云：陈寿民"1921年（民国十年）归国就任横县教育局局长"，与民国《横县志》不符。

悲哀时代的悲情守望

　　唤起一声人悄，衾冷梦寒窗晓。瘴雨过，海棠开，春色又添多少。　社瓮酿成微笑，半破椰瓢共舀。觉倾欹，急投床，醉乡广大人间小。

　　这是秦少游编管横州时写与横州人一同"吃社"的词——《醉乡春》。"社"指社日，是古人祭祀土地神，祈祷五谷丰登的盛大饮酒节日，至今横县有些地方仍沿袭"吃社"习俗。

　　全篇语言淡雅，毫无雕饰。作者先是以疏朗浅显的语言不动声色地引着我们想象雨过天晴的海棠春色，感受古道热肠的主人用半破椰瓢斟酌出来的温馨与醉意，然后在我们心旷神怡、怡然自得时突然笔端一挫，峰回路转水落石出，我们才恍然大悟：这醉翁之意，不在酒！这娓娓动听、层层铺垫的渲染，竟是引领我们更近距离更清晰地倾听他灵魂深处那沉重如磬的慨叹——唉，人间太小了，没有容身之地，还是到醉乡去罢！

　　"醉乡"，是初唐诗人王绩《醉乡记》里的

理想之国："醉之乡去中国，不知其几千里也。其土旷然无涯……其俗大同……其人甚清。"醉乡，是人们幻想避世的又一个世外桃源。"醉乡广大人间小"，词人的取舍在行云流水般的诗意末端突兀抖开，真个是"曲终收拨当心画，四弦一声如裂帛"，令人震撼发人深思。

后人对秦少游的词作有慧眼独具的卓评。清人陈廷焯在《白雨斋词话》引乔笙巢的评论说："他人之词，词才也；少游，词心也"。大意是说别人用才学来写词，少游用心来写词。《醉乡春》表达的情绪无疑是秦少游对生活的真实感受。那么，能写出"两情若是久长时，又岂在朝朝暮暮"千古名句，看似豁达的秦少游为何如此悲观，竟要避开春意盎然温情脉脉的人间而拼一醉呢？文学是人学，我们就从秦少游的诗词中感受他的心灵悸动，看看从尘世到醉乡，他漂泊的灵魂究竟飘到哪里，又泊在何方。

秦少游（1049—1100），扬州高邮（今江苏）人，名观，初字太虚，取意志存高远，气凌太虚。在家中排行第七，人称"秦七"。6岁入私塾，10岁时能写出不同凡响的文章，被誉为神童。非常之人必有非常之举。26岁时得知大文豪、大书画家苏轼（字东坡）将要路过扬州，便在路边一寺壁上题诗，模仿苏轼的诗风与书法，署苏轼的名字。苏轼看了，一时也分不清是否是自己写的诗。及至读到秦观的《黄楼赋》，苏轼更称赞他"有屈宋之才"，并向王安石推介。王安石看了也说"清新似鲍谢"。考中进士之前一年，秦少游所写诗文共217篇，分为10卷，书名叫《淮海闲居集》。他的词作婉约清丽，在未中式之前已被广泛传唱，知名度相当高。如《满庭芳》：

山抹微云，天粘衰草，画角声断谯门。暂停征棹，聊共引离樽。多少蓬莱旧事，空回首烟霭纷纷。斜阳外，寒鸦万点，流水绕孤村。　　销魂，当此际，香囊暗解，罗带轻分。谩赢得青楼，薄幸名存。此去何时见也？襟袖上空惹啼痕。

伤情处，高城望断，灯火已黄昏。

传说有一次，秦少游的女婿范温参加宴饮，他孤坐一隅喝闷酒。有人过来问他是哪门亲朋。他说自己是"山抹微云"的女婿。众人大惊，争相与之攀谈，一时风光艳压主家。

像现在一些有志青年一样，年轻时的秦少游也曾以为取功名如囊中探物，不料30岁和34岁时两次科举落第，遂慕汉伏波将军马援淡泊功名的从弟马少游而把太虚改为少游，他说是用来记取以前字太虚的过错。秦少游的朋友陈师道作《秦少游字序》记录了这件事，并批评说："你才能过人，却委屈自己去学马少游，这不是以错改错吗？"苏轼在秦少游科举落第后在《答秦太虚》中安慰说："这对你没什么害处，是有关部门不识人才，这才是真正的悲哀。"并写诗说"何似秦郎妙天下，明年献颂请东巡"，以预祝来年考取进士来鼓励秦观。

对秦少游改字的动机，今人欧明俊曾撰文说：秦观改字"少游"，是当时心境的反映，或者说是思想的一个侧面，是一种心理上的需求，改字可说是为准备落榜时的心理调适。笔者认可欧文的说法。可以推想，名闻遐迩、万众瞩目、自视甚高的秦观居然两次科举落榜，其所承受的心理打击以及他对社会评价的敏感绝不是一般人所能想象的。不过，我们更应该从改字上看秦少游的性格特点，即心性细腻敏锐，多愁善感。这个性格特点，用在诗词创作上，就显得与众不同。他的朋友说少游的诗"敲点匀净""铢两不差，非秤子上秤来，乃算子上算来"。如《春日》：

一夕轻雷落万丝，霁光浮瓦碧参差。

有情芍药含春泪，无力蔷薇卧晚枝。

"浮"，描写太阳照在湿而溜滑的绿色琉璃瓦上闪烁飘忽的反光，准确而传神。后两句写雨后湿漉漉沉甸甸的花草，形象生动而奇特。没有"算子"般的想象力与参透力，焉能吟出如此天生的好句子？

北宋元丰八年（1085年），37岁的秦少游第三次参加科举终于名登进士榜。先被任命为定海（属浙江）主簿（从九品，为宋代最低官阶），未到任。旋任蔡州（河南汝南县）教授。1090年经范仲淹之子范纯仁推荐被召进京，与黄庭坚、晁补之、张耒同朝为官，并受知于苏轼，人称"苏门四学士"。历任太学博士，校书秘书省正字（从八品），国史院编修，左宣德郎（正七品）。秦观的工作是校对"黄本书籍"。即校对用雌黄书写，记录皇帝言行起居，宰相、执政议事及与皇帝问对的日记，还和黄庭坚一道参与编修《神宗实录》等。

　　在京师的日子秦少游心情舒畅。据说他常与张耒诗文酬唱，"一文一诗出，人争传诵之，纸价为贵"，成为舆论追逐的焦点。

　　秦少游还经常与文友聚会宴游，吟诗作赋，极尽欢愉。在《西城宴集》诗中，秦少游记载了这春风得意的宴游，他踌躇满志地写道：

> 春溜泱泱初满池，晨光欲转万年枝。
>
> 楼台西望烟云合，帘幕千家锦绣垂。
>
> 风过忽闻花外笑，日长时奏水中嬉。
>
> 太平谁谓全无象，寓在群仙把酒时。

　　早在北宋熙宁二年（1069年），宋神宗起用王安石实行变法，受到司马光、苏轼等的反对。道不同不相与谋，司马光、苏轼等自请外放任地方官。史称拥护变法者为新党，反对者为旧党，后来也称旧党为元祐党人。北宋元丰八年（1085年）宋神宗病死，其九岁的儿子赵煦继位，是为宋哲宗。宋神宗之母高氏以太皇太后的身份垂帘听政。高氏起用旧党，尽废新法，并先后把新党尽数贬黜到地方。秦少游就是在这一年考中进士并得以任职的。北宋元祐八年（1093年）高氏死去，赵煦亲政，改年号为"绍圣"，起用新党。新党疯狂报复旧党，连死了七八年的司马光也被追夺官秩，甚至有人提出要斫棺鞭尸。翌年，46岁的秦少游被免去国史院编修官和左宣德郎的职务，贬到杭州任通判。

通判，是"通判州事"的简称，兼行政与监察于一身，相当于现在的县委副书记兼纪委书记。虽是外放，但作为知州的副职，还是有级有品的官员。可是，秦少游一离开京城，又被政敌诬陷，说秦观在编修《神宗实录》时，影附苏轼，篡改史实。秦少游连申辩的机会都没有，中途就被改贬去处州（今浙江丽水境内）任无级无品小得不能再小的监酒税。

政敌这种卑劣的手段令秦少游倍受打击。在处州，敏感至极的秦少游在深感冤屈的同时，似乎预感到这场风波的凶险及前途的渺茫，他把悲愁怨恨写进《千秋岁》：

水边沙外，城郭春寒退。花影乱，莺声碎。飘零疏酒盏，离别宽衣带。人不见，碧云暮合空相对。　　忆昔西池会，鹓鹭同飞盖。携手处，今谁在？日边情梦断，镜里朱颜改。春去也，飞红万点愁如海。

词中的"人"就是指昔日宴游的京中友人，即《西城宴集》诗中所谓"群仙"。"日边"指京城。一阵寒风，把之前还是鸟语花香的春色搅得万红翻飞周天寒彻，实指旧党在一场突如其来的政治风波中被刮得晕头转向七零八落天各一方。与不久前的风光相比，简直是冰火两重天！这是怎一个"愁"字了得。词人把理想破灭的无望，家人离散的痛苦，个人的冤屈愁怨与面对风云突变一筹莫展和无能为力倾注于"春去也，飞红万点愁如海"中，使词作充满浓厚而强烈的悲情色彩。这是曼声低唱词情蕴藉的婉约词所少见的，连少游的好友孔平仲读后也惊诧说："少游盛年，何为言语悲怆如此？"南宋人曾季狸在《庭斋诗话》记载：曾布读了少游此词说，秦七一定活不了多久，哪里有愁如海还可以活下去的？不久秦少游果真去世。曾布因拥立宋徽宗有功，时官拜尚书右仆射（右相）。这说明同时代的北宋人已注意到秦少游词作里的心态。

在处州，秦少游无事可做，郁闷无聊。他的《春词绝句五首》道出了此时的精神状态：

蒲萄褙暖蕙薰微，红日窥轩睡觉时；
人倦披衣双燕出，青丝高罥木兰枝。

弱云亭午弄春娇，高柳无风妥翠条；
懒读夜书搔短发，隔垣时听卖饧箫。

都城春富百花披，长忆人归驻马时；
浅色御黄应好在，为谁还发去年枝。

风驱白雨洗园林，蔽地飞花一寸深；
狂紫浪红俱已矣，老春虽在亦何心。

颠毛渐脱风情少，匣剑空存侠气销；
人远地偏无酒肉，春深花鸟谩相撩。

蒲萄褙：织有葡萄花纹的褥子。蕙薰：香草名。罥：挂。
饧箫：卖糖人吹的箫。撩：挑逗。前两首诗抒发心灰意冷乃至
懒散无聊的情绪，后三首诗的字里行间徘徊着作者淡淡的惆怅
与哀怨。

为排解忧愁苦闷，秦少游在处州收完税后经常去与和尚聊
天，或因病烧香拜佛且抄写佛书。《淮海集》收有秦少游的两首诗：

竹柏萧森溪水南，道人为作小圆庵。
市区收罢鱼豚税，来与弥陀共一龛。

寒食山州百色喧，春风花雨暗川原。
因循移病依香火，写得弥陀七万言。

也许是近朱者赤，近佛者空。其间，秦少游的所思所想发
生了微妙变化，并婉转表露于他清丽如水的词作中：

点绛唇

醉漾轻舟，信流引到花深处。尘缘相误，无计花间住。

烟水茫茫，千里斜阳暮。山无数，乱红如雨，不记来时路。

好事近

春路雨添花，花动一山春色。行到小溪深处，有黄鹂千百。

飞云当面化龙蛇，妖娇转空碧。醉卧古藤阴下，了不知南北。

"尘缘"是佛语，指尘世之事。"不记来时路""了不知南北"皆有所寄托，读来使人有似曾相识桃花源之慨叹。此时的秦少游似乎在反省自己，萌生尘缘相误不如隐去的感慨。

北宋绍圣三年（1096年），监察人员"承风望指，伺候过失，既而无所得，则以谒告写佛书为罪"，深文罗织上报朝廷，遂诏令"削秩徙郴州"。即将秦少游的官职削去，成为一介平民，然后再贬去湖南郴州。

抄写佛书竟也成为罪名，真是欲加之罪何患无辞！"承风望指，伺候过失"，说明政敌一直在监视着秦少游。"削秩"，意味着政治生命的结束。政敌欲置人于死地的险恶用心注定秦少游的天涯孤旅绝非到此一游那么简单，伴随他的除了枯藤老树昏鸦，还有那别是一般滋味在心头，剪不断，理还乱的新愁旧恨。

秦少游真正的厄运自此开始。

在贬去郴州途中，秦少游的词越写越凄伤：

困倚危楼，过尽飞鸿字字愁。　　——句摘《减字木兰花》

肠断，肠断，人与楚天俱远。　　——句摘《如梦令》

月冷风高此恨只天知。　　　　——句摘《江城子》

道宿郴阳一座古寺时，看见几朵残菊在寒风中瑟瑟发抖，惹人顿生怜惜。但在背井离乡漂泊无定的秦少游眼里，他还不如这几朵有家可依有地可立的菊花！他满怀悲怆在寺壁上题两绝句曰：

门掩荒寒僧未归，萧萧庭菊两三枝。

行人到此无肠断，问尔黄花知不知？

哀歌巫女隔祠丛，饥鼠相追坏壁中。

北客念家浑不睡，荒山一夜雨吹风。

今天的年轻人只知元人马致远《天净沙》"夕阳西下，断肠人在天涯"的萧索凄凉，却不知愁肠早就断完了的秦少游。心性敏锐的秦少游在《阮郎归》一词中无限痛楚地说："人人尽道断肠初，那堪肠已无！"明人杨慎读后曰："此等情绪，煞甚伤心。秦七太深刻矣！"

在郴州，他写《阮郎归》，抒发自己远贬他乡思念亲人的情怀：

湘天风雨破寒初，深沉庭院虚。丽谯吹罢小单于，迢迢清

夜徂。　　乡梦断，旅魂孤，峥嵘岁又除。衡阳犹有雁传书，

郴阳和雁无。

丽谯：高楼。小单于：乐曲名。徂：过去。雁传书：指信件往来。

"独在异乡为异客，每逢佳节倍思亲。"一千多年以前，安土重迁的北宋人，应比今天的我们更加懂得春节、家庭、人伦的内涵，不然远贬蛮夷就不会成为惩罚犯人的手段。想想吧，过年了，那边是高楼传来的欢歌笑语，这边有家不能回，乡音隔绝，连做个乡梦也不成，一夜辗转无眠，凄清孤苦。此情此景，人何以堪！

而当与亲朋通了信，结果又如何呢？看看秦少游在郴州写的《踏莎行》：

雾失楼台，月迷津渡，桃源望断无寻处。可堪孤馆闭春寒，

杜鹃声里斜阳暮。　　驿寄梅花，鱼传尺素，砌成此恨无

重数。郴江幸自绕郴山，为谁流下潇湘去？

诗人羁旅天涯，独自一人待在屋子里，在夕阳西下，暮色苍茫中听着杜鹃声声似乎在呼唤"不如归去"，寂寞忧郁难堪。"驿寄梅花，鱼传尺素，砌成此恨无重数"，接到亲朋来信，反而堆砌起秦少游无重数的离恨。这种看似矛盾的心态实际上

是诗人想家到了极限的表现。作者在词末质问郴江为什么要向潇湘流去，一如质问黄花那样看似无理却性情毕现。这是少游把冤屈悲苦咀嚼了无数遍，在呼天不应叫地不灵之后发出的质问，词情悲摧凄厉，感人至深。

绍圣四年（1097 年）冬，秦少游再遭重创。《续资治通鉴长编纪事本末》载："绍圣四年二月庚辰诏：……秦观移送横州编管……秦观所在州，差得力职员押伴前去，经过州军交割，仍仰所差人常切照管，不得别致疏虞。"北宋绍圣五年（1098 年）9 月，秦少游更被"诏特除名，永不收叙"，即开除出官员行列，永远不再录用，并移送编管于更加僻远荒芜的雷州（今广东雷州市）。

编管，是一种惩罚官员的刑种。宋代把官员流放后，按所犯错误的程度来管理，最轻的是"安置"，其次是"编管"，最重的是"羁管"。编管就是户口编入当地，受当地官府管束，在规定的地域内生活，不得自由行动。编管人员每季需具姓名申尚书省，大约是报告接受再教育的体会与收获；如欲上书言事，须经州官审详，不得实封及遣人送达；如有走失或逃亡行为，抓回来后第一度杖六十，每度递加一等……而州官负监管之责，失职者要被处罚。如宋人笔记中说，北宋元丰六年（1083 年），苏轼在贬所黄州（今湖北黄冈）作《临江仙》，有"小舟从此逝，江海寄余生"之语。郡守徐君猷读后又惊又怕，以为州失罪人，急赶往苏轼住所探查，却看见苏轼在睡觉，鼾声如雷。要知道，当时苏轼还不是被"编管"，他还有一官半职——黄州团练副使（相当于地方民团副队长）。在秦少游编管横州的同一年，苏轼被贬到海南省昌化（今儋州）安置。新来的昌化军使张中十分崇仰苏轼，让苏轼暂住行衙。不料此事被监察人员察觉，遂将苏轼逐出，张中也遭罢黜致死。后果之惨烈，令人惊心慑胆。苏轼曾官至翰林学士知制诰，为皇帝近臣，替皇帝起草诏书，其官三品，相当于如今的副部级领导，其诗词文赋书画蜚声海内外，是北宋文坛领袖。苏轼贬昌化是"安置"，按律为最轻微的处罚。但实际上却过着"非人所居，药饵皆无有"的生活。苏轼在给朋友的信中说："此间食无肉、病无药、居无室、出无友、冬无炭、暑无寒泉，然亦未易悉数。"苏轼的遭遇尚且如此，其余人应该好不到哪里去。秦少游被政敌的"得力职员押伴前去"横州的途中以及在横州被"常切照管"时的情景如何，史无记载。但清《横州志》载秦少游在横州所写的《冬蚊》，绝非仅仅是责骂蚊子那么无聊，实际上是借题发挥怒斥明火执仗"噬人"的官府与监管人员。连说句气话也得绕着说，从中可以想见秦少游遭遇不平时的激愤却又敢怒不敢言的心态：

冬　蚊

蚤虱蜂虻罪一伦，未如蚊子重堪嗔；

万枝黄落风如射，犹自传呼欲噬人。

这些是推想秦少游编管横州之生存状况的唯一依据，也是解读秦少游诗词创作心路历程的重要外在因素。如果以为秦少游的编管生活宽松自由，甚至能够聚徒讲学，我们就无法解释为什么秦少游贬横贬雷期间的诗词写得那么痛心疾首。如清《横州志》所载《宁浦书事六首》，连比兴都不用，直呼胸臆，强烈抒发他无以复加的哀怨与无望，绝无在处州的《春词绝句五首》那么婉转闲散，那么不愠不躁。这是我见到少游诗歌中最为凄厉之作：

宁浦书事六首

挥汗读书不已，人皆怪我何求；

我岂更求闻达，日长聊以消忧。

鱼稻有如淮右，溪山宛类江南；

自是迁臣多病，非干此地烟岚。

南土四时尽热，愁人日夜俱长；

安得此身作石，一齐忘却家乡。

洛邑太师奄谢，龙川仆射云亡；

他日岿然独在，不知谁似灵光。

身与枝鸠为二，对月和影成三；

骨肉未知消息，人生到此何堪。

寒暑更拼三十，同归灭尽无疑；

纵复玉关生入，何殊死葬蛮夷。

　　这六首诗明白如话，所以后人少有注释或虽注释而语焉不尽者。如第四首哀叹朋友相继去世，日后不知有谁还在。但仅仅是哀朋友吗？这是少游化用庾信的《哀江南赋》"况复零落将尽，灵光岿然"。灵光，指仅存的人或事物。庾信是南北朝时的梁朝人，先遭侯景之乱旋遇亡国之丧，终身滞留北方不能南归，而他的朋友先后都回归家乡。他在《哀江南赋》自序说："大盗移国，金陵瓦解。余乃窜身荒谷，公私涂炭。华阳奔命，有去无归，中兴道销，穷于甲戌，三日哭于都亭，三年囚于别馆……" 同是天涯沦落人，有什么能比家国破碎身世浮沉之痛更能激起敏感如少游的共鸣呢？

　　第六首"拼"意为"连接"而非"拼搏"；"三十"指农历除夕，意为寒暑更替又到了辞旧岁换新年的时候。全诗的字面意思是：一年又过去了，生命无疑也随之同归灭尽，即使能活着回家，与死在蛮夷又有什么区别？细读之有疑点：一是"落叶归根"是中国伦理文化根深蒂固的观念，死在家乡亲人身边与死在蛮夷，即使在今天也绝对是有区别的，何况古人？二是诗人遭贬以来写的诗词，大多是怀念亲人抒写乡愁盼望回家，为何又说"玉关生入"与"死葬蛮夷"没有区别？原来，这首诗的前两句源自不为五斗米折腰的陶渊明饮酒诗"寒暑有代谢，人道每如兹。达人解其会，逝将不复疑"，化用陶诗不愿与时同污的意思。把这个意思补上，全诗就明白无疑了——时间又过一年，生命无疑随之同归灭尽，即使能活着回家，也不容于政敌，与死在蛮夷有何区别？

历来解诗者多将这六首诗视为互不相联的作品分而阐述。而我更愿意把这六首诗当整体看，因为它像一篇论点鲜明、结构严谨的"宣言"。第一、第二首是回答时人的不解，说自己有"忧"有"病"但与个人的前途仕进无关，与当地烟岚无关。第三至第五首说明"忧与病"的真正原因是什么：忧家乡、哀朋友、想亲人。第六首表达自己坚持操守即使死在蛮夷也无所谓的政治态度。作诗如此涵意，少游当有不能直言之苦衷。

在横州写《月江楼》，秦少游干脆自喻为不与炎尘同污而遁世清幽冷眼看人世的仙翁：

月江楼①

仙翁看月三百秋，江波日去月不流。

肯因炎尘暝空阔，直与江月同清幽。

苍梧云气眉山雨，玉箫三弄无今古。

九天雨露蛰蛟龙，琅玕长凭清虚府。

苍梧：指零陵（今湖南永州，传说舜帝南巡驾崩于此），借喻人间。云气：喻忧愁。这是作者化用唐人项斯《苍梧云气》"何年化作愁，漠漠便难收"的诗意。仙翁在仙境清虚府凭栏俯察人间的云气雨露和潜伏在九天之上兴云布雨的蛟龙，耳听着悠扬的玉箫，无今无古，无牵无挂。

这首诗避世的思想与《醉乡春》欲避开人世而选择醉乡的主旨是一致的，折射出秦少游由愁怨到悲愤到无奈乃至绝望而欲解脱的微妙嬗变。

这种嬗变大约是贬官共有的心路历程。只是由于性情和心态上的差异，结果也不一样。以豪放词著称的苏轼胸襟高旷，达观开朗，思想上受老庄影响较大。政治上受到沉重打击之后，他"此心安处是吾乡"，坦然面对逆境、化解痛苦。

在偏僻荒芜的"天涯海角"贬所海南儋州，苏轼写《减字木兰花·乙卯儋耳春词》：

　　春牛春杖，无限春光来海上。便丐春工，染得桃红似肉红。

　　春幡春胜，一阵春风吹酒醒。不似天涯，卷起杨花似雪花。

　　春杖：指犁杖。丐：乞求。春幡：指旗帜。春胜：一种用于表示迎春之意的剪纸。当地乡村的一场开春农事，被作者连用七个春字，将人情美酒，杨白桃红铺排渲染得热热闹闹，触目皆春，愉悦欢快的情绪浸润在字里行间，准确地诠释了作者"天涯踏尽红尘，依然一笑作春温"，乐观积极的生活态度。

　　黄庭坚的遭遇比秦少游更为不幸。他与秦少游因同一罪名被贬。先贬黔州（今贵州东北）安置，后宜州（今广西宜州）羁管，最终死于宜州。在黔州，他的词豪放得可以。如《定风波》：

　　万里黔中一漏天，屋居终日似乘船。及至重阳天也霁，催醉，鬼门关外蜀江前。　　莫笑老翁犹气岸，君看，几人黄菊上华颠？戏马台南追两谢，驰射，风流犹拍古人肩。

　　戏马台：在徐州彭城县，西汉项羽所筑，南朝宋武帝刘裕重阳节曾在此引宾客赋诗。驰射：骑马与射箭。词末三句说自己文武双全，文可追"两谢"，即东晋山水诗人谢灵运与南朝齐诗人谢朓，武可骑驱射逐，豪迈之气扑面而来。

　　而被贬在雷州的少游始终无法超然物外，他的《海康书事》哀怨凄伤：

海康书事

　　卜居近流水，小巢依嵚岑。

　　终日数椽间，但闻鸟遗音。

　　炉香入幽梦，海月明孤斟。

　　鹪鹩一枝足，所恨非故林。

　　嵚岑：高山峻岭。遗音：哀叫声。诗人越贬越远，蜷缩在高山老林里，举目凄清，连鸟儿的婉转叫声也听得惊心动魄。家乡的温馨在幽梦中才得以重现，醒来只有对着海月喝酒消忧。"所恨非故林"率直道出了盼望回家的眷眷心声。

家乡是少游永生不解的心结!

长夜漫漫,风雨凄凄。身临逆境面对创伤,为什么他们的词风迥然不同?读多了他们的诗词便会明白:豪放与否,存乎一心。苏轼、黄庭坚的豪放,在于他们没有彻底的心灰意冷。苏轼在外放密州时写《沁园春》说得明白:"有笔头千字,胸中万卷;致君尧舜,此事何难?用舍由时,行藏在我。袖手何妨闲处看。身长健,但优游卒岁,且斗尊前。"大有"学得文武艺,货与帝王家"待价而沽的味道。有这样的豪情与信念支撑,无论天涯海角,苏轼也能随遇而安。

而黄庭坚虽年老犹自诩文武兼备"风流犹拍古人肩",这种人生自信使他乐观、淡定。在黔州他曾手书白居易的诗以自戏,从中可以窥见他的心态:

老色日上面,欢情日去心。

今既不如昔,后当不如今。

自舔伤口并包裹起来,使备受摧残之心得到些许抚慰,以熬过凄风苦雨的迢迢清夜,等待遥远的地平线上那一缕曙光,这是许多心有所持的贬官几乎都有的心态,也是麻醉自己稀释痛苦的无奈选择。

秦少游则不然,不是他不想豪放或不能豪放。他钟情世事以至敏锐于世情的冷漠与伤害,年轻时"读兵家书,乃与意合",曾以"回幽夏之故墟,吊唐晋之遗人"为己任。但两次科举不第,心灰意冷,遂"杜门却扫,日以文史自娱"。元祐三年(1088年)到京师应制科,曾雄心勃勃欲有所为,拟写策论30篇,准备面试时向皇帝直陈强政富国等见解。不料党争激烈,未能面试,失望之余推病辞京回蔡州。他的诗也时有豪壮如《送蒋颖叔帅熙河》中"要须尽取熙河地,打鼓梁州看上元",即全部收复熙河失地,来年元宵节在梁州打鼓庆祝胜利。但那是在太皇太后当国旧党执政时。而现在起用新党的皇上正年轻,来日方长。旧党却早已落花流水各西东,自己也身贬蛮荒日渐老去,时日无多。"封侯既绝念，仙事亦难期"——他寻觅过"桃源"，选择过"醉乡"，幻想过"仙翁"，但敏锐的心性和残酷的现实使他的灵魂始终无法与"鱼稻有如淮右，溪山宛类江南"的横州山水互动而升华，也无法旁逸斜出而超然旷达乃至物我两忘。他是彻底的心死了。唯一不死的是对家乡与亲人的眷念，"安得此身作石，一齐忘却家乡"——有什么办法使我的身子变成石头，把家乡统统忘掉呢？想家痴到如此地步，注定少游必须迎着伤害咀嚼痛苦一路走下去，直到地老天荒！

在雷州，秦少游自作挽词②，以示必死：

婴衅徙穷荒，茹哀与世辞。官来录我橐，吏来验我尸。

藤束木皮棺，槁葬路傍陂。家乡在万里，妻子天一涯。

孤魂不敢归，惴惴犹在兹。昔忝柱下史，通籍黄金闺。

奇祸一朝作，飘零至於斯。弱孤未堪事，返骨定何时。

修途缭山海，岂免从阇维。茶毒复茶毒，彼苍那得知。

岁晏瘴江急，鸟兽鸣声悲。空蒙寒雨零，惨淡阴风吹。

殡宫生苍藓，纸钱挂空枝。无人设薄奠，谁与饭黄缁。

亦无挽歌者，空有挽歌辞。

婴衅：获罪。柱下史：官名，原指御史，这里指管理图书典籍的官。少游曾供职秘书省，秘书省是掌管国家图书经籍的机关。阇维：梵语，指人死后火化。殡宫：停放灵柩的房舍。黄缁：指道士和僧人。道士戴黄冠，僧人穿缁衣。

人生之哀莫过于心死。生人作死别，恨恨哪可论！诗人凄凉哀戚，泣之不绝，继之以血！"茶毒复茶毒，彼苍那得知"，意即遭受的重重迫害，连苍天也无从知道，何况人呢？无尽的冤屈全在不言之中。每读少游贬谪期间的诗词，再读其他贬官的所谓哀怨词，总感觉后者不过是"为赋新词强说愁"。原因很简单，他们没有少游那种敏锐如"算子"的机心，他们写不出来！

北宋元符三年（1100年），宋哲宗去世，宋徽宗赵佶继位，向太后垂帘听政起用旧党，废除新政。秦少游获赦并恢复左宣德郎职位。他在《和陶渊明归去来辞》里仍心有余悸，悲喜交加地说：

归去来兮，眷眷怀归今得归。念我生之多艰，心知免而犹悲。天风飘兮余迎，海月炯兮余追。省已空之忧患，疑是梦而复非。及我家于中途，儿女欣而牵衣。望松楸而长恸，悲心极而更微……

大意是：回家了，天天盼着回家今天终于得回归。回想我的人生多么艰难，知道获赦免心里仍然伤悲。我迎着早上飘拂的天风，追着傍晚明亮的海月回家。知道忧患已经过去，仍然怀疑是梦而不是真。我回到家的中途，儿女们高兴地跑来牵我的衣裳。对着父母的坟墓我久久地放声痛哭，心里悲哀极了不知道说什么……

真是满纸辛酸泪，一颗破碎心！

这一年，归心似箭的秦少游途经藤州（今广西藤县），"出游华光亭，为客道梦中长短句，索水欲饮，水至，笑视之而卒"，年仅52岁。没有看到"儿女欣而牵衣"的那一刻，九泉之下少游可曾瞑目？

秦少游死后不久，向太后患病归政。北宋崇宁元年（1102年）宋徽宗起用臭名昭著的奸臣蔡京，以行新政为借口，"诏立《元祐奸党碑》"，把司马光、苏轼、秦观等109人（后增加至309人）列为奸党，苏轼名列"郎官"之首，秦少游名列"余官"之首；将姓名刻石立碑颁布天下，他们的作品统统斥为禁书销毁，他们的后代也不准做官。现在桂林七星公园龙隐岩还有一块刻在岩壁上的元祐碑，当是后人摹刻的罢。

北宋的天下是宋太祖赵匡胤策动陈桥兵变黄袍加身，从后周5岁的皇帝手中抢过来的。之后通过"杯酒释兵权"，大开科举广纳文才，重文抑武稳住了江山。宋神宗之后，北宋出现了"主少国疑""内忧外患"的危局。新旧两党你方唱罢我登场，政策朝令夕改，国库入不敷出，百姓苦不堪言。而执政者不顾大局，为维护既得利益，对不同政见者进行残酷的政治迫害。苏轼、苏辙、秦少游、黄庭坚等一批文人才子成为牺牲品。北宋后期延续50多年的所谓党争，实质是封建专制为了巩固皇权而主导的党同伐异。少游死后20年，南方的方腊、北方的宋江分别率众起义。又过6年，一盘散沙的北宋被虎视眈眈的老对手金国一战颠覆，掳太上皇宋徽宗和皇帝宋钦宗以及皇亲国戚、宫娥民女等数千人北上。令人扼腕浩叹，悲之哀之。至南宋肇立，宋高宗赵构为了收拢人心，才为元祐党人平反，此时已是少游死后30年的事了。

秦少游天纵英才，年轻时强志盛气，视天下无难事，结果是请缨有志，报国无门，"匣剑空存侠气销"。中年做了些小小的官，还未做稳，便接二连三横遭贬斥，"岁七官而五谴，越鬼门之幽关"。盛年体弱多病孤苦伶仃身死异乡，"孤魂不敢归，惴惴犹在兹"。这种理想破灭，亲朋离散，身心俱裂、生不如死的惨痛是人生难以承受的，无怪乎有人评说秦少游为"古之伤心人也"。

横州海棠公园的怀古亭有一对联，集少游词句入联，上联点出秦少游有家不可归，避世不可能的凄伤绝望心境，下联模拟亲人的口吻呼唤少游魂魄归来。全联对秦少游冤死他乡的悲惨遭遇表示深深的同情，是海棠公园纪念秦少游最为点睛之笔：

孤馆春寒，雾重津迷，太息桃源无觅处

高城望断，山遥水远，可怜魂梦未归来

少游走了，带着对家乡亲人无尽的眷念。唯有诗人的灵魂惴惴不归，它无依无寄，徘徊呼号，耿耿不绝。诵读少游遗作，倾听诗人心声，我们仿佛看到风雨飘摇、山河动荡的北宋末年，一个衣衫落拓、形容清癯的诗人仰天长啸，哀声动地，悲泪倾盆。当残酷的社会现实击碎他的理想，剥夺他天性人伦的时候，茫茫苦海他没有像别人那样回头寻岸摇尾乞怜。他不避伤害直面痛苦，始终站在摇摇欲坠的祭坛上，呕心沥血，至情至性，用生命诠释他痛彻心扉却无以言传的忧愁冤苦与耿耿不能释怀的人生守望，把哀怨凄美的人性演绎得淋漓尽致、触目惊心，也把毁灭人性的专制社会揭示在世人面前，入木三分，直到祭坛轰然倒塌同归灭尽。

千百年后的今天，他的呼号依然振聋发聩，撼人魂魄！

2012 年 1 月 22 日

※ 注:
①清《藤县志》称该诗为秦观在藤州所作，诗题为《江月楼》，还说宋时藤州城东有江月楼。
②见《淮海集》卷五。

参考书目:
《宋史·列传第二百三文苑六·秦观》，脱脱 等撰。
《秦观集》，王醒解评，山西人民出版社，2004 年。

闲话秦少游和吴时来

一盏清茶，三五文友，聊得海阔天空。正高兴处，话题不知怎拐了个弯，提到我写秦少游在横州的《悲哀时代的悲情守望》，朋友们向我提了几个问题。我像小学生遇到老师突然提问，手头又没有现成的答案，心里不免惶恐，虽勉力作了回答，但语焉未详，有的还颠三倒四。回家一想，愈加不安，恐谬种流传，误人子弟，于是将答问整理充实，记载于下，白纸黑字，以此为准，算是对朋友的交代。即使如此，所说恐怕还有谬种，希望朋友们指出，不使一误再误，误之久远。

问：人们都说秦少游被贬是因为受苏轼牵连，究竟怎么个牵连法？

答：秦少游确实是受苏轼的牵连。秦少游受知于苏轼，是人尽皆知的"苏门四学士"之一。苏轼被贬，其门下之人焉能独善其身？这个道理不言自明。我这里要指出的是，秦少游被贬，并且被列入《元祐奸党碑》里"余官"之首，还有其自身的原因。

一是政敌攻击说他的私生活不够检点，经常出入妓馆。不知当年政敌有什么证据，但秦少游的不少词作确是写给歌妓的，这容易授人以柄。比如明人的《词品拾遗》说"秦少游赠汴城李师师《生查子》"，其原词为：

> 年时今夜见师师，双颊酒红滋。疏帘半卷微灯外，露华上烟袅凉飔。簪髻乱抛，偎人不起，弹泪唱新词。　佳期谁料久参差，愁绪暗萦丝。相应妙舞清歌罢，又还对秋色嗟咨。唯有画楼，当时明月，两处照相思。

清人纂的《词苑丛谈》说，少游赠歌妓陶心儿《南歌子》，末句暗藏"心"字。秦少游的词是这样的：

> 玉漏迢迢尽，银潢淡淡横。梦回宿酒未全醒，已被邻鸡催起怕天明。　臂上妆犹在，襟间泪尚盈，水边灯火渐人行，天外一钩残月带三星。

"天外一钩残月带三星"就是所谓的"末句暗藏心字"。

秦少游为歌妓写词应该不奇怪，因为词就是用来吟唱的。秦少游狎妓与否我们姑且不论，但被政敌攻击为"不检""薄于行"，却是真的。就连写《重修少游书院记》的明朝横州知州黄琮也不把秦少游吹成高大上的正人君子，他婉转地说："少游文章妙天下，其于忠信笃敬之道，未必尽然。"

二是秦少游政治上的幼稚无知导致。北宋元祐六年（1091年）七月，御史中丞赵君锡上表推荐秦少游为校书秘书省正字（从八品，相当于今天的副科级干部），随即受到政敌攻击，说秦少游任正字有辱于秘书省。八月，赵君锡又上表请求罢免秦少游的正字职务。当时苏轼的弟弟苏辙任副宰相，接到赵君锡的奏折后，把事情告诉了哥哥苏轼，苏轼时任翰林学士知制诰（三品，为皇帝起草诏书），他认为政敌攻击秦少游，实际上是冲着自己来的，于是把事情告诉了秦少游，要他主动上书辞去正字职务以自保。如果秦少游按照苏轼的要求做，这件事也许就到秦少游辞职为止。不料秦少游气不过，上表请辞之外又私下找自以为信得过的赵君锡，要求其出面弹劾苏轼的政敌。赵君锡不知是否迫于政敌的压力或者原本就是政敌的卧底，他把事情捅了出来，结果政敌转而攻击苏辙，说他泄露国家机密，苏辙、苏轼不得不辞职请求到地方任职。秦少游也因此被政敌高看一眼，视为苏轼门下首要分子，两年后政敌上台即把秦少游贬谪地方。这些事在北宋末南宋初人李焘编的《续资治通鉴长编》里有记载。

问：有人说秦少游任京官时关心国家大事，发表了30多篇策论，提出了许多真知灼见，受到政敌嫉妒，这也是他被排斥的原因之一，真的吗？

答：秦少游写策论提出自己的见解，是真有其事。但秦少游的30篇策论是中进士后又参加制科①考试所写，准备面呈皇帝或答皇帝问，如同今天面试所准备的答辩，并非任京官时写，而且当时没有发表也不可能发表，又从何"受到政敌嫉妒"？现在我们之所以能见到秦少游的策论，是后人编辑出版的结果。今人研究秦少游，喜欢从这些策论中推论秦少游的见识和才干，这近乎捕风捉影。如何评论这些应试策论，苏轼当年有一段自我剖析的话可资参考。苏东坡答李端叔说："轼少年读书作文，专为应举而已，既得及进士第，贪得不已，又举制策，其实何所有，而其科号为直言敢谏，故每纷然诵说古今，考论是非，以应其名耳。人苦不自知，既以此得，因以为实能之，故哓哓至今，坐此得罪几死……妄论利害，搀说得失，此正制科人习气，譬之候虫时鸟，自鸣而已，何足为损益？"②

苏轼的意思是：当年我为了应制科的考试，经常写策论诵说古今，考论是非，以应"直言敢谏"的科号。自己又没有自知之明，以为既能以"直言敢谏"考得功名，就一定能直言敢谏，一直喋喋不休地说到今天，为此得罪他人险些丢了性命……动不动就说利害得失，这就是应制科考试者的习气，就好像虫鸟，自己鸣叫而已，哪里值得褒贬？

问：你说秦少游编管横州期间没有办过书院，有什么依据？

答：其一，秦少游当时在横州的身份是编管，编管就是被编入地方监管，即在指定的地方居住，受地方官府监视管理。秦少游在处州时还不是被监管的对象，属自由之身，他任监酒税，相当于今天的税务人员，就被政敌暗中监视，"承风望指，伺候过失，既而无所得，则以谒告写佛书为罪"而"削秩徙郴州"。被编管横州后秦少游就没有自由了，或者说更加小心翼翼不敢乱说乱动了。而办书院兴教化是地方官的职责，秦少游又是被地方官管制的对象，不经官府同意不可能办书院，不是秦少游高兴想办就可以办的，这个道理应该不难懂。

其二，在横州，满腹冤屈的秦少游终日以书为伴，读书消忧，他自己写诗说："挥汗读书不已，人皆怪我何求；我岂更求闻达，日长聊以消忧。"明朝人王济任过横州判官，他说"宋秦淮海先生尝谪于横，罕交游"，这可以推想被监管而又很少与人交往的秦少游不可能办书院。

其三，从目前所能见到的古籍中，没有秦少游办书院的记载。南宋嘉定九年（1216年），横州代理知州蔡光祖最早提到横州人纪念秦少游，说不在于秦少游是否教过横州人，只因为秦少游曾经住过横州。他在《怀古亭记》里是这样说的："公殁百余年，邦人爱之不忘，犹曰：吾郡城僻且陋，而少游尝辱居焉，往往记以为荣……贤人君子，不必有教泽在人，而后人敬慕之也，随其所至，使人高其风，希其行，愈久而不衰，是其可尚矣。"假如秦少游在横州确实经官府同意办书院，官府会有记载，蔡光祖也不会不提，更不会如此说话。

清光绪十四年（1888年）横州知州文星昭撰《重建淮海祠记》说："以劳定国则祀之，以死勤事则祀之，无事与劳而放流迁徙所，一筋一泳之地，克俎豆于千载后者，必其人之品之学有足以风世者。……公与苏长公（即苏东坡）先后窜逐，而公之于横，一若长公之于惠，不必有事与劳焉。"其意思与蔡光祖是一样的。

直至民国时期官府也没有说秦少游在横州办过书院。1934年横县县长李鹗秋写《重修淮海祠碑文》说："宋绍圣初，秦淮海先生以词臣遣谪来横，辟馆读书，夷然自泰。既去，后之人因建祠以祀之。"由此也可以推知，说秦少游在横州办书院应该是后人造出来的。

问：但南宋淳祐年间（1241—1252）横州知州刘受祖写《海棠桥记》却说："士不忘淮海，将何取焉？为其花间一醉吟耶？为其放浪形骸之外耶？为其先经指授作文皆有法度可观耶？"这个"其先经指授作文皆有法度可观"不是秦少游办书院的证据吗？

答：所谓"其先经指授作文皆有法度可观"云云，应该是后人攀附名人而编造的。南宋建炎四年（1130年）即秦少游死后30年，皇帝为秦少游、苏东坡等元祐党人平反，于是被贬者曾居停之处，都有读书人说本人或其先人得到被贬者的指点。这不奇怪，因为秦少游进士及第后又经大臣举荐参加皇帝主持的制科考试，被任作太学博士，在皇帝的身边校对黄本书籍，这种学历和工作经历，在偏僻落后的横州，即使身为编管，也绝对镇得住横州的读书人，不然他的几首诗词就没有人稀罕，也就不能流传至今。此外，秦少游是扬州高邮（今江苏）人，与横州人的语言交流虽然不畅，但并不能因此排除横州读书人在路上碰到秦少游问声"吃饭未"，甚或写条子向他讨教一下也不能说绝对没有，这些是横州读书人敢说"其先经指授作文皆有法度可观"的硬道理，但这个道理再硬也无法推出办书院的结论。

攀附名人，古往今来都是一条出名的捷径，就连八字都未见一撇的建文帝到横州的传说，还有人敢打蛇跟棍上，说曾经跟随建文帝"从授浮屠之学"，并郑重其事地记入族谱之中。

问：秦少游与吴时来哪个对横州的贡献大？

答：秦少游于北宋绍圣四年（1097年）冬"奉诏"由郴州编管横州，第二年9月又移送雷州编管，在横州停留最多11个月，既没有办书院，也没有为横州人修路搭桥，留下的几首诗词也不是赞美横州的，其对横州的贡献应该是空白的。但事情并非那样简单。政敌当年把秦少游名列"余官"的第一位，刻名入《元祐奸党碑》立于全国各地，又把秦少游等人的作品宣布为禁书，在全国范围内搜索烧毁，又宣布秦少游的后代不得做官，在全国民众面前指手画脚，"又喊又跳"，唯恐国人不知道，结果是万众瞩目。原本名不见经传的秦少游，想不看一眼都难。一旦平反，又再次全国闻名。平反后，其词作受到文学界的注目和推崇，被尊为婉约正宗。南宋后期，他的老对手金国公开搜求苏轼、秦少游等人的诗文，秦少游文名再度鹊起。而后历代地方官府利用名人效应大造声势，扩大地方的影响力，取得了难以估量的利益，如横州最早纪念秦少游的怀古亭就建于金国搜集秦少游诗词期间。假如没有秦少游，或者秦少游没有编管横州，而官府又不善于造势，横州的知名度就会打折扣，就会失去知名度附加的许多利益。从这个层面看，还真没有人能超越秦少游。

吴时来也是名人，他是浙江仙居县人，明嘉靖三十二年（1553年）进士，文武双全，被贬横州前任刑部给事中（从七品，相当于今天的副处级干部）。官虽不大但位置重要，可以向皇帝打报告，可以弹劾官员。吴时来贬横州就是因为他向皇帝举报当朝首辅（即宰相）严嵩所致。但吴时来贬横州10年，不是交地方官府监管，而是充军，充入横州驯象卫作卫卒，还带家属，自由与幸福的指数比"身与杖鸠为二，对月和影成三"的秦少游高出不知多少倍。在横州，吴时来心有多大，舞台就有多阔。他想建书院，知州高仕楠就同意他开发乌石岭（今横县汽车总站南端的小石山），并帮助他在平朗、鹤斗（今陶圩上塘学斗村）等地置学田。他想游宝华山，就有横州驯象卫的最高军事首长范儒带着卫队牵着犬、有横州最高端的文人陆舜臣等作陪，就算爬近在咫尺的北山（今革命烈士纪念碑所在之山），驯象卫的最高军事首长以及陆舜臣也不辞辛劳陪着。他想在龙池塘建一座寄水亭，就有官居四品的金宪徐浦命令范儒"为方亭其上"。徐浦还在吴时来的居所乌石岭为吴时来建一座"得山亭"，真可谓得山又得水。他激赏横州山水，几乎每到一处都兴致勃勃，或吟诗或作记，为横州留下许多诗文。清《横州志》登载他的诗文最多，后人还将他遗在横州的诗文汇编成《横槎集》。他甚至可以议论地方大事，比如当时横州城周边村庄盗贼多，有人提出"剿村"，吴时来反对，他说："剿村，其亦末矣……莫若废剿村之令，而富民教民。"听口气俨然横州的重要官员。③

但是，吴时来没有秦少游那样痛彻心扉的悲情赚人眼泪，中央和地方政府也没有弄出像秦少游那样惊天动地的声响引人围观。加上被召回京后，因"晚节不能自坚"被弹劾，又被剥夺名誉，没有平反，地方官府无从制造名人效应，所以寂寂无闻。但如果从办实事的角度说，吴时来贬横10年，没有人像他那样对横州文化建设贡献大，比如吴时来创办的乌石书院——后人为纪念吴时来而改为悟斋书院，历经180多年，直到清乾隆十一年（1746年）还存在，不知培养和影响了多少横州人。

问：那是不是因为吴时来没有得平反，所以人们不敢纪念吴时来？

答：不敢公开纪念吴时来的只是当时的地方官府，这可以理解。民间的纪念是有的，地方官府没有制止民间的纪念活动，没有捣毁砸烂悟斋书院和吴时来祠堂，任由人们祭拜。吴时来尽管未得当时的朝廷平反，但他的所谓"晚节不能自坚"，在后人看来，恐怕也是"莫须有"式的党争之辞。所以，乾隆四十年（1775年）横州知州宋思仁一到任，即瞻仰悟斋书院吴时来刻像，赋诗曰：

　　狷矿吴公，天生正直。书击大憝，远谪边域。

驯象之郡，讲习不息。生徒彬彬，道义之式。

模山范水，悠然自得。耕田著书，聊给衣食。

奸焰既销，还朝供职。诸生受田，一州受德。

我思其人，画像石勒。千秋万岁，长留古则。

宋思仁是朝廷命官，他的作为实际就是公开为吴时来平反，代表的不仅是他个人而且是官方，如同乾隆元年（1736 年）皇帝为明朝建文帝平反一样。如果说现在不敢纪念吴时来，那就连古人也不如了。

2015 年 3 月 25 日

注：

①制科，是宋朝皇帝下诏临时设置的考试，目的是选拔特殊人才，参加制科考试者须有两位大臣举荐。

②引自周作人《苦雨·东坡的坦白》，上海书店出版社，1994 年。

③ 见乾隆十一年《横州志》第 83 页。

『万山第一』并非建文帝所题

明建文四年（1402 年）夏六月乙丑，打着"清君侧"旗号的燕王朱棣，指挥他的虎狼之师攻陷明朝的首都南京城。

《明太宗实录》是朱棣的长子和长孙撰写的史书，它记载当时的情形说，建文帝命举火焚大内，与皇后马氏赴火死。朱棣望见宫中烟起，急忙派遣中使往救。至已不及。嗣后朱棣宣布建文帝已投火死，自己当仁不让坐上了皇帝宝座。

接着，朱棣大肆屠杀建文帝的忠臣；无视建文帝当政四年的历史，下令废除建文年号，改建文四年为洪武三十五年，接下来是自己的年号即永乐元年，意在表示他继承的是太祖皇帝朱元璋的帝位；在位期间命人前后三次修改《明太祖实录》，对当年攻打南京城的夺位之战称为"靖难之战"。靖难，意即平定祸乱。

但胜利者写历史，历来为人质疑。朱棣以下犯上又近乎掩耳盗铃的做法更引起人们的不满与反感。再加上烧焦的尸体很难分辨是否建文帝，于是，关于建文帝没死并且削发为僧遁迹江湖的说法在刀光剑影和仇恨猜疑中应时而生不胫而走。明正统五年（1440 年），发生了一件真实的事情：有僧人自云南至广西，自称是建文皇帝。思恩（治所在今平果县）知府岑瑛连忙报告朝廷。经审问得知，僧人其实是钧州人（钧州，治所在今河南禹州市）杨行祥，年已90 多岁。于是僧人被关入大狱而死。自此之后，云南、贵州、重庆、四川之间，都传说有建文帝为僧时往来的遗迹。以致清人撰写《明史》时，在"帝不知所终"之后，也不得不兼收并蓄附上一句"或云帝由地道出亡"。

杨行祥事件后，地处偏僻，"山高皇帝远"而荒芜沉寂的横州，也悄然传闻木鱼钟磬之声，街头巷尾的茶馆酒肆纷然争说建文帝的故事。明嘉靖元年（1522 年），乌程（今浙江湖州）人王济，到横州任判官（州官副职）。当时的横州州官缺位，王济代行知州职守主管全面工作。王济是个文化人，也是个有心人，在任期间对横州的经济、文化、环境以及风土人情做了细致的了解，"采其风土物宜与域中异者类为一编，曰《君子堂日询手镜》"。[①]
王济在下卷中记录建文帝在横州的传说：

横人相传建文庶人靖难时，削发为佛徒遁至岭南，后行脚至横之南门寿佛寺，遂居焉十五年，人不之知。其徒归者千数。横人礼部郎中乐章父乐善广亦从授浮屠（浮屠指佛教）之学。恐事泄，一夕复遁往南宁陈步江一寺中。归者亦然。遂为人所觉，言诸官，达于朝，遣人迎去。此言亦无可据，今存其所书"寿佛禅寺"四大字在焉。其寺南面江，北背城，殿宇甚华美。有腴田数百顷，临街店屋三四十间，岁可得赁钱百五十金。今止一二僧，懦（懦弱）不能立，利（指赁钱）归里长（相当于现今的居委会主任）并诸有力者。又传自建文庶人去，则寺日就废，僧人不能存云。

这是笔者所能见到的最早传说建文帝隐居横州 15 年的文字版本，建文帝隐居地点在"横之南门寿佛寺"。

南门寿佛寺究竟在哪呢？笔者查阅清乾隆十一年（1746年）横州知州谢钟龄主编的《横州志》（横县端书图书馆藏书），可知明横州城有门六个，其中城南面向郁江处有门两个，一曰月江门，在今月江宾馆前，又称小南门；一曰镇彝门，在今百货大楼前，又称大南门。清代横州城城门仍沿袭明制，小南门西（即今县武装部一带）有文庙、龙兴寺等几座庙寺；大南门东边有龙母庙、城隍庙等七八座庙寺，面江背城排开，庙前有缸瓦街、马鞍街等街道，店铺民居相间而立。与王济的记载"其寺南面江，北背城"大致相仿。可以推知横州人传说建文帝居之15年的"横之南门寿佛寺"就在这个地域范围。

对宝华山上宝华寺（又称南山寺），王济也有记载，他在上卷中写道：

州城南门外渡江陆行数里，有宝华山，锐峭秀拔。学宫（旧址在今横县武装部）正南一望，屹然对峙，术者（看风水的人）以为文笔峰，故科（科举）不乏人。余屡欲一登，终以事阻。人云其中迤路岩洞，萦纡幽迥，不可名。峭壁怪石，奇险峻拔，又多可爱。中有一寺，亦以山名（命名），今已圮（倒塌）废。中殿岿然仅存，旁舍存数野衲（僧徒）而已。闻（听说）昔曾居千僧，一巨锅炊，可饷（供食）数百人者。尚漫（埋没）沙土中，地出两耳，人行其中不觉。闻尝有见浮出山溪涧者，次日相寻往观，居然在焉。见则其岁有兵荒。又有神僧骑鹿或虎往来山间，此说近诞（怪诞），姑以纪异。

上溯明正德九年（1514年），王济的前辈、时任横州知州的黄琮曾游宝华山上宝华寺，作诗《宝华山游》曰：

竭来登宝华，迢递涉涧水。长风潮迥岗，瘴雨附莫垒。
山腰带一径，去去如盘蚁。天低云缀衣，路阻石碴趾。
俯怀仆夫勤，汗笠压双耳。惧此游豫念，而悖清净理。
山门候双趌，茗果助欢喜。萧条钟磬存，剥落丹青毁。
神僧去何之，白鹿空岩死。唯余千尺松，日暮风雷起。

石垆柏子烟，金鳖松花沘。解衣坐狼藉，拼取一醉已。

归斾指閬阖，前驱戒弧矢。聊将方寸心，志此亿万里。

这两个横州官员有关南山寺的诗文都说宝华寺有神僧骑鹿跨虎往来的传说，没有一字提到建文帝，可见当时还没有建文帝上南山寺的说法。

宝华寺与建文帝扯上关系，始见于84年后横州举人邓士奇的《应天禅寺记》。时值明万历三十四年（1606年），横州人邓国材牵头在宝华山重建应天禅寺，在前堂右间建建文帝塑像，命名为隐龙殿，寺门悬挂一匾，上书"万山第一"四个大字，说是建文帝御书。

嗣后，横州人甘自若修州志，请邓国材之子邓士奇写一篇文章记录这件事。邓士奇援笔写就《应天禅寺记》：

> 月江南二十里为宝华山，与古钵（今娘山）对峙。丹崖翠崦，罗列如屏；茂林修林，苍翠可挹。唐始创应天禅寺，缁徒数百。弘治间，有二禅师骑白鹿、花虎往来山间。建文帝卓锡（居住）城南寿佛寺一十余年，尝访师山中，亲颜（立匾）"万山第一"四大字于寺额。宣德、正统，代有修葺。寺田数顷，嘉靖时，废佃民间。万历辛卯（1591年），檀那莫子琮等协力鼎创平基，宏构殿宇，前堂五间，又前为门，翼以廊。未几，栋宇再圮。先大夫悼建文遗迹，不宜陨灭，集善者叶仰洲、陈仰桥等捐金募资，庀（备）材重建，筑书舍，周缭以垣，前堂右间，新装建文帝像，一如老佛，侍以鹿虎二师，从帝志也。匾曰：隐龙殿。仍颜帝题四大字。入者徘徊瞻仰，如觐（朝见）天颜（皇帝）焉。万历中，馆议谓帝元孙君临天下四载，崇文图治，无忝（愧）守成。且亲在九世，议亲议贵，世皆宜祀，祀宜懿文太子园陵。此山寺耳，曷（为什么）以塑？所以著君臣大义，炳扬人心，不以世远事湮在草莽而弃之也。工兴万历丙午季夏，役竣无记。甘氏自若辑志，恐湮没余先大夫之心与诸父老重建兹寺之意，挽余记之。

在邓士奇笔下，建文帝住在"城南寿佛寺一十余年"，与王济的记载基本一致。不一致的是，邓士奇说建文帝"尝访师山中"，即住在州城南门寿佛寺的建文帝曾经到宝华寺即南山寺访问禅师，并手书"万山第一"四个大字挂在南山寺门额上。

这个改变是邓氏自撰还是沿袭别人的说法呢？清《横州志》载有《南山遗事记》一文，作者为康熙朝横州人陈奎。他说建文帝居南山寺"亲书寺门曰：万山第一。后为州守携去，今所悬者，乃摹仿遗迹也，事载州志"。陈奎指称的"州志"，就是陆舜臣撰写的《横州志》遗稿。可知陆舜臣是编造建文帝上南山寺的第一人，邓士奇的《应天禅寺记》只是沿袭陆舜臣的说法而已。稍有不同的是，陆舜臣说"万山第一"是摹迹，而邓士奇却说是真迹。

陆舜臣州志稿没能广为刊行，但被横州人抄存，百年后又被清朝横州官府认可并据此编成《横州志》传世；邓士奇的《应天禅寺记》刻碑竖在南山寺旁，多被过往游客诵读传扬。自此，"万山第一"作为建文帝上南山寺的物证，被后人屡屡提起津津乐道，名播远近。

陆舜臣，明正德十一年（1516年）乡试明经科举人，解元，即当年乡试明经科的第一名，曾任广东雷州（治所在今广东雷州市雷城镇）同知（知州的副职）；其子陆嗣象，明万历二十五年（1597年）丁酉科举人；其父陆嘉鲤，举明弘治五年（1492年）乡荐，曾任广州教授，因陆舜臣显贵被弘治皇帝赠德庆州知州；其祖父陆坚，明天顺三年（1459年）己卯科孝廉，授蒲城教授。陆舜臣弟陆汤臣，明嘉靖十年（1531年）辛卯科举人，曾任茂州（今四川茂县）知州，其子陆应泗，明嘉靖四十年（1561年）辛酉武科举人。

邓国材，万历七年（1579年）己卯科举人，曾任江苏海州知县；邓士奇，万历三十一年（1603年）癸卯科解元，曾任四川邻水知县。父子俱为朝廷命官。邓国材的父亲邓珊因为邓国材显贵而被万历皇帝赠衡山县知县。

在僻远荒芜且文化落后的横州，在日出而作日落而息的贫穷百姓眼里，陆氏和邓氏无疑是高宅大院而居，击钟列鼎而食，富贵显赫，无人能望其项背。当时横州官府为了"崇勋昭德，树极标来"，在横州城内最热闹的十字街口（今横州镇一中门前大街与义学街交叉的路口）建一座四牌楼，朝西的门额牌就高悬着陆舜臣和邓国材等人的名字。在四牌楼前，为陆嘉鲤、邓珊等人立一座"貤封坊"。在城东城门专为陆氏一门建"龙门贯鬣坊"，上面大书陆坚、陆舜臣、陆汤臣和陆嗣象的名字。经陆氏、邓氏演绎的建文帝故事掷地有声，不容置疑，也无从置疑。

甘若馨，万历四十三年（1615年）乙卯科举人，清《横州志》说他曾"修志稿"，这个"志稿"当是陆舜臣的遗稿。从古人名与字的构成关系看，笔者猜想甘若馨与甘自若应是同一人，姓甘，名若馨，字自若。作为掌握话语权的地方名人，他附和邓士奇"建文帝上南山应天寺"的说法，赋诗《宝华朝烟》云：

宝华叠叠献奇峰，瑞色朦胧紫盖中。

月断树梢天未晓，烟浮阁顶岸犹封。

老僧驾雾骑神鹿，古寺留云隐卧龙。

忙去山门迷觉路，迟迟且待日边红。

按照民间传说，靖难之战后，朱棣派胡濙等人四处侦查建文帝踪迹，甚至派太监郑和多次远赴海外寻查，前后达20多年之久。朱棣以后直至崇祯朝灭亡，始终没有正式给建文帝平反。按说人们避建文帝犹恐不及，那邓氏为什么胆敢堂而皇之在横州南山寺中塑建文帝像呢？考诸史书得知，朱棣虽然靖难夺位，但他打的旗号是"清君侧"，表示建文帝不是敌人，所以当上皇帝后至少在表面上维持对他的大哥、已故皇太子朱标一脉的基本尊重。《明通鉴》载，朱棣夺位后虽废除建文帝赠予其父朱标的皇帝谥号，但仍"重称懿文太子，岁时致祭如常仪"，也没有杀掉建文帝的几个弟弟以及留在南京的小儿子朱文圭。建文帝既然不是敌人，则朱棣的后代在重建伦理秩序时就应该给建文帝以及他的诸多忠臣恰如其分的评价和位置。《明史》记载，朱棣死后第二年（1425年），明仁宗即位，谕礼部："建文诸臣，已蒙显戮。家属籍在官（即被取消户籍，编入官府做奴仆）者，悉（全部）宥（赦免）为民，还其田土……"明天顺元年（1457年），即陆坚举孝廉前两年，明英宗释放被囚禁的朱文圭及其家属。万历初年，明神宗皇帝下诏给当年被杀的建文帝忠臣平反并建庙祭祀。至此，建文帝的评价与祭祀问题也就直接摆在了朝廷面前。关于这个变化，邓士奇在《应天禅寺记》里交代得很明白："万历中，馆（馆阁，指朝廷）议谓帝元孙君临天下四载，崇文图治，无忝守成。且亲在九世，议亲议贵，世皆宜祀，祀宜懿文太子园陵。"也就是说，朝廷承认建文帝当政四年，不愧是守成之人，同意在其父亲朱标（谥号懿文太子）的陵园里祭祀建文帝。不按皇帝的名分祭祀，只按朱元璋的元孙、朱标太子的儿子的规格来祭祀，这显然是向天下宣示朱棣继位的合法性，维护既成秩序的手段。所以邓士奇特别强调说："此山寺耳，曷以塑？所以著君臣大义，炳扬人心，不以世远事湮在草莽而弃之也。"意思是说，在此山寺塑建文帝像，目的是使人们明白当今大明天下谁是皇帝谁是臣子，从而恪守君臣大义。由此，我也明白邓国材为什么口口声声称建文帝，却敢大不敬地把建文帝塑得"一如老佛"而不像皇帝，那绝不仅仅因为传说建文帝出家做了和尚，更是与朝廷降格祭祀建文帝保持高度一致的结果。

值得注意的是，不知有意还是无意，邓士奇漏写一个"门"字，使方位固定的"南门"成了泛指横州城以南包括郁江南岸连带南山在内的"城南"，为后人断章取义续编建文帝的故事留下想象的空间。自此以后，横州人每说建文帝的故事，多摒弃王济的"南门寿佛寺"而争说邓士奇的"城南寿佛寺"，迨至清朝人陈奎又说成"南山寿佛寺"，最终演绎成"建文帝居南山寺十五年"，这恐怕连邓士奇也猜想不到。

陈奎，横州人，因读书成绩拔尖于清康熙三十七年（1698年）被横州官府选送入京参加朝考，谓之"拔贡"。清《横州志》说他"设家塾课诸弟""所作多诗文赋序，士林咸称颂焉"。连州牧柯宗仁也对他高看一眼，亲笔一块题匾挂在他家的厅堂上，文曰"一堂聚顺"。陈奎的儿子陈翌熹于康熙五十二年（1713年）恩科中举。清《横州志》说他"性嗜酒，论文能诗赋，尤长大文，署州牧（即代理知州）许建延（延聘）开榕江书院，后学多所成就"。清《横州志》共录入陈奎诗19首、赋1篇、记序5篇；陈翌熹诗1首，记3篇。可见陈氏父子人脉之广文名之崇，是横州最具影响力的高端文人。陈奎袭用陆舜臣"摹迹"说写《南山遗事记》并刻碑流传，此后，横州人每说南山寺，必提建文帝；每提建文帝，必说《南山遗事记》：

靖难兵既济江，直趋金陵，薄（逼近）金川门。曹国公李景隆开门迎降，大内遂哗。建文帝急召程济问计。济曰："陛下之天位虽去，而天年未尽；国土虽失，而社稷未亡。若祝（剃）发出走，可免。"帝从之。相传帝方急时，一官捧洪武（指朱元璋）遗箧（盒子），封锁甚密，曰："曩（从前）受命，戒以急难乃启。"至是启之，得杨应能度牒（官府发给僧人以证明身份的凭证）及髡缁（僧人的服饰）。程济曰："数（运数）也，可奈何？"立召主录僧溥治为帝削发。从水关出，逊位（让出帝位）而去。程济随亡。帝既出，执杨应能度牒，云游四方。数遇难，程济皆以术（方术）脱去。自湖入蜀。成祖（朱棣）疑之，命给事中胡濙等以访张邋遢为名，遍物色之，十年不可得。帝复自蜀入滇游闽，最后入广西，至横州南山寿佛寺居焉。帝题诗云：

阅罢楞严磬懒敲，笑看黄屋住团瓢。

南来瘴岭千寻险，北望天门万里遥。

款段久忘飞凤辇，袈裟已换衮龙袍。

百官侍从归何处，惟有群鸦早晚朝。

亲书寺门曰：万山第一。后为州守携去。今所悬者，乃摹仿遗迹也。事载州志。居南山十五年，人不知之。徒归甚众，恐事泄，复遁至南宁陈埠江一寺中，归者亦然。去之。思恩知州岑瑛出行，忽遇一僧当道立，从者呵之。自称为建文帝，由滇历闽粤，游方至此，今老矣，欲送骸骨归帝乡。瑛大骇，闻于巡按御史，奏之朝，驿送赴京，号为老佛。途次赋诗云：

> 流落江湖四十秋，归来不觉雪盈头。
>
> 乾坤有恨家何在，江汉无情水自流。
>
> 长乐宫中云影暗，昭阳殿里雨声愁。
>
> 新蒲细柳年年绿，野老吞声哭未休。

及至京，未审虚实。以太监吴亮曾经侍膳，使往视。帝见亮即曰：汝非吴亮耶？亮对曰：不是。帝曰：我昔御便殿时，食子鹅，弃片肉于地，汝伏地舔食之，何谓不是？亮涕泣于地。既而复命，遂迎入西内焉。英宗因升思恩为思恩府，擢思恩州土官知州岑瑛为知府（实际上擢知州岑瑛为知府是在正统四年），时正统五年事也。州人因塑帝像于南山寿佛寺左，额曰：应天禅寺。名其殿曰：隐龙。史云：帝归养西内后，遂不知所终云。

整个剧本脉络清晰，故事有头有尾，情节跌宕起伏，始于奇诡终于宿命，入乎情理出乎意料，人物有名有姓，举止生动，跃然欲出。读后令人印象深刻，不信也难。至此，建文帝正式从"横之南门寿佛寺"华丽转身又跋山涉水上了城南的南山寿佛寺。

但是，如果看过前人王济的《君子堂日询手镜》和邓士奇的《应天禅寺记》，尤其是明末清初人谷应泰撰写，约于清顺治十五年（1658年）刊行的《明史纪事本末》，就能看出陈奎的《南山遗事记》并非原创，而是参考这几个人的作品，各取所需改写而成。

《明史纪事本末》（横县端书图书馆藏书）曰：

建文四年夏六月乙丑，帝知金川门失守，长吁，东西走，欲自杀。翰林院编修程济曰："不如出亡。"少监王钺跪进曰："昔高帝（朱元璋）升遐（逝世）时，有遗箧，曰：'临大难，当发。'谨收藏奉先殿之左。"群臣齐言："急出之！"俄而舁（抬）一红箧至，四围俱固以铁，二锁亦灌铁。帝见而大恸，急命举火焚大内。皇后马氏赴火死。程济碎箧，得度牒三张：一名应文，一名应能，一名应贤。袈裟、帽鞋、鬀刀俱备，白金十锭。朱书箧内："应文从鬼门出，余从水关御沟而行，薄暮，会于神乐观之西房。"帝曰："数也！"程济即为帝祝发。吴王教授杨应能愿祝发随亡……

为节省篇幅，下文仅保留建文帝出走的时间与地点，其余人物及对话等都略去，省略号省去与广西无关的内容。

成祖永乐元年（1403年）春正月十三日，建文帝至云南永嘉寺。

……

宣宗宣德十年（1435年）春三月，建文帝往粤西（广西）。

英宗正统元年（1436年）秋八月，建文帝还至滇。

三年（1438年）秋七月，建文帝欲往粤西，不果，会有弟子亡去，帝恐迹露，遂有粤西之行。

帝好文章，能为诗歌，尝赋诗曰：

牢落西南四十秋，萧萧白发已盈头。

乾坤有恨家何在？江汉无情水自流。

长乐宫中云气散，朝元阁上雨声收。

新蒲细柳年年绿，野老吞声哭未休。

后至贵州金竺长官司罗永庵，尝题诗两首于壁间曰：

风尘一夕忽南侵，天命潜移四海心。

凤返丹山红日远，龙归沧海碧云深。

紫微有象星还拱，玉漏无声水自沈。

遥想禁城今夜月，六宫犹望翠华临。

阅罢楞严磬懒敲，笑看黄屋寄团瓢。

南来瘴岭千层险，北望天门万里遥。

款段久忘飞凤辇，袈裟新换衮龙袍。

百官此日知何处，唯有群乌早晚朝。

至是，出亡盖三十九年矣。会有同寓（住）僧者，窃帝诗，自谓建文帝，诣（到）思恩知州岑瑛，大言曰："吾建文皇帝也。"瑛大骇，闻之藩司，因系（缚）僧，并及帝，蜚章以闻，诏械（枷铐）入京师。

八月，至金陵（南京）。九月，至京（北京）。命御史廷鞫（审问）之。僧称："年九十余，且死，思葬祖父陵旁耳。"御史言："建文君生洪武十年，距正统五年，当六十四岁，何得九十岁！"廉（拷问）其状，僧实杨应祥，钧州白沙里人。奏上，僧论死，下锦衣狱，从者十二人戍边。而帝适有南归之思，白（坦白）其实。御史密以闻："阍（太监）吴亮老矣，逮（曾）事（服侍）帝。"乃令探之。建文帝见亮，辄曰："汝非吴亮耶？"亮曰："非也。"建文帝曰："吾昔御便殿，汝尚食（服侍皇帝进食）。食子鹅，弃片肉于地，汝手执壶，据地狗餂（舔）之，乃云非是耶？"亮伏地哭。建文帝左趾有黑子，摩视之，持其踵，复哭不能仰视，退而自经（吊颈）。于是迎建文帝入西内。程济闻之，叹曰："今日方终臣职矣。"往云南焚庵，散其徒。帝既入宫，宫中人皆呼为老佛。以寿终，葬西山，不封（起坟堆）不树（立碑）。

在谷应泰《明史纪事本末》中，只有明宣德十年（1435年）春三月和明正统三年（1438年）秋七月提到建文帝有粤西之行，时间并不长。而陈奎改写成"最后入广西，至横州南山寿佛寺居焉""居南山十五年，人不知之"；将建文帝被迫逃难改为识大体顾大局逊位而去，拔高建文帝的形象；又把建文帝与僧人杨应祥一起被捕入京改为建文帝主动要求回京养老；把唐朝时就创建并已命名的南山"应天禅寺"说成是"寿佛寺"，再改成建文帝走后州人易其名为"应天禅寺"，形成州人怀念建文帝的因果关系。至此，一部建文帝隐居南山寺的演义脚本就圆圆满满杀青了。对照这几部古籍，读者明鉴，必会明了陈奎《南山遗事记》成文的本末，毋庸笔者赘言。

综上所述，有关建文帝在横州的传说，笔者认为只有王济、陆舜臣的说法具有考据价值。一是它们都属早期的传说，尤其是《君子堂日询手镜》，更具有不可忽略不可替代的本源地位。二是它们都口说有"凭"。在王济笔下，建文帝在"横之南门寿佛寺居十五年"的人证是"乐广善"，物证是御书"寿佛禅寺"。陆舜臣无法否定王济的说法，他便在"卓锡城南寿佛寺一十余年"的基础上另辟蹊径，说建文帝"尝访师山中"，物证就是"万山第一"。而陈奎说建文帝居南山寺15年，却没有任何新的凭据，不过空口白话文字游戏而已。作为故事，可供茶余饭后之谈资，用来证明建文帝居南山寺的真实，则无异于缘木求鱼！后人附会陈奎的《南山遗事记》生发出来的"圣种白毛茶""凹督田螺""红腰米"等种种传说，更是每况愈下，不足为凭。

行文至此，我不得不提明朝人徐霞客，他曾于明崇祯十年（1637年）农历八月十五到横州一游。出游前，徐霞客肯定阅读过有关横州的资料。当时可供参考的志书不少，元大德七年（1303年）编成的《大元大一统志》、元《横州路郡志》，明天顺五年（1461年）编成的《大明一统志》、明嘉靖初年（1522年）横州举人黄济的《横州志》、嘉靖三十九年（1560年）横州举人陆舜臣的《横州志》。当他进入横州境内见到乌蛮山时，即说"《志》谓：'昔有乌蛮人居此，故名。'余按：乌浒蛮在贵县北，与此不相及"。徐霞客所说的《志》应该就是《横州志》或一统志等志书。如果没有阅读过，不会知道志书有这样的表述。而且，当时横州知州诸士翘还是徐霞客的老乡，他于明崇祯八年（1635年）就到横州任知州了，对建文帝在横州的故事应该有所传扬。徐霞客将出游时，还有人托徐霞客捎书给诸士翘。因为途中遇劫，行李连同书信被盗贼抢去，徐霞客最终没有入横州州署见诸士翘。[见《徐霞客游记》，载于1989年出版的《横县县志》，题目是《徐霞客游横州》（横县端书图书馆藏书）]

所以，徐霞客到了南山应天禅寺，见到"万山第一"匾，即敢言之凿凿地说：

> 宝华山有寿佛寺，乃建文君遁迹之地……其寺西向，寺门颇整，题额曰"万山第一"。字甚古劲，初望之，余忆为建文君旧题，及趋视之，乃万历末年里人施怡所立。盖施怡建门而新（翻新）其额，第（只）书己名而并没建文之迹。后询之僧，而知果建文手迹也。

徐霞客是大名鼎鼎的地理学家和游记文学家，他的话常常被横州说史者理直气壮地引来证明建文帝隐居南山寺的真实性。但说史者没有细究，徐霞客并非考古学家，也不是来横州考古，更没有考出什么"古"来。他来也匆匆，去也匆匆，只能道听途说或查阅、抄录当地史志资料或碑刻，无暇也无法分辨真伪，所记大都是人云亦云。比如他并没有登上横州古钵山，但仍记录了横州人口口相传的娘娘山故事。就算到现场察看，他的"考证"也很简单，比如在南山寺考证"万山第一"四字，徐霞客只是"询之僧"，即下结论说"而知果建文手迹也"。甚至不乏事后补记而误者。如他考察乌蛮滩伏波庙后，记录明朝南宁府知府王贞吉的碑文是："乌蛮非可以渎前古名贤之祠，易名起敬滩。"实际上王贞吉的碑文是："此滩昔名乌蛮，今更起敬，往来士民请再勿呼旧名。"大碑深刻，迄今尚在（见图1），读者可实地稽考以证不诬。

所以，"万山第一"是否建文帝所题，名人徐霞客所说的话与非名人所说的话同样没有证明力，更不能引作建文帝居南山寺15年的证据，不然，就如同有一日隔里邻舍的张三吃饱饭后说建文帝躲在他家15年，而我们就用他的话来证明建文帝真的躲在张三家15年，那不令人笑掉下巴？

实际上，徐霞客在横州南山寺所见绝非建文帝手迹，而确是施怡摹迹之作。因为按照陆舜臣的说法，这"万山第一"四个字早被人携走下落不明，何来"建文君旧题"呢？而依王济的说法，建文帝没有上过南山寺，根本就不存在这四字御题。

另一个是阉宦魏忠贤的死党、兵部侍郎郭巩，他比徐霞客更行脚匆匆。崇祯八年（1635 年）季秋六日即农历九月初六，也就是徐霞客游南山寺的前两年，郭巩被谪廉州（州治今合浦县）路过横州，上南山寺瞻拜，他感而赋诗《万山第一》并序，抒

图 1 倚伏波庙墙而立的起敬滩碑（横县博物馆郑培分摄）

发贬窜蛮荒之地举目凄清的人生慨叹：

粤西横州之南山刹门题"万山第一"四字，建文皇帝御笔也。州守何心，竟尔携去！塑像隅坐荒凉。臣巩瞻拜低徊，不胜怆然，恭纪一绝：

万山第一圣人题，御笔星辉守吏携。

塑像长春称老佛，至尊隅坐冷蓁蓁。

平心而论，徐霞客和郭巩这两个匆匆过客都是重复横州人昨天的故事。但由于郭巩附会了陆舜臣的"摹迹"说而受到横州官府以及以陈奎为首的清横州文学界的热捧。有一次，陈育璞偕客游南山寺，步郭巩的诗韵，众人援笔唱和，得诗十多首，下山后呈知州柯宗仁审正并请权威人士陈奎作序。柯宗仁、陈奎以及陈翌熹等好几个文人都作诗唱和，陈奎在《南山诗集序》中再次重申陆舜臣的说法：建文帝"真书已寝失矣"。

也许正是这种坚持，清人编修《横州志》时没有把大名鼎鼎的《徐霞客游记》载入州志，也没有实事求是兼收并蓄录入至关重要的《君子堂日询手镜》，而是选择性的采用陆舜臣、

邓士奇、甘若馨、陈奎等人不断修改演绎的说法。还不惜篇幅收录附和之作，如《重建隐龙殿碑记》《南山上下斋田总碑》以及郭巩等人的21首诗，大造"三人成虎"之势。编修者心知肚明，王济的记录与陆舜臣的说法互为矛盾、势成水火。肯定王济的记载，就必须否定陆舜臣的说法。如此，建文帝居南山寺15年的传说就不攻自破，陈奎等人相关的文章诗赋统统成了无稽之谈。

那么，被人津津乐道引以为建文帝驻锡南山寺证据的"万山第一"，真的是建文帝御书吗？今人何歌劲曾做过探究与猜想。他说："查得广东省雷州市雷城镇有座天宁禅寺，又称报恩寺，亦称天宁万寿禅寺，创于唐大历五年（1770年）。其中有苏轼书写'万山第一'石匾。看来'万山第一'来源于此，横州应天寺不过是借来一用而已。"②何氏的猜想虽于史无据，但我以为他猜得八九不离十。因为陆舜臣在雷州市雷城镇做过官，他对辖区内的天宁禅寺应该很熟悉，对名闻天下的苏轼应该崇拜得五体投地。在其祖父陆坚和父亲陆嘉鲤大造"横州八景"的当时，陆舜臣摹天宁万寿禅寺的"万山第一"带回横州南山寺是极有可能的。倘若"万山第一"匾还在，真相也许还有大白于天下的时候，诡异的是陆舜臣说这块匾已"为州守携去"，一切的一切都在他的心里兜着。

2013年3月11日，笔者在横县博物馆得馆长孙冬梅所摄"万山第一"残匾照片（见图3）。该照片除了"一"字完整外，"万""山""第"三字底部尚留残存。与搜索到的雷州市雷城镇天宁禅寺"万山第一"（见图2）照片比对，发现"一"的起笔不同但收笔大致相同，"万"字的钩笔和"山"字稍向右上的横笔角度，两字竖笔的位置和笔势走向与天宁禅寺"万山第一"几乎一样。考虑到辗转摹迹容易在细节上失真，而结体却相对稳定的特点，笔者以为"万山第一"必为摹苏轼而成，舍此岂有它哉！

呜呼，想起当年在南山洒泪题诗的郭巩，讲话讲过了头的徐霞客，笔者亦怆然有感焉，步郭巩原韵打油一首作结，文笔粗陋，幸勿见笑。诗曰：

何有君王四字题，只因时势教人携。

南山寄语归来客，菩萨生须草不萋。

2012 年 11 月 20 日草

2013 年 3 月 20 日定稿

✿ 注：

①引自《横县年鉴》，1993 年出版。

②见《建文帝之谜》湖南人民出版社出版，横县端书图书馆藏书。

图 2　雷州市雷城镇天宁禅寺山门上署名为"东坡书"的"万山第一"

图 3　施怡墨迹残匾照片　孙冬梅摄

「万山第一」并非建文帝所题

《万山第一》匾的真面目

　　明崇祯十年（1637年），徐霞客游横州南山应天禅寺（又称南山寿佛寺），见一块《万山第一》匾，上面落款署名为"施怡"，徐霞客认为这"万山第一"四字是建文帝手迹，施怡只是把它翻新并署己名罢了。

　　三百多年后的一天，横县发现一块《万山第一》残匾。这是横县文物管理所所长孙冬梅拍摄的《万山第一》残匾正面图（见第91页《"万山第一"并非建文帝所题》图3），其上有"一"字和"万山第"三个残字以及左边（以面向图片

图1　孙冬梅拍摄的《万山第一》残匾背面

分左右，下同）落款"信士施怡男施□纪同建立"、右边落款"秋吉旦"等字。

图1是匾的背面，有"禅□□□"四个字，其左边还有"纪同建"三个字的落款。遗憾的是，不知什么原因，孙所长没有拍全，"禅"的右边还缺个边缘。

残匾被发现的时间不详。横县博物馆也没有展出过该残匾，连照片都没有展出。不知有关部门有无鉴定，听说该残匾被南山寿佛寺作为镇寺之宝秘藏起来，从不轻易示人。

事实上，见过此匾的人应该不在少数，广西2007年第五期《老年知音》刊载中国书法家协会会员、南宁市书法家协会秘书长吕惟诚先生的《应天禅寺得"万山第一"匾记》：

居士再出尺半见方木块一块，质地面漆与旧匾无异，上刻一"禅"字，笔画近乎完整，彼此拼凑，竟相吻合。只是其余三字经反复揣摩仍不可端倪。茫然间，无意翻过背面，却带出了一大惊喜。但见方形木板上，一个阴刻楷书"一"字赫然在目，字径尺许，筋骨具备，血肉丰满，信为佳构。直觉示我，此乃惠帝所书"万山第一"匾额矣……余今所见之匾，除"一"字无损外，"万山第"三字亦有据可辨，而下款亦完整，题为"信士施怡男施□纪同建立"，可据此认定为当年徐霞客所见之匾也。

中国书法家协会会员黎健先生在《建文帝手迹述略》说：

历史上建文帝居横十数年确有其可信性，其以僧人身份出入寿佛寺和应天寺等寺庙，题写"寿佛禅寺"（或"寿佛禅林"）和"万山第一"二匾，也就顺理成章了……据史载，建文帝在横县最少书有"寿佛禅寺"和"万山第一"二匾，"寿佛禅寺"早已无存，"万山第一"施怡拓片复制匾于"文革"时被毁大半，匾应长六尺，宽二尺有余，字径尺许，目前仅剩"一"字完整，其余三字仅见底部，不及全字的三分之一，所幸署款"信士施怡男施□纪同建立"尚算完整，说明此匾传承有绪，与近四百年前徐霞客所见之匾一致，仅此一点，此匾的历史价值就已非同小可了。

黎健先生甚至能从三分之一不到的残字看出其超凡脱俗的格局与气象，他说：

今观"万山第一"残匾，所剩笔画皆丰腴稳重，仍可窥见其庙堂之风，颇具雄肆格局、正大气象。

书法家对书法线条和风格有着天生的敏感，他们的眼光在笔者看来无疑是准确的。正因为如此，看了他们的文章竟使笔者久已投闲置散的心顿然收敛以至于肃穆，恨不得即时动身登上南山寺瞻仰那块神秘的《万山第一》匾。

2014年7月里的一天，笔者跟随横县宗教局、横县文联领导到南山寺，终于得睹《万山第一》残匾的真面目。

图2是笔者拍照的《万山第一》残匾，正面题字与孙冬梅所照没有两样，为便于讲解，只展示局部。

匾由上下两块颜色差不多的木板组成。左边落款处的边缘遗留有镶嵌的痕迹，上面一块窄，下面一块宽，说明这上下两块板曾分别镶嵌于不同的框架里；上下板块的木纹走向也不同，上一块斜向上，下一块斜向下。

图3是匾的背面。上下两块板拼合成一个"禅"字，上块板的字显得丰腴，下块板的字划稍小，字显得纤弱；在颜色上，上块板深，下块板浅；风蚀的程度也不同，上块板坚挺光滑，刀痕深而圆润，没有自然风蚀的痕迹，而下块板嶙峋斑驳，刀痕浅而孱弱，字划边缘及板面满是岁月侵蚀的微小裂痕（不知道此匾的正面如何消去这些裂痕）；下块板的右边缘落款清清楚楚刻着"建吉旦"三个字，上块板相对应的地方按理还应有半截关于立匾时间的落款，但一个字也没有。

综观这块残匾，有几点不成熟的推论罗列于下，以就正于读者。至于书法家的看法，笔者不在行，不敢妄加评论，还请读者见谅。

一是这《万山第一》匾是由两块原是独立的残匾拼凑成的。

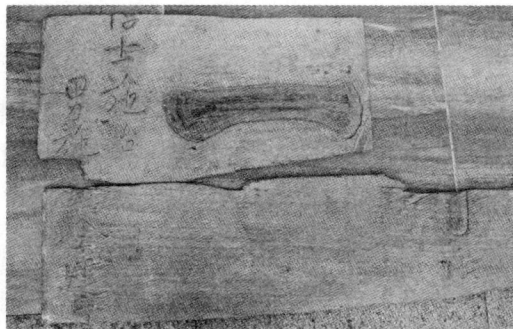

图2 《万山第
一》残匾正面（局部）

两块残匾规格稍有不同，上残匾比下残匾稍大稍长稍厚。摹制的
年代也不同，上残匾摹制的时间要比下残匾晚得多。上残匾确实
是被人毁掉，而下残匾则没有被人毁坏，属自然风蚀裂开断掉。

　　二是上残匾被毁掉的时间应该在当代，很大的可能是在西
津水电站建成并发电后，因为其上有电锯遗留的印记。由于上
残匾比下残匾稍大稍长稍厚，拼合起来笔画对得不严，便用电
锯磨薄上残匾的背面，越往下磨得越厉害，最终磨光"禅"的
下半部字迹，使之能与下残匾厚薄相当，又能与下残匾的残字
模糊对接，同时也磨掉了可以验明正身的立匾年月日（如果有
立匾时间的话）。然后在确保正面"一"字完整的前提下锯掉
左边的"□□□"三个字，以毁掉长度、色差及字距等诸多不
同触发的视觉冲击。

　　三是尽管此匾正面"万山第一"以近乎完美的面目出现在

图3 《万山第
一》残匾背面（局部）

世人面前，但其背面"禅□□□"的存在，却完全否定了前人的记载。前人记载的所谓建文帝"手迹"或摹建文帝手迹的匾有三块或四块：一是明嘉靖元年（1522年）横州人传说建文帝曾在"南面江北背城"的横州南门寿佛寺（即今马鞍街一带）隐居，写有"寿佛禅寺"四大字；二是嘉靖三十九年（1560年）横州举人陆舜臣编《横州志》，把他任雷州司马时拓雷城镇天宁禅寺苏东坡的"万山第一"四个字带回来挂在南山寿佛寺；三是明万历三十四年（1606年）横州举人邓国材在南山寿佛寺挂过一块《万山第一》匾（也有可能是陆舜臣的原匾或摹陆舜臣的）；四是万历四十七年（1619年）当地人施怡又署自己的名字挂一块《万山第一》匾。但都没有说这些匾的背后还刻有字。此后，不论是续编横州志书的明朝横州举人甘若馨，还是匆匆过客郭巩、徐霞客，就算编造建文帝居南山寿佛寺15年的清朝横州人陈奎等，同样没有编说建文帝在《万山第一》匾的背后写过"禅□□□"四个字，也没有编说有人摹制过《禅□□□》匾。据此，这块匾不是上述古人制作的匾，更不是陆舜臣说的建文帝当年题写并悬挂的那块《万山第一》原装匾，因为陆舜臣说那块匾早已"被州守携去"。

四是退一步说，即使当年编故事时千虑一失，漏说了建文帝写"禅□□□"四个字，这拼合匾也不能肯定就是三百多年前施怡翻新的《万山第一》匾。分开讲，上残匾肯定不是，尽管它入木三分刻上施怡的名字，但其生也晚，不足以承载如此悠久厚重的历史积淀；下残匾也不能肯定就是施怡翻新的匾，它虽然面目沧桑但其上没有施怡的任何标记，连制作时间也没有。

2015 年 1 月 10 日

补记：本文定稿不久，笔者于横县档案局资料室搜索到横县文物管理所于1986年编的《横县风物志》，其中有一则文字似乎专为弥补前人千虑一失的漏说而作："建文帝御书'万山第一'四字匾升于八角楼前门额上，再书'禅关烟景'四字匾升于该门后面之上。"只是，除了说"禅□□□"为"禅关烟景"外，编者说的仍是彼此分开的两块匾，不但没能完全释却今南山寺《万山第一》匾之疑，反而增添新的疑问：当年对书法线条相当敏感的吕惟诚先生"经反复揣摩仍不可端倪"的三个残字，《横县风物志》根据什么认定是"关烟景"？存疑。

横州学宫与祭孔

横州学宫原址在今横县人民武装部，是古代地方官府举办的唯一正规学校。学舍在孔庙西边，以孔庙为主体，所以又称文庙，横州人称之为"黉学"（见图1）。

横州学宫建于何年何月不得而知，清《横州志》有两个说法。

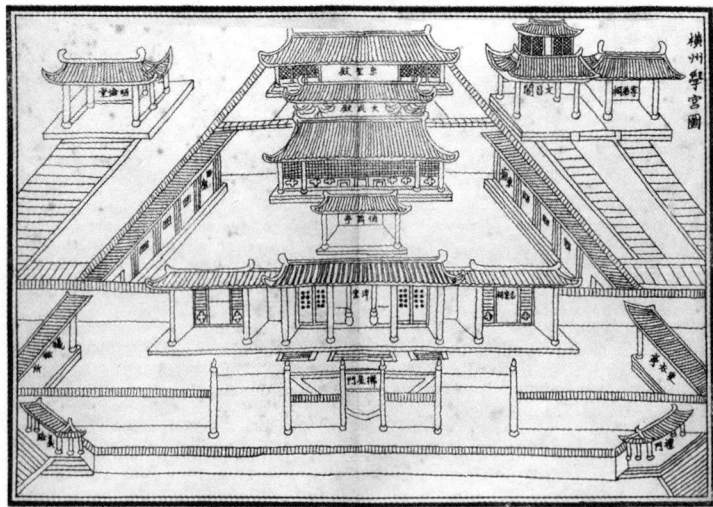

图1 清《横州学宫图》

一说横州学宫原是宁浦郡学,建置无考。查清《横州志》得知,早在西晋太康七年(286年),横州就属宁浦郡,此后几经改名,至五代仍为宁浦郡,宋朝降宁浦郡为县,属横州郡,到明朝初撤销宁浦县并入横州。那么,原属宁浦郡学的横州学宫创建最迟应在五代时期(907—960)。

一说横州学宫创立于宋庆历年间(1041—1048)。清《横州志》在《教职》一章中载:"宋自庆历间,州军始立学,诏部使者选所属充教授。"宋时横州记录在案的教授是南宋绍兴十四年(1144年)的谭佚,时谭佚任横州推官兼任教授。还记载说,绍兴二十五年(1155年),州判何新觉置圣像二石于学中,这就是学宫祭孔之始。即使按北宋庆历年间开办,绍兴二十五年(1155年)年开始在学宫里立圣像,横州学宫办学和祭孔的历史也可谓源远流长了。

横州学宫招收的学生是"院试"及格的童生。清初横州学宫每年定额录取15人,后来应考人数越来越多,常常达1000多人,所以越录越多。清咸丰以后,院试的两次考试即第一年的岁考和第二年的科考,共录取140多人。清后期连秀林书院也开始招收"院试"及格的童生了。

横州学宫可谓藏龙卧虎精英荟萃之地。在读学生都称生员,俗称秀才。他们既不是一般老百姓,又不是官员。他们身穿蓝色长衫,满口"子曰诗云之乎者也",在学期间享受廪膳(官府发给的生活补助),在地方上得免丁粮赋税,享受官员的礼遇,见官不用下跪,官员不能随意打骂他们。他们读书的目标就是学而优则仕,即通过科举考试考取举人、贡士、进士获得官职,以光宗耀祖。但正因为如此,秀才也被剥夺了许多权利。明洪武十五年(1382年),朱元璋下令刊刻卧碑(因横立而称卧碑),竖于天下州县学宫明伦堂,其文曰:

府州县学生员,有大事干己者,许父母兄弟陈诉,非大事毋轻至公门。

生员父母欲行非为，必再三恳告，不陷父母于危亡。

一切军民利病，农工商贾皆可言之，唯生员不可建言。

生员学优才赡，年及三十，愿出仕者，提调正官奏闻，考试录用。

生员听师讲说，毋恃己长，妄行辩难，或置之不问。

师长当竭诚训导愚蒙，毋致懈惰。

提调正官务加考核，敦厚勤敏者进之；懈怠顽诈者斥之。

在野贤人有练达治体、敷陈王道者，许所在有司给引赴京陈奏，不许在家实封入递。

清顺治九年（1652年），顺治帝制定教条，刊立卧碑，诏立于州县学宫的明伦堂之左，文曰：

朝廷建立学校，选取生员，免其丁粮，厚以廪膳；设学院、学道、学官以教之，各衙门官以礼相待，全要养成贤才，以供朝廷之用。诸生皆当上报国恩，下立人品。所有教条开列于后：

生员之家，父母贤智者，子当受教；父母愚鲁或有非为者，子既读书明理，当再三恳告，使父母不陷于危亡。

生员立志，当学为忠臣清官，书史所载忠清事迹，务须互相讲究，凡利国爱民之事，更宜留心。

生员居心忠厚正直，读书方有实用，出仕必作良吏。若心术邪刻，读书必无成就，为官必取祸患；行害人之事者，往往自杀其身，常宜思省。

生员不可干求官长，交结势要，希图进身。若果心善德全，上天知之，必加以福。

生员当爱身忍性，凡有司官府衙门，不可轻入。即有切己之事，止许家人代告，不许干与他人词讼，他人亦不许牵连生员作证。

为学当尊敬先生，若讲说皆须细心听受，如有未明，从容再问，毋妄行辩难。为师者亦应尽心教训，勿致怠惰。

军民一切利病，不许生员上书陈言。如有一言建白，以违制论，黜革治罪。

生员不许纠党多人，立盟结社，把持官府，决断乡曲；所作文字，不许妄行刊刻。违者听提调官治罪。

秀才读书也不容易。《大明会典》载洪武二十年（1387 年）规定：

诸生衣巾，务要遵依朝廷制度，不许穿戴常人巾服，与众混淆。违者痛决。

三日一次背书。每次须读大诰一百字、本经一百字、四书一百字、不但熟记文词，务要通晓义理。若背诵讲解全不通者，痛决十下。

每月务要作课六道：本经义二道、四书义二道、诏诰表章策论判语内科二道。不许不及道数。仍要逐月作完送改，以凭类进。违者痛决。

每日写字一幅，每幅务要十六行、行十六字，不拘家格，或羲献智永欧虞颜柳，点画撇捺，必须端楷有体合于书法。本日写完就本班先生处呈改，以圈改字少为最，逐月通考。违者痛决。

朔望行释菜礼，各班生员务要一名名赴庙随班行礼。敢有怠惰失仪，及点闸不到者，痛决。

生员凡遇师长出入，必当端拱立俟其过；有问即答，毋得倨然轻慢，有乖礼体。违者痛决。

清代秀才学的课程主要是"四书""五经"，此外还有《性理大全》《资治通鉴纲目》《历代名臣奏议》《文章正宗》《二十二史》等，这是朝廷统一规定的。当然，有时候朝廷也会对课程做些增减，但"四书""五经"却是必学的。

此外，除学宫常规的考试外，州官每月都要对秀才们考试，称"月课"，又称"官课"，考一诗一文。诗为五言八韵试帖诗，限定韵部。文从"四书""五经"里出题。清代月课有膏火（生活费）、有花红（奖金）。月课成绩生员分为超等、特等、一等，以超等一、二名生员同收膏火租，其余依等次酌减膏火或奖金。成绩排后的不发。秀才们需要力争上游才能确保基本的生活待遇。

清代横州学宫的主管官员称"学正""训导"，学正负责主持学宫以及书院、义学的教育行政工作，如主持学宫每年两次祭孔典礼，主持考试工作，等等。训导负责学务工作。学正和训导的官阶都是正八品，相当于现在的正科级官员，他们分别在学正署、训导署办公。

横州学宫自宋朝以后，历代地方官府都对学宫修葺甚或扩建。

元朝时横州学宫建圣殿、明伦堂、教授厅、廊庑门墙等。

明景泰年间（1450—1456），又加建两边庑房和棂星门。

明世宗朱厚熜于明嘉靖五年（1526年）撰写《敬一箴》与《程子视听言动箴》，嘉靖七年（1528年）诏令竖在全国学宫，使天下士子敬守圣人之道。嘉靖十一年（1532年），横州学宫建启圣祠、敬一亭，亭内立《敬一箴》与《视听言动箴》两块碑。2012年4月15日县人民武装部搞基建，挖出两个像乌龟模样的赑屃（bì xì）（见图2、图3），又称"龟趺"，背上都凿有方槽，这是

图2　在横县武装部所在地挖出的赑屃，现存于横县博物馆

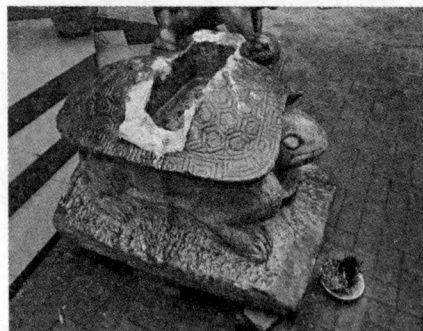

图3　在横县人民武装部所在地挖出的赑屃，现存于横县博物馆

用来承驮御制《敬一箴》与《视听言动箴》这两块石碑的。这两个赑屃距今已有 480 多年的历史。

明万历四十五年（1617 年），知州刘子诚把学宫移到北郭报恩寺（在今县体校后背的绿化队驻地处），明崇祯八年（1635 年）知州诸士翘又搬回原址。

清朝于清顺治元年（1644 年）入主中原，为稳定大局，也祭起尊孔崇儒的法宝来收拢天下人心。顺治二年（1645 年），顺治皇帝即尊孔子为"大成至圣文宣先师"。清康熙二十三年（1684 年），康熙皇帝亲自到山东曲阜诣先师庙，行九叩礼，诣孔林墓前酹酒，为孔庙书写"万世师表"额，题门联曰：

德冠生民，溯地辟天开，咸尊首出

道隆群圣，统金声玉振，共仰大成

康熙皇帝这一拜非同小可，有清一代，全国上自京城，下至府、州、县，所有文武官员都拜孔子。礼部为此制订规章制度颁行天下，规范孔庙的建设和祭孔仪式。至清雍正五年（1727 年），横州学宫规模已经基本完备：迁大成殿一侧的启圣祠至大成殿之后，改名崇圣宫；建起围墙，围墙兼做照壁，正对学宫的大门；围墙左右两边各开一个门，左门叫礼门，右门叫义路；大门叫棂星门，过了大门依次是泮池、池桥（也称月桥）、泮宫、大成殿、崇圣殿，添增神主牌位。

大成殿位于学宫的中轴线上，是文庙的主体建筑。大成殿前两旁有东廊房、西廊房。大成殿背后是崇圣宫，祠东边有孝弟祠、文昌祠，西边有明伦堂（生员读书、考试之处）。棂星门与泮宫之间有更衣亭、牺牲所（临时圈养作祭品的动物场所）等建筑。

大成殿悬匾三块，一是康熙皇帝御书"万世师表"，二是雍正皇帝御书"生民未有"，三是乾隆皇帝御书"与天地参"。

大殿正位原来供奉孔子衣冠塑像。明嘉靖九年（1530 年）皇帝下令全国学宫改衣冠塑像为供孔子牌位，上书"至圣先师孔子"，东边配以"复圣颜子""述圣子思子"，西边配以"宗圣曾子""亚圣孟子"。

东西两哲各列闵子、冉子等 12 位先贤。

东庑列程颢、周敦颐等 25 位先贤，文天祥、方孝孺等 43 位先儒；西庑列程颐、张载等 73 位先贤，董仲舒、王守仁等 31 位先儒。

崇圣宫正位原先只供孔子父亲叔梁公牌位，清雍正元年（1723 年）诏封孔子先世以王爵，合供孔子五代先世：肇圣王木金父公、裕圣王祈父公、诒圣王防叔公、昌圣王伯夏公、启圣王叔梁公。

此外，学宫有一套祭孔的祭器，如大锡香炉 1 个，大锡烛台 2 个，小锡香炉 7 个，小锡烛台 14 个，豆（陶瓷器皿，用以盛带汁的食物）56 个，笾（biān）（竹编器皿，盛干肉用）56 个，簋（guǐ）（铜制器皿，圆口，双耳，用以盛黍稷饭）20 个，锡爵（用来贡酒的杯子）44 个，勺（用来舀汤）1 个，等等。

还有一套祭祀时演奏用的乐器与用具。如镈（bó）钟、编钟、特磬、编磬、汾鼓、应鼓、琴、瑟、笛、箫、凤箫、笙、埙（xūn）、敔（yǔ）、柷（zhù）、籥（yuè）、麾幡、旌节等。

清乾隆八年（1743 年），礼部颁布新的祭孔乐章，分春、秋两章，规定全国府、州、县学宫祭祀时使用。现以清《横州志》记载的春季乐章为例，说一说文庙祭孔的程序：

一、丁祭时间：每年二月上丁日。上丁日前几日，召集乐师、歌者、舞者于明伦堂前反复演习精熟。

前三日所有大小官员斋戒，州府衙门设斋戒牌，斋戒期间不饮酒，不吊丧问疾，不听乐，不理刑，不判案，不预秽恶事。其间要到牺牲所检视牛羊猪等作为祭品的动物，选肥瘦、大小、长短适中的定作供品，嘱人小心喂养。

前一日，知州率所有文武官员到学宫斋宿，沐浴更衣，再次检视作为祭品的动物然后令人宰杀。

二、丁祭程序。丁日子时（晚上 11 时—凌晨 1 时），开始行释奠礼。学宫内庭燎灯烛光如白昼，所有官员齐聚棂星门前肃候，依次入内致祭。

丑时（凌晨 1—3 时），学正、训导祭崇圣殿，致祝词曰：

维某年某月某日，某官某，致祭于肇圣王、裕圣王、诒圣王、昌圣王、启圣王曰：惟王奕叶钟祥，光开圣绪，盛德之后，积久弥昌。凡声教所覃敷，率循源而溯本，宜肃明禋之典，用申守土之忱。兹届仲春，聿修祀事，配以先贤颜氏、先贤曾氏、先贤孔氏、先贤孟孙氏，尚飨。

寅时(凌晨 3—5 时)，知州致祭至圣先师以及四配，致祝文曰：

维某年某月某日，某官某某，致祭于至圣先师孔子曰：

惟先师德隆千古，道冠百王，揭日月以常行，自生民所未有。属文教昌明之会，正礼乐和节之时。辟雍钟鼓，咸各荐以馨香；泮水胶庠，益致严于笾豆。时当仲春，只率彝章，肃展微忱，聿将祀典，以复圣颜子、述圣子思子、宗圣曾子、亚圣孟子配，尚飨。

学正、训导分别致祭十二哲及两庑、先贤先儒；吏目分献乡贤名宦。

礼毕。

三、释奠礼制，即拜祭孔子的仪式。

（一）迎神 。麾生（指挥歌乐者）举起麾幡，拉长声音唱：奏"咸平"之乐章。

乐手击镈钟（铁钟）、柷（木制乐器），6 名歌手以及 6 琴、4 瑟、4 箫、4 笙、2 笛等等多种乐器合着节拍齐唱奏：

大哉孔子	先觉先知	与天地参	万世之师
尺凡六五	尺上六五	凡六上五	尺上五五

祥徵麟绂	韵答金丝	日月既揭	乾坤清夷
五上凡六	凡上尺上	凡六尺五	凡六凡尺

歌词下方的"尺凡六五"等字，为古代记录乐曲的符号，称工尺谱（下同），与简谱对照为：

工尺谱：火 四 乙 上 尺 工 凡 六 五
简 谱：5 6 7 1 2 3 4 5 6

其中"火"比"六"、"四"比"五"皆低八度。

每唱一句，即击汾鼓三声，作为节奏。唱完八句，麾生就放下麾幡，乐手击特磬（石制乐器），击敔（木制乐器），奏乐停止。

（二）初献。麾生举起麾幡，拉长声音唱：奏"宁平"之乐章。

乐手击镈钟、柷，众乐器和着节奏齐奏；司旌（指挥舞蹈的人）举起旌节，庭前36名舞者随歌乐起舞。

予怀明德　玉振金声　生民未有　展也大成
尺凡六五　上凡尺上　六凡上五　凡六五六

俎豆千古　春秋上丁　清酒既载　其香始升
五上尺五　六六五六　尺上凡尺　凡六凡尺

每唱一句，即击汾鼓三声。唱完八句，麾生放下麾幡，乐手击特磬，击敔，奏乐停止。如行礼未结束，则继续奏乐。诵读祝文时，音乐舞蹈暂停。

（三）亚献。麾生举起麾幡，拉长声音唱：奏"安平"之乐章。

击乐歌舞如前。

式礼莫愆　升堂再献　响协汾镛　诚孚雷甄
尺凡六五　上五凡尺　上五凡六　五上五尺

肃肃雍雍　誉髦斯彦　礼陶乐淑　相观而善
五五六六　凡尺上尺　上五凡六　五六凡尺

每唱一句，即击汾鼓三声。唱完八句，麾生放下麾幡，击特磬，击敔，奏乐停止。

（四）终献。麾生举起麾幡，拉长声音唱：奏"景平"之乐章。

击乐歌舞如前。

自古在昔	先民有作	皮弁祭菜	于论思乐
尺凡五六	上五凡六	五上凡尺	上五六凡

惟天牖民	惟圣时若	彝伦攸叙	至今木铎
五上尺五	凡上凡六	五六上尺	上五凡尺

每唱一句，即击汾鼓三声。唱完八句，麾生放下麾幡，击特磬，击敔，奏乐停止。

（五）彻馔。麾生举起麾幡，拉长声音唱：奏"咸平"之乐章。

击乐歌舞如前，舞者手执籥（六孔竹管）舞。

先师有言	祭则受福	四海黉宫	畴敢不肃
尺凡六五	尺上尺五	凡尺五上	凡六凡尺

礼成告彻	勿疏勿渎	乐所自生	中原有菽
五上尺五	凡六凡尺	五上凡尺	五六凡尺

每唱一句，即击汾鼓三声。唱完八句，麾生放下麾幡，击特磬，击敔，奏乐停止。舞蹈停止。

（六）送神。麾生举起麾幡，拉长声音唱：奏"咸平"之乐章。

击乐唱歌，节奏加快。

兔绎峨峨	洙泗洋洋	景行行之	流泽无疆
尺凡六五	上尺凡六	上五五上	凡六五六

聿昭祀事	祀事孔明	化我蒸民	育我胶庠
五上凡尺	尺上凡六	尺五尺上	凡六凡尺

每唱一句，即击汾鼓三声。唱完八句，麾生放下麾幡，乐手击特磬，击敔，歌乐停止。丁祭礼毕。

秋季丁祭在每年八月第一个丁日举行，除乐曲不同外，其程式和歌词与春祭大致相同。但清《横州志》记载的秋祭程式里，最末还有"望瘞（yì）"仪式，即把祝文以及奠帛等送到埋毛血之处焚烧，其演奏的音乐与"送神"相同，而春祭没有"望瘞"的记载，不知是否漏记？

此外，每月的初一、十五，还要举行"行香讲约"仪式，其基本做法是：

初一日，学正、训导携教谕到文庙上香，供草粟，三上香，行三跪九叩礼，礼毕。

十五日，学正、训导携教谕三上香，行三跪九叩礼，礼毕。

每礼毕，学正、训导携教谕到明伦堂率生员读书，然后到城隍庙、土地祠等处行香，最后到讲约所向庶民、绅士宣讲《圣谕》（注）。

祭孔仪式在民国时期简化很多。1935年12月，广西省党政军第二十九次联席会议通过新的祀孔礼节，其程序有九：

一、全体肃立。

二、主祭官就位。

三、奏乐。

四、全体唱《孔子纪念歌》，歌词曰：

大道之行也，天下为公。选贤与能，讲信修睦。故人不独亲其亲，不独子其子，使老有所终，壮有所用，幼有所长，矜、寡、孤、独、废疾者皆有所养，男有分，女有归。货恶其弃于地也，不必藏于己；力恶其不出于身也，不必为己。是故谋闭而不兴，盗窃乱贼而不作，故外户而不闭，是谓大同。

五、主祭官宣读祝文，曰：

"中华民国"某年月日，某官某某等，谨祭于先师孔子曰：

维先师圣由天纵，德与时行，道明一贯，义炳六经，用集大成，声金振玉，修齐治平，示之正鹄，大同之旨，天下为公。荡荡圣道，寰宇所宗，明德维馨，笾豆有践。式荐沚毛，肃将祀典，尚飨。

六、全体向孔子牌位行三鞠躬礼。

七、鸣炮。

八、奏乐。

九、礼成。

横州学宫最后一次重建在清同治九年（1870 年），由横州士绅捐资重建。清末，有近千年历史的横州学宫随着科举废除而冷落废弃，孔庙虽被保留，但昔日的尊崇与辉煌已经烟消云散，一去不返。

此后，学宫几改其用，1937 年改为横县农场，1943 年改为干训所。中华人民共和国成立后先改为横县粮食局，再改为横县人民委员会，最后改为横县人民武装部，昔日的建筑包括孔庙连一点儿痕迹也没有了。

2013 年 12 月 25 日

说明：

这里的"行香讲约"是明清两代的做法。横州百合大炉村人陈寿民在《我读旧式私塾、新制小学及师范学校之经过》一文中说，清光绪三十三年（1907 年）考读小学堂，"每月初一、十五两日，堂长（即校长）率教员集诸生于礼堂，宣读圣谕广训一条……每星期六亦宣读圣谕一次"。清朝的《圣谕》至今未能寻到，明朝的《圣谕》倒有一碑刻留存下来，现镶嵌于横县博物馆北边墙上，除正中的"圣谕"二字清晰外，碑刻的字大都模糊，隐约可辨"圣谕内阁辅□□□□□□张璁""朕因十三日听讲官顾鼎□□□□□□其意甚为正心之助□□□□□□并假为注释""大学士臣张璁""视听言动而入程颐四箴实养心之大目也""化之主而视听言动尤当加谨口者也臣□□□□□□付工刻石传之天下""宜与前五箴并

□□□□□□设于亭中五箴并"等字，说的是明嘉靖七年（1528年）世宗皇帝就大学士张璁等人请示将御制《敬一箴》以及《御注四箴》（即《视听言动箴》）与范浚《心箴》刻石刊立于全国府州县学宫的事作答复。这块《圣谕》当时竖在横州学宫敬一亭里（见图4）。今人王天纲的《新安二高珍藏明代碑刻译释》载有全文，因《圣谕》是全国统一颁行，横州学宫的《圣谕》必与新安二高的《圣谕》完全一样。现将其文转载如下（文中个别字与王文不同，为编者据残碑而改，个别标点不同，亦为编者所改）：

圣　谕

圣谕内阁辅臣杨一清、谢迁、张璁、翟銮：

朕因十三日听讲官顾鼎臣解说《心箴》，连日味思，其意甚为正心之助。昨自写一篇，并假为注释，与卿等看。

嘉靖六年十一月十八日

大学士臣张璁谨奏：是月小至日，伏承赐内阁范浚《心箴注》一通。臣稽首对扬，乃窃叹曰：至哉，圣人之用心乎？汉董仲舒有言：人君所为，必求其端于天。今阴极阳生，实君子道长小人道消之时也。在《易》之卦为"复"，曰：复其见天地之心乎？自非圣人心学得之天，其能体悉发明如此？臣窃有感焉。臣昔读书山舍，尝揭范浚《心箴》及程颐《四箴》以自励。盖人心之微众，欲求攻之者多，自视、听、言、动而入程颐《四箴》，实养心之大目也。况人君一心万化之主，而视听言动，尤当加谨焉者也。臣于《御注心箴》，敬摹宸翰，付工刻石，传之天下万世。谨复录程颐《四箴》，乞留神省览。

圣谕辅臣张璁：

午间得卿录来视、听、言、动四箴，朕甚喜悦。前日因听讲官讲《心箴》，回宫深加爱尚，欲释其义不能，欲已心未放过，只勉强注略，仍咨于卿等，欲为藻润，以成所作。卿何便付工刻石，岂不取人笑乎？朕自念上荷天命，为人君长，当务学以致其知，待粗有领会之时再注《四箴》，须赖卿赞之，故谕。

嘉靖六年十一月二十二日

臣张璁谨奏：昨者伏承圣谕，仰见皇上缉熙圣学之至也。

宋儒朱熹有言：自古圣贤相传，只是理会一个心。臣窃谓范浚《心箴》举其纲，程颐《四箴》列其目，相为发明者也。臣以此用功余三十年，莫之有得。今圣明启发，一至于此，真盲者之日月，聋者之雷霆也。臣何能赞一辞？第当刻石颁布，以觉斯世，以广圣学之传耳。然而人见之莫不曰：真圣人复生。非特尧舜之治见于天下，而尧舜心法之秘，道统之传，固有在矣。程颐《四箴》，尚愿圣明启示，谨当再篆宸翰与《心箴注》并行刻布，以为斯民斯道之幸。

圣谕辅臣张璁：

卿前日所录来程氏四箴，昨勉强解注。朕复思之，程氏见道分明，慎教如此，以教后人，其功至矣。但于濮议之中，未免力争邪说，诬君夺子。故朕又述数语于末云，与卿先藻润停当，然后书示内阁。

嘉靖六年十一月二十六日

臣张璁谨奏：伏承颁示御注程颐《四箴》。臣仰惟大哉皇言，皆根诸身心，达诸政事，真见帝王之学，与儒生大不同者也。何能复赞一辞？但未如奖，愚臣实不胜惶惧。臣窃自念所务之学，虽不逮程颐，而所遇之主，实万万过之。颐在英宗朝代，彰思

图4：镶嵌于横县博物馆外北墙上的明朝《圣谕》碑（局部），图中间"圣谕"二字清晰可辨

永为濮议，论犹未定。况皇上继统，与英宗继嗣，实大不同，使颐居今之世，议今之礼，岂得复守濮议之说哉？谨将《御注四箴》与范浚《心箴》通摹宸翰，并行刻石，以嘉惠天下后世。

圣谕辅臣杨一清、谢迁、张璁、翟銮：

大学士张璁以宋儒程颐所作视、听、言、动四箴来告，朕深切有益于学。朕读已旬日，辄述数语，权为注解用，录出以示卿等。

嘉靖六年十二月初三日

臣杨一清、臣谢迁、臣张璁、臣翟銮谨题：皇上所注范氏《心箴》及程颐视、听、言、动四箴，俱已刻石。乞敕工部于翰林院后堂空地盖亭树立，以垂永久。仍敕礼部，通行两京国子监，并南北直隶十三省提学官，摹刻于府、州、县学，使天下人士服膺圣训，有所兴起。荷蒙采纳，但亭宜有名，伏乞圣明敕定，颁示内外，一体遵行。臣等又仰思圣上前所著《敬一箴》，发明心学，甚为亲切，宜与前五箴并传。合令工部将《敬一箴》重刻一通，设于亭中，五箴并节，奉圣谕共六通，分列左右，以成一代之制。其于风化良有裨益。谨题请旨。

嘉靖七年二月二十二日，奉敕旨：卿等所言，都依拟行。亭名与做"敬一"。礼、工二部知道。

有关横州秀林书院的猜想

在古代，书院并不是官办的学校。清乾隆四十年（1775年）任横州知州的宋思仁说："国家培育人才建首善，自京师始推而至于省郡州县，或各立书院请山长招生徒以助辟雍庠序之化。""辟雍庠序"是古代学校的称谓，由此可知在清代官方的教育体制里，书院并不在"辟雍庠序"之列。相对官办的学校而言，书院为私立性质，大都由地方官或地方上有名望的人牵头创立，以民间捐助和义田谷租为办学经费来源。地方官办书院是推行教化，列入政绩，所以州官往往出面为书院筹集办学资金，成为实质上的私立官助书院。如明清时期的横州，官办的学校是学宫，又称文庙，原址在今横县武装部。秀林书院是私立教育机构，原址在今横县中学。清后期因为应考人数多，院试录取人数也多，州学宫容纳不下，秀林书院扩招，成为既有童生又有生员的学校，但时间不长。

横州秀林书院最初的名字叫"浮槎义学"，

由知州柯宗仁于清康熙四十年（1701年）改旧驯象卫署内的文昌祠而成，清雍正二年（1724年）知州刘斌重建，乾隆十一年（1746年）知州谢钟龄再次重建。

浮槎义学何时改为秀林书院，清人没有记载。乾隆四十年（1775年）横州举人蒙武赉写《宋牧伯恩增膏火碑记》："岁在乙未，节届灵辰，武以边末非才谬典秀林教事。春上三月十日，宋侯来刺横州。"大意是说，乾隆四十年正月初七日，我蒙武赉主管秀林书院教事，春三月十日宋思仁来横州任知州。而宋思仁在《书院义田碑记》里也称"旧立秀林书院"，可知在乾隆四十年（1775年）宋思仁来横州任职之前浮槎义学已改称秀林书院，蒙武赉也在宋思仁到任前就"典秀林教事"了。不知1943年的《横县志》第四卷凭什么说是宋思仁把浮槎义学改称秀林书院，又凭什么说是宋思仁延聘蒙武赉为秀林书院主教的？

清嘉庆六年（1801年），南宁知府令横州知州在秀林书院内增建堂屋3间祀宋词人秦少游，改秀林书院为"淮海书院"，后复改为秀林书院。"后"到什么时候，也没有点出确切的日期，只知道大概的时间段。民国《横县志》说：清光绪十一年（1885年）横州人梁丹崖在城西荒草地中发现一块刻有秦少游像的石碑，于是"移置于秀林书院桂香殿西壁"。据此可知"淮海书院"在光绪十一年（1885年）前已改回"秀林书院"了。

光绪二十五年（1899年）重修书院内的桂香楼，楼两旁各增建一厅两房，在左边房额上立匾，上书"尚志堂"，右边房额为"崇实堂"。光绪三十一年（1905年）改为师范传习所，半年后改为两等小学堂，民国初改为县立第一高级小学校，1929年停办高级小学并拨入县立初级中学。至此，秀林书院单列发展的历史画上了句号。1943年，县立初级中学更名为县立中学，开始招高中生，中华人民共和国成立后改为横县中学。

笔者的第一个猜想是秀林书院是免费教育。

理由：浮槎义学是横州官府为让那些贫困而又想读书能读

书的小孩有个读书之所而举办的私立学校。清横州拔贡陈奎在浮槎义学举办 5 年后写《义学记》就说："使穷陬僻壤，绳枢瓮牖之士，皆得负笈而受业焉，甚善政也。"浮槎义学的办学经费来源于莲塘村的义田，每年收租谷 156 石，后来又增加膏火费 20 石。改为书院后，浮槎义学的义田一概拨归书院，至乾隆四十年（1775 年）又从寺院义田租谷中拨入书院膏火费 350 石。这些膏火费用作聘请老师的工资和支付部分生童住宿费、生活津贴，直至光绪后期仍有每生每月膏火费 1000 文的记载。

笔者的第二个猜想是秀林书院的育人目标是学做圣人。

理由：如同今天人们反复强调学生读书首先是接受"成人"教育一样，浮槎义学也强调"成人"教育，它的目标是使学生成为"圣人"。浮槎义学成立之初，陈奎在《义学记》说"教之以礼乐……而后不悖于道"。40 多年后，乾隆十一年（1746 年）横州知州谢钟龄在《义学训学记》里引先贤的话阐述说，"故为学大要（关键），惟在求（寻找）放心（迷失了圣人之道的心）"。清同治年间横州知州王涤心在《秀林书院学约》里说得更明白：

> 制艺代圣贤立言，所以使天下学者知有孔、曾、思、孟之学而循序渐进以驯至于圣人也……居易俟命，得不喜，失不忧，如此方为纯学。若不务实修而但剽窃袭取，纵或得名，其学亦务外，非设科取士之本意矣！

其意思是说，科举考八股文就是要求学生代圣贤说话，使天下的读书人知道有孔子、曾子、子思、孟子的学说，从而循序渐进地践行成为圣人……一举一动都安于天命，得功名不惊喜，失也不忧愁，如此才是纯正的学问。学生如果不致力于践行体验（圣人之道），只是剽窃抄袭（圣人的话），纵使考得功名，他的学习也是做表面功夫，不是朝廷设科举考录读书人的本意了。

由此可知，浮槎义学（秀林书院）自开办以来，强调的都是"务实修"学做圣人。但横县中学"秀林书院"纪念堂大门曾悬楹联一副，出句与对句合掌，都是强调"科举扬名"，完全没提践行圣人之道这个"纯学"，这是没有读懂《秀林书院学约》的缘故。其联曰：

> 郁江鼓浪问古往今来年少才俊登科扬美誉
> 海棠争妍有承前启后秀林学子高考勇夺冠

笔者的第三个猜想是横中校训应表述为"尚志崇实，自强不息"，而不是现在的"崇实尚志，自强不息"。

理由一：这个校训的原型应该是秀林书院在光绪二十五年（1899 年）所立的"尚志堂"和"崇实堂"。但当初"尚志堂"是立在大边，"崇实堂"立在小边。大边为尊，小边为卑，在礼制上，尊卑绝对不能颠倒，如同"君臣"不能颠倒那样。据此，"尚志"应该排在"崇实"之前。

理由二："尚志堂"和"崇实堂"之所以分尊卑，究其因实是源于清同治十年（1871 年）的《秀林书院学约》。《秀林书院学约》训诫学生说："学莫贵于责志，志不立必不能为学……夫志，气之帅。志之所至，气必至焉……志之在人，真如木本水源。不培其本而欲枝之茂，不疏其源而欲流之长，讵可得耶？"强调立志先于学习，立志是学有所成的先决条件。据此可知校训的表述应该是"尚志崇实"。

横县中学解释校训的老师自然明白这个道理，他在校史《厚重文化》里拗过来说"崇实尚志"就是："既要怀抱远大志向，树立高远理想，坚定崇高信念，又要脚踏实地，讲求实干，追求实效。"

横县中学校训确立于 20 世纪 90 年代初，据时任副校长的杨镇宏先生说是在木楼上发现"崇实堂"和"尚志堂"两块木板，于是陈恒玉校长便用作校训。至于为什么这样排序，杨先生也不清楚。笔者估计是依现代汉语"崇尚"一词的表达顺序，把"崇实"排前头，"尚志"排后面。

笔者的第四个猜想是：横县中学校史《秀林古韵横中新篇·历

史沿革》第 11 页说"郭景仪于横县中学现址创办了郭公讲院",
这是没有根据的。又说"郭景仪将文昌祠改建成郭公讲院",
更与古籍所载不符。

理由一："郭公讲院"地址不详。

清《横州志》有关郭景仪的条目共有 5 处（见 1983 年重印
本第 131 页、第 141 页、第 160 页、第 175 页、第 236 页），
没有一处明确点出郭公讲院的地址，凭什么说郭公讲院是"于
横县中学现址创办""将文昌祠改建成"的？

理由二：当时的人，见诸记载的，都没有说"郭景仪将文
昌祠改建成郭公讲院"。

与柯宗仁关系很好的横州人陈奎在《义学记》说柯宗仁一
到任"即捐俸经营，庀材鸠工，五越月而告成，颜其门曰义学"。
横州举人陈翌熹写《义学记》说"前任柯公讳宗仁来守是邦……
创建义学"。清乾隆六年（1741 年）任横州学正的陆生楷写《劝
助修义学序》说"横州之有义学，创始于前任州尊柯公宗仁"。
清《横州志》第 131 页说"义学，即驯象卫旧署，后改为文昌祠。
国朝康熙四十年，知州柯宗仁以祠改建"。据此，又关郭景仪
什么事？

理由三：郭公讲院是横州人所建，且并非传统的教育机构。

清《横州志》里提到郭公讲院最详尽的是横州举人钟家驹
写的《郭公讲院记》（第 236 页），该文说：

公奉纶箴一十六条（即清康熙皇帝的《圣谕》，共有十六条），
纳民轨物，朔望亲行宣导，风雨不辍。而我州士民，独虑教无
常所，日久法弛，用是营兹堂构，题名郭公讲院。公于听政之余，
临轩申饬，不惮谆谆，僻土编民，咸知趋向……

原来，所谓郭公讲院是横州人建造并题名的供知州郭景仪
于每月的初一和十五对士民演讲《圣谕》的地方，当时叫讲约所。
改名"郭公讲院"，纯粹是阿谀之举。

综上所述，把一个既无确凿地址，又非传统学校的讲约所

引作横县中学的前身以证明办学历史的久长似乎不是很恰当。顺带指出一点，横县中学校史曾称郭景仪为"邑人"，其实郭景仪是直隶宣化，即河北省宣化县人，今张家口市人。

笔者的第五个猜想是横中校史说秀林书院曾改名为"槎江书院"，这是有待商榷的，因为"槎江书院"的来龙去脉并不清楚。

理由一：清《横州志》第131页《义学》介绍"浮槎义学"的沿革时没有说曾改为槎江书院。

理由二：在秀林书院还称"浮槎义学"的同时，清《横州志》第206页中的《儒林》介绍横州举人陈翌熹时却提到槎江书院，说"署州牧许建延开槎江书院"，即代理知州许建聘请陈翌熹开办槎江书院，这说明槎江书院与浮槎义学是互不相属，同时并存的学校。此后的雍正年间，知州刘斌于康熙六十一年至雍正三年（1722—1725年）任横州知州，还招聘槎江书院老师，一直到雍正五年（1727年）四川人何其昱任横州知州4年期间，举人金嗣英还被聘"为槎江书院掌教"。即使不算开办槎江书院的代理知州许建，从知州刘斌到知州何其昱，槎江书院存在时间也有六七年之久。但费解的是，四任州官的行政行为，清《横州志》不仅没有在《义学》中交代，连专门记录书院的《书院》（第130页）中也没有记载，只说"本州书院旧凡三，今仅存一，新建一"，即旧书院有三所，现在仅存一所（指悟斋书院），新建一所（指松岗书院），以前的淮海书院、豫庵书院现在已废弃。这说明，当时的编写者面对19年前，即从清雍正五年（1727年）至清乾隆十一年（1746年）共19年的"槎江书院"竟然一头雾水！260多年后的今日，人们又如何拨得开那头历史悠久积淀深厚的雾水呢？

说秀林书院曾改名为"槎江书院"，大约源于以下材料：

一是横州举人陈翌熹的《义学记》。《义学记》说知州刘斌"履任之次年……重新修葺（义学）……仍延聘主教"。

二是清《横州志》第 208 页说左州人张鹏翼被"州牧刘斌延为槎江书院师"；清雍正元年（1723 年）中举的宣化人冯世俊"为槎江书院长"。

既说刘斌重修义学，延聘主教，又说刘斌延聘张鹏翼为槎江书院师，人们便猜想刘斌重修义学后，肯定将义学改为槎江书院了，不然为什么一点也不再提义学？这种看似合理的判断其实站不住脚。因为，如果事情真的那么简单，那清《横州志》为什么不直说浮槎义学曾改为槎江书院，而要让后人"箍大钵"，死去活来地猜？同样，假如刘斌真的曾将义学改为槎江书院，为什么当年的见证人，牵头开办槎江书院的陈翌熹写《义学记》称颂刘斌重修义学，通篇近 400 字，竟没有一言半句提到"槎江书院"？而这篇《义学记》恰恰写于刘斌离任的当年即雍正三年（1725 年）十月，其时槎江书院还存在！更重要的是，人们有什么理由无视白纸黑字的"署州牧许建延开槎江书院"这句话？

其实，真要说秀林书院的改名，最早一次是于康熙四十四年（1705 年）柯宗仁离开横州后，陈奎等几个读书人曾将"义学"改为"义斋"——这个有文字记载的改名横县中学的校史反倒没有提。"义斋"就是柯宗仁的号，用以纪念柯宗仁。陈奎在《义学记》里一厢情愿地说，改名是使"后之人犹得识当年之创建者，其乐育如是之深以长也"。不料这番好意并没有得到柯宗仁之后的州官理解和支持，大概因为改"义斋"后，义学就成为以私人名义命名的学校，后来的州官宁愿另办一个"槎江书院"显示自己的政绩，也不愿往别人脸上贴金。所以自柯宗仁走后，短短 18 年间，后任 4 届州官冷眼看着"义斋"，校舍"崩颓倾圮过半""或为过客居停，鼠鼷悲泣"。直到雍正二年（1724 年）第五任知州刘斌看不过眼，把"义斋"改回"义学"后才重修。

2013 年 11 月 15 日

说说横州的庙寺

旧时横州庙寺之多，不是人们能想象得出的。据民国《横县志》载，全县（不含峦城、六景、良圻、平朗、石塘、灵竹等原永淳县属地）共有近200座庙寺（不计社坛）。其中，方圆约1平方公里的横州街及其附近的庙寺就有30座左右，如果连同街中的社坛如经历街（义学街右边向西到北门路一段）的经历社（在经历街东头街口对面），白社街（今城东小学后背街，因旧时街中有白莲社而名）的白莲社（久废），小南门后的月江社（久废），洪圣街的永宁社（久废），衙前街的猪儿社（今废），中军街的新平社、四穿楼附近的八角社、保宁社、攀桂社、乘龙社、北门路附近的崇贤社，中山小学附近的仁宾社及城外西街的七星社（久废）、紫旋社等计在内，可以说小小的横州街庙寺随处可见。

明清时庙祠分为官祀、民祀、淫祠三类。所谓官祀庙，就是皇帝封过的，皇帝祭祀的，或地方官府根据朝廷有关规定设立的庙。如清

《横州志》（1983年重印本，横县端书图书馆藏书，下同）所列的天后宫、城隍庙、文昌庙、关公庙、伏波庙、土地庙、雷庙等。民祀就是民间自立经官府认可备案的庙。如真武庙、慈感庙、龙母庙、海棠祠等。其余庙祠被称作淫祠，列入禁止之列。佛教是外来之教，明清时期横州官府对佛教既不禁止也不提倡，任其自生自灭。清《横州志》云："姑就彼福慧慈静等说，于以化暴防淫，佐政刑之不逮，或亦其所不废云尔。"而佛教在传教过程中吸取适用于自己的儒、道两教元素，善于整容变身迎合民众，很受民众欢迎，因而横州也多有佛寺，且"受世俗布施，安享其成"。

庙寺属于民俗文化范畴，它的存废反映出横州社会的观念变迁。现今科学昌明，无神论成为时代的主流，人们的观念也与时俱进，昔日的庙寺大都灰飞烟灭，有的连遗址也无从寻觅。笔者拿着清横州举人施献璜于清光绪二十五年（1899年）绘的《州城全图》，转了几趟横州街，随机走访了十几位老人，发现除了部分社坛外，香火未断的只有城隍庙和关帝庙。龙王庙虽然被列为县级重点保护单位，但只剩下一座残破的空屋子，已没有可重点保护之物了。

下面举要说一说横州的庙寺。

天后宫

天后宫坐落于下郭街。笔者经人指点，拐了几个弯，在一处臭气熏天肮脏荒芜的地方找到了天后宫。天后宫坐北向南，面对郁江，主体建筑已毁，只有大门保存得很好。从门缝往里瞧，里面草木葱茏，几只鸡正绅士般地悠闲觅食。

这座天后宫初建的时间不详，重建于清道光二十四年（1844年），距今已有170年之久。天后宫祀的是五代闽王时都巡检林愿之第六女，又称妈祖。清《横州志》说北宋宣和年间，路允迪

图1　横州天后宫大门（横县文联谢珺摄）

出使高丽（朝鲜），在海上遇风浪，八船七沉，独有一船因天后神降在帆樯上，得以安全渡海。路允迪还朝奏闻，宋徽宗皇帝赐予"顺济"庙号。此后人们航海涉江都祭天后，祈求一帆风顺。横州天后宫门联就是颂扬妈祖的保驾护航之功：

水德配天海晏河清歌利济
母仪称后东渐西披仰生成

门联刻在整块花岗石上，字体楷行兼之，联的上下左右边框刻花草人物，十分精巧。这是横州西津人刁义兴同甘长合造的杰作，堪称横州一绝。

社稷坛

横州社稷坛原设在城外西一里的龙兴寺（原横县县委所驻木楼处，今为县机要局、科协、妇联等单位所驻）旁，后移至城外东南一里处。东汉《白虎通》解释为什么立社稷，曰："人非土不立，非谷不食。土地广博不可偏敬也；五谷众多，不可一一而祭也。故封土立社示有土尊；稷，五谷之长，故封稷而祭之也。"社稷坛祀的是土地神（青红白黑黄五色土）和谷神（黍稷稻菽麦五谷）。国之所重，莫过于宗庙和社稷。所以，每年二月和八月，上至京城下至地方，皇帝和府、州、县正官都要亲自主祭社稷坛。清亡，社稷坛废。

厉　坛

　　横州厉坛设在州城外北山（今革命烈士纪念碑所在之山）至东边绿化队驻地之间。当时那地方是乱坟岗，直至民国时期仍称"义庄"，是埋葬无主死尸或存放骨骸的场所。"厉"是"恶"或"作恶"的意思。清《横州志》说"鬼无所归，必为厉"。据说每到清明节、中元节（农历七月十五日）、农历十月初一这三大"鬼节"，冥府鬼门大开，鬼魅要回到阳间原来的家中大快朵颐。那些无后无主的孤魂野鬼无家可归到处游荡惹是生非，在义庄设厉坛就是让这些鬼有个聚会吃喝发泄之所。

　　厉坛不是庙，也不是寺，而是高于地面三尺许，长、宽皆为两丈多的方形土台，坐北向南，四周砌砖，台前有台阶，台阶前立有坛门，上书"州厉坛"，入门有亭子。厉坛的西边设厨房、库房。

　　厉坛是明清两朝官府正官必祭之所。祭厉坛有一套严格的程式，祭前知州要到城隍庙牒请主管当地阴间的城隍爷出游，即把城隍庙的城隍爷神主牌抬出来游街，以震慑鬼魅，最后把城隍爷神主牌引上厉坛居中而立。厉坛下左右列无主鬼神的牌位，上书"本州境内无祀鬼神"或"孤魂之位"。知州登坛公祭，先祭城隍爷，上祭品为一羊一猪，饭羹酒楮一应俱全，行二跪六叩首礼。再祭无祀鬼神，上祭品亦为一羊一猪，行三拜礼。礼毕，焚烧祭文、纸币等。无论什么鬼，皆普同供奉，享受公费大餐，皆大欢喜。同时厉坛东头的报恩寺（为佛教寺，在北山东面今翠景华庭处）和义学街（自横县中学南大门向南至十字街口止）街头的玉虚宫（为道教庙，祀父母、祖宗、天帝，在今横中南门一带）设道场举行孟兰盆会，以禳灾除祸。民间还燃焰火，在郁江放河灯给那些"宁伤身体不伤感情"喝醉了或喝迷糊了的鬼引路指津，礼请它们酒足饭饱之后悉数离开返归冥府，不在这里游荡添乱。清乾隆年间横州官府每次祭祀厉坛耗公款 3 两白银。

祭厉坛尤其是中元节之祭，因其本意是为民消灾，又与民间祭祖以及佛教超度先人的节日相吻合，所以大受官府、道教、佛教和民众重视。明清时自京师至府、州、县、乡，按规定都要设厉坛，民间则多设玉虚宫，横州街就建有五座。校椅、百合等地有从农历七月十三日开始至十五日连续 3 日祭祀的，甚至有十二日至十五日连续四日祭祀的，相当隆重。限于条件乡间也有许多地方不按要求设厉坛，自然也不设玉虚宫，祭游魂野鬼是在家门口或路边陈列祭品，洒酒饭于地上，焚香烧纸。现在人们办喜事时常在门口加设香案祭品，也许就是这个习俗的余绪。

横州厉坛大约废于清末。

关帝庙

横州马鞍街现存的关帝庙大约是"文革"后信众重建的，在横州镇旧粮所屋基一隅，用几块水泥板搭建而成，简陋至极。说是庙，是沿袭旧名称，实际上全无"庙"的模样。

关帝庙祀三国时蜀国大将关云长。以忠义勇武著称于世的关云长则是《三国演义》塑造出来的人物，由于符合统治者的政治需要，被后代帝王不断褒封，一直封至"武帝"，民间因而尊称为"关帝"。关帝庙又称武庙，1915 年，政府颁定祀典，在武庙增祀宋岳武王（岳飞），所以又称关岳庙。

明清两朝横州关帝庙共有两处：

一在驯象卫署内（今横县中学内），为驯象卫官兵专祀。驯象卫是明朝设置于横州以捕捉野象兼戍守地方的卫所。清初废驯象卫，卫署里的关帝庙被改为文昌祠。清雍正六年（1728年）诏令直、省、郡、县设关帝祠致祭。清乾隆四年（1739年）城守把总楚雯在今妈儿巷至公园路这段路的中间修建城守署（今步行街二期东门对面处，后来妈儿巷到汽车站这段路因称城守街。不知什么时候又改称魁星路），清乾隆十一年（1746年）后于城守署西对面建关帝庙，供城守官兵祭祀。该庙民国时几改用途，至1933年用作地方电话局，现在为龙汇房地产商开发为商住区。

一在横州南门的马鞍街，为官府和民众共祀。明朝时每年除夕日和四季第一个月的农历初一由州官主祭，每年夏季主管文教的官员还要祭一次。清朝比照文庙规制只作春、秋两祭。该庙于1927年改作总工会，1933年改作县立女子小学校，1937年改作横县医务所，1942年改作卫生院，中华人民共和国成立后称横县人民医院，现在被龙泰房地产商开发为商住区。

孔　庙

横州孔庙又称文庙，祀孔子。孔庙与学宫合一，所以又称学宫或黉学。孔庙始建于何年不详，原址在今横县人民武装部。古代风水先生认为学宫正对文笔峰，是读书的好地方。明万历四十五年（1617年），横州知州刘子诚不知何故将学宫迁于州城北边的报恩寺（即今县体校背后的翠景华庭处）。18年后的明崇祯八年（1635年），横州知州诸士翘又将学宫迁回旧址，从此再也没有挪过地方。

孔子的学说也称儒学。汉武帝"独尊儒术"，使儒学成为统治者维护社会秩序的工具。之后孔子不断受追封追谥。唐朝被尊为"文宣王"，宋朝改文宣王为衍圣公，明清时又尊为"大成至圣文宣先师""至圣先师"。唐、宋、元三朝，孔庙供奉孔子衣冠塑像，这个规制受到后世儒学大师的批评。北宋的程颐举例人家祖宗画像说："影有一毛不类则非其人，况工人随手信意而为之哉？"南宋的朱熹说："宣圣本不当设像，春秋祭时只设主可也。"明初的宋濂说："古者造木主以栖神，无有设像之事。"①明嘉靖九年（1530年），皇帝终于采纳大学士张璁的建议，下令全国学宫一律撤去孔子衣冠塑像改为神主牌，上书"至圣先师孔子"，这个规制沿用至清朝。

清朝时横州学宫规模宏大：建有围墙，围墙左右两边各开一个门，左门叫礼门，右门叫义路。学生入学从礼门进入，放学从义路出去，寓意是要学生"进学则习礼，放学则行义"。大门叫棂星门，大门之后依次是泮池、池桥（也称月桥）、泮宫、大成殿、启圣殿，雍正二年（1724年）又改称启圣殿为崇圣祠。

大成殿位于学宫的中轴线上，是文庙的主体建筑。大成殿前两旁有东廊房、西廊房。崇圣祠东边有孝弟祠、文昌祠，西边有明伦堂（生员读书考试之处）。棂星门与泮宫之间有更衣亭（祭祀前更衣之所）、牺牲所（临时圈养作祭品的动物的场所）等建筑。

大成殿正中供奉孔子神主牌，东边配以"复圣颜子""述圣子思子"，西边配以"宗圣曾子""亚圣孟子"。东西两哲各列闵子、冉子等12位先贤。东西两庑列程颢、周敦颐等25位先贤，列文天祥、方孝孺等116位先儒。并非有人所说是列孔子的七十二弟子。

大成殿悬匾3块，一是摹康熙皇帝御书的"万世师表"，二是摹雍正皇帝御书的"生民未有"，三是摹乾隆皇帝御书的"与天地参"。

祭孔时间为每年二月上丁日和八月第一个丁日，如同今天的学校在学期开学初举行开学典礼一样，学宫的全体师生都要参加活动。此外，全城文武官员也要参加。由知州主祭。丁祭前三日州府衙门设斋戒牌，所有大小官员斋戒三天。斋戒期间清心寡欲，不喝酒，不娱乐，不判案，不办公。丁祭前一日，知州率文武官员到学宫斋宿，沐浴更衣，丁日子时（晚上11时—凌晨1时）开始祭拜。祭孔的贡品为猪、羊、稻谷、高粱等。10个乐师奏乐，6个歌手唱歌，36个舞者跳舞，还有吹笙笛击钟鼓的。礼行三献，乐舞六佾，极尽尊崇。清乾隆年间横州每次丁祭耗白银 23 两，为所有祭祀活动之最。

官府之所以郑重其事祭祀孔子，是贯彻皇帝的意图，表示崇儒重道以笼络天下读书人。读书人拜孔子是学孔子，终极目标是成为圣人，并非有的人所说是求考试考得好，求功名富贵。清横州知州王涤心写《秀林书院学约》就说得很明白："使天下学者知有孔、曾、思、孟之学而循序渐进以驯至于圣人也。"江西南昌市文庙有对联曰：

> 到此来漫祷科名，何有何无，试对青灯勤警醒
> 且先去广行阴骘，司中司禄，须知紫府善权衡

上联说来此祭孔不要乞求科举功名，该有什么没有什么，你自己点起青灯对照圣贤书认真反省。下联说应该先去多做好事，广积阴德，中举食禄，神灵自会根据你的表现斟酌安排，与祭孔没有关系。古人不傻：如果拜孔子能金榜题名，荣华富贵，那就干脆日日拜孔子不用读书了。

废科举后，横州孔庙几易其用，解放后改作横县人民武装部，昔日的尊崇和辉煌烟消云散、一去不返。

文昌祠

文昌祠祀文章司命之神。清初横州街有两座文昌祠：一是由废弃的驯象卫署里的武庙改造而成的文昌祠，供横州读书人和民众祭祀；一是设在文庙大成殿左边的文昌祠，供学宫师生专祀。清《横州志》说："良为士子竭精殚思，文章自有神耳。故士之祀之以凝神也，但以求荣显，其见亦陋。"意思是说，祭文昌是祈祷文昌神相助，在考试时能使自己聚精会神写出好文章，以之求荣华富贵是不对的。这个道理与拜孔子不能求功名是一样的。

清康熙四十年（1701 年）知州柯宗仁将废弃的驯象卫署里

的文昌祠改为浮槎义学（在今横县中学内）。这个改动并非拆掉重建，而是在保留文昌庙基本格局的基础上改造而成：在祠门上挂一块匾曰"浮槎"，在文昌祠的桂香殿（即后殿）放置十来张台凳即为义学学堂。学生入学或考试前要拜文昌神，然后经过栽有桂树的庭院进入学堂读书、考试。整个布局和流程寓拜文昌神能攀桂、折桂的意思。其后改名秀林书院和学堂扩建，也仍然保留孕育出浮槎义学的文昌祠，直至清光绪十一年（1885年）还有"秀林书院桂香殿"之称。光绪二十五年（1899年）重建后称桂香楼。1929年，秀林书院拨入县立初级中学。

1943年，县立初级中学改为县立中学，开始招高中生，桂香楼改成三开间的两层新式楼，其上大书"横县县立中学"六个正楷大字，是当时横州街最新潮最瞩目的建筑物之一。桂香楼虽改为新式，但仍使人顾名思义想起桂香殿乃至文昌祠，是谓传承有绪。桂香楼南对面的地方在乾隆十一年（1746年）时尚未打通南北向的街道，后来开辟道路与南北向的大街相通，命名为义学街，专为纪念浮槎义学，时至今天仍称义学街。桂香楼旧址，就在现今横县中学秀林书院纪念馆西邻的孔子塑像处[2]，但徘徊其间，抚今追昔，已看不到历史传承的遗痕，更无从感受文化底蕴的厚重了。就连横县中学建历史纪念馆，竟也只纪念"秀林书院"而不纪念"浮槎义学"，使人误以为秀林书院是横县中学的源头了！

至于文庙里的文昌祠，则随文庙的陨灭而烟消云散，不提。

伏波庙

横州乌蛮滩伏波庙，距横县县城约30公里，祀东汉马援将军。

乌蛮滩又称大王滩，礁石嶙峋，挤压得江中只剩下长约十几里的一条弯弯曲曲的水道。枯水期更甚。滩窄浪急，船只上

图 2　横县伏波庙（横县文联谢珺摄）

滩要靠人力拉缆，有时一个钟头也过不了一艘船。经常有触礁船毁人亡的悲剧发生。船只过往，都要燃放鞭炮祈祷平安。伏波庙的建造就寄寓着人们的祈求。

伏波大滩现在已是风平浪静，千帆浮水，歘然往来。

但这并非伏波将军的神力，而是珠江航运管理局航道工程处第八炸礁队于 1957 年 10 月炸除了水下礁石。

乌蛮滩伏波庙是广西规模较大的伏波庙。它踞滩而立，南临郁江水，北倚乌蛮山。大殿殿顶碧瓦彩甍四檐翘首，殿脊画梁雕栋双龙戏珠。大殿前祭坛、前殿、牌楼、钟鼓楼次第排开，左右设配殿与回廊，殿后设后殿。众殿拱卫，庄严肃穆。

伏波庙是官祀庙，每年春、秋两季，横州州官都要到伏波庙祭祀。清乾隆年间每年祭祀费白银约 10 两。官方祭祀马援是肯定和纪念马援平乱安边佑民。如明洪武初年，翰林院编修王廉、吏部主事林唐被皇帝派到安南（今越南河内）任职，过横州乌蛮滩，见伏波庙倾颓，王廉便令州民修葺，传圣旨曰："臣封安南，诏以援昔讨交趾，立铜柱，功甚大，命王廉等就祀之。"[3]光绪十七年（1891 年）皇帝御笔颁给横州伏波庙的匾额是"铜柱勋留"；清末两广总督陆荣廷为伏波将军题词"肃然起敬"；曾任国民政府代总统的李宗仁题词"铁胆心寒";明清两朝的官员文士谒伏波庙留下的五十多首诗,也多是借吟咏马援的军功以议论抒情。民间则是因为马援被皇帝封为伏波将军,而"伏波"封号正好符合百姓希望大滩风平浪静的祈求,遂附会并演绎为马援当年率军过乌蛮滩时用铁船撞江中那些连现代军舰都不敢碰的礁石,最终降伏波涛得以安全通过的故事。有人甚至连求财、升学、生育都去拜伏波将军,在他们眼里,马援是个无所不能的神灵。

横州伏波庙在民国时就被列入县文物保护名单,1983年以来先后被列为县级重点文物保护单位、自治区级重点文物保护单位,2014年晋级为国家级重点文物保护单位。

南山应天禅寺

南山应天禅寺,又称宝华山寺,明朝后期及清朝又称寿佛寺。明朝横州举人邓士奇在《应天禅寺记》(载清《横州志》第232页)说该寺始创于唐朝,而清《横州志》在介绍该寺时却说建于宋朝绍兴年间。一卷之中,白纸黑字,不知道为什么错得如此明白,更不知清横州人凭什么否定一百多年前邓士奇的说法。

宝华山被风水先生说是风水宝地。明嘉靖元年(1522年)曾任横州判官的王济说:"州城南门外渡江陆行数里,有宝华山,锐峭秀拔。学宫(旧址在今横县人民武装部)正南一望,屹然对峙,术者(看风水的人)以为文笔峰,故科(科举)不乏人。"嘉靖四十年(1561年)被贬成横州驯象卫的吴时来登上宝华山,写《游宝华山记》说:"横之官廨、民居,靡不惟山(指宝华山)之向,故又名之曰案山。"案山,古人说能聚气。

应天禅寺是座佛寺。当年吴时来游宝华山,应天禅寺已废,只剩寺基。明万历三十四年(1606年),横州人邓国材重建应天禅寺时,在前堂右间增装建文帝塑像,命名为隐龙殿;在寺门悬挂一匾,上书"万山第一"四个大字,宣称是建文帝御书。

图 3　南山旧应天禅寺大殿（翻拍于学校宣传板报）

邓国材之子邓士奇写《应天禅寺记》解释说："建文帝卓锡（居住）城南寿佛寺一十余年，尝访师山中，亲颜（立匾）万山第一四大字于寺额。"意思是说，建文帝隐居在城南寿佛寺十多年，曾到南山应天禅寺寻访禅师，亲自写"万山第一"四个字挂在应天禅寺寺额。

　　清朝人则把"建文帝卓锡城南寿佛寺一十余年，尝访师山中"说成建文帝隐居南山应天禅寺 15 年。横州拔贡陈奎把这个传说刻石勒碑，曰《南山遗事记》。乾隆十一年（1746 年），官府采信陈奎的《南山遗事记》，将其编入《横州志》中，自此南山应天禅寺广受关注。寺庙历代皆有修葺。当年邓国材重建的应天禅寺为三镇制，即大门（前殿）及两边廊房、前堂五间（正殿）、后堂（后殿）。前堂中间供佛像，右间为隐龙殿，祀建文帝，康熙四十三年（1704 年）时大殿中座供弥勒佛像，右座祀建文帝，后来改为在左廊供建文帝塑像。

　　而今的南山应天禅寺（又称南山寿佛寺）规模雄大、美轮美奂，大雄宝殿祀释迦牟尼佛。旧寺拆毁留下的断梁残栋堆放在大殿外西头一角，形同垃圾。旧时痕迹荡然无存，只在寺联上看到昔日传说的建文帝字样：

> 宝华开胜境依旧江山烟雨曾栖建文帝
>
> 寿佛放光明庄严福慧人天共仰释迦尊

不熟悉横州故事的人读此对联，可能满头雾水，而熟悉横州故事又喜欢怀古思幽者登临吟咏，任把栏杆拍遍把手拍肿，也无幽幽古思了。

慈感庙

慈感庙，坐落在城西北钵岭之巅，祀淑惠夫人。

慈感庙神被封"夫人"，据明朝横州州判王济说始于唐朝，之后的宋朝及明朝，也有夫人之封。但唐、明两朝的锡封资料已湮没无存，仅存南宋资料，载于清《横州志》：南宋绍兴年间，高宗皇帝因庙神显灵佑民而赐庙名"慈感"；南宋绍熙二年（1191年），光宗皇帝颁旨封慈感庙神为"淑惠夫人"；南宋嘉定九年（1216年），宁宗皇帝加封"淑惠显佑夫人"。

从唐朝封"夫人"到宋朝封"淑惠夫人""淑惠显佑夫人"，慈感庙神是屡得皇帝加封，可谓荣耀至极。那么，这个慈感庙神究竟何方神圣？南宋人王象之写《舆地纪胜》引宋代《横州旧图经》说：

唐贞观中，妇人陈氏居朝京门外，有鬻鱼者。忽白衣人谓陈曰："鱼不可食，既市可掷于水，急上山顶避之。"陈如其言。比至山巅，回望所居，皆陷而为池矣。陈既没，郡人即山顶立祠。④

把它翻译过来就是：

唐朝贞观年间，有一个姓陈的妇人住在朝京门外，有人（在此）卖鱼。（有一天）一个穿白衣服的人告诉陈氏说："这些鱼不能吃，你把鱼买了就扔到水里，然后赶紧跑上山顶躲避。"陈氏按照白衣人的说法去做，等跑到山顶，回头望原来居住的地方，都塌陷下去变为池塘了。陈氏死后，当地人就在山顶建祠。

这就是目前见到有关慈感庙神最早的文字记载。稍为细究，人们会发现这个传说很缺乏江北横州元素，唯一的"朝京门"又不可考，如果不说是引自《横州旧图经》，没人知道与横州有关。这是因为唐贞观年间的"横州"系改"南简州"而成，治所在江南的旧平塘江口街，1964年西津水库蓄水，已没于水底，并非今日的平塘江口街，更不在今日江北之横州街。当时江南一带"慈感"信仰很盛，直至民国初期，南乡还有慈感庙两座：一在可于乡平山村（今合山村委平山村）旁，1927年改为小学校附设乡公所；一在菜板乡那浪村（今碑塘村委那浪村）旁，1934年改为菜板乡公所。文中"郡人即山顶立祠"，虽然没有明说祭祀谁，但据文意，笔者以为应该是祭祀参天机而脱陈氏于没顶之灾的神灵——白衣人，也就是说，慈感庙神是"白衣人"。

至于陈氏，笔者以为比较合乎逻辑推想的是：被白衣人救命后，陈氏在山顶设祭坛祭救命恩人白衣人，并经常放生劝人行善，逝世后，人们在山顶立祠祭祀白衣人，同时将陈氏列为配享，附祭于祠。

唐乾元元年（758年），横州州治移设到江北之横州（见民国《横县志·宁浦县》）。原本发端于江南横州的慈感庙故事随治所变迁而移植到江北横州，并发生了质的变化：被"白衣人"救了一命的陈氏成了神，被指为"淑惠夫人"，而"白衣人"反倒成了被陈氏救过一命的鲤鱼；隐去了"朝京门"，其余山、池都冠予江北横州地名，当然，也有可能是将江北横州的地名按故事的需要做了改动。

嘉靖元年（1522年），王济任横州判官，他"每遇事必细询之不倦，是以郡内山川出产民情土俗颇得一二"，他"细询"得来的慈感庙故事是这个样子的：

考宋元诸碑，神乃有唐姓陈一妇人，尝纵鲤，一日道遇白衣人告云：可速携家避古钵山上，此地明将为巨浸矣。还告其夫，仓皇挈家，方至山半，其地已陷。今存龙池塘数十顷即是。

说说横州的庙寺

后其妇遂神此山。前所谓白衣人，盖所纵之鲤报活己恩也。唐宋及我皇明，皆有夫人之封，著在祀典。横人至今不食鲤云。

明崇祯十年（1637年），明人徐霞客到横州一游，也把打听到的传说记入《徐霞客游记》：

北七里为古钵，在城西北隅，俗名娘娘山，以唐贞观中，有妇陈氏买鱼将烹，忽白衣人谓曰："鱼不可食，急掷水中，上山顶避之。"陈如其言。回望所居，已陷为池矣。其池今名龙池，山顶庙曰圣婆庙。

王济和徐霞客所记，正是之前横州士绅黄济、黄文黼（黄济之子）、陆坚、陆嘉鲤（陆坚之子）、任信、甘义等大造"横州八景"时精心改造的慈感庙故事。明弘治九年（1496年），陆坚写《横州慈感庙碑》发挥说：

陈没于岭，屡著灵异，乡人立庙祀之。凡岁水旱必祷，人疫疠必祷，祷必辄应。……病热炽甚，十日不食。焚香远祷……梦一人执铁锹划开予胸，取火约一升，病即瘥。抵家就祀，见庙所塑侍者，与梦中执铁锹形貌似，神之灵应如此。

64年后的明嘉靖二十九（1560年），陆坚的孙子陆舜臣晚年辞官回横州街，把以"钵岭春游"为首的"横州八景"写入他编撰的《横州志》里。又过186年，这本凝聚黄济父子和陆氏家族三代人心血的志书受到横州官府的肯定，成为乾隆十一年（1746年）编纂《横州志》的蓝本，慈感庙的故事得以流传。

有清一代，人们又把慈感庙的故事进一步发挥到圆满，说"淑惠夫人"陈氏是那阳村人，在那阳村有兄长叫陈四公、陈五公。陈四公异于常人，每餐食米四斗，人称"陈四斗"。陈氏兄弟于唐贞观中随军征蛮，"既平，后俱羽化去。乡人立庙祀之"。这一切，都写到清《横州志》里，成为今天人们所能听到的最具江北横州元素而又最完整、最权威的传说。

慈感庙神屡得皇帝褒封，其庙列为官祀，倍受横州州官的顶礼膜拜。明洪武三十一年（1398年）开始，州官每年三次辛辛苦苦爬上钵岭祭祀慈感庙神。王济为祭祀的事就上过钵岭。他说，站在古钵山顶四望，"远近诸山，若揖拱不暇者"，意思是远远近近的山好像都在不停地向古钵山礼拜。可见慈感庙神在这位横州州官眼里已经尊崇到无以复加的程度。

明朝前期的慈感庙为二镇式建制。陆坚在《横州慈感庙碑》说有"正殿前堂各三间"和"神像"。但1984年横县地名编纂委员会编的《横州古今》却说庙为三镇，前镇和中镇供菩萨塑像，后镇供淑惠夫人塑像。清《横州志》又说慈感庙有飞来钟："大三围，高八尺，重八百斤，相传自广东寿佛寺飞来，钟上铸有字。"这令我茫然不解：慈感原无佛，飞来岂有钟？这菩萨从何而来？又为何能反客为主居正殿（中镇）？笔者仔细查阅有关材料，发现清《横州志》的说法与"飞来钟"的铸文不符。飞来钟的铸文是：

广东客人于澄发心喜铸洪钟一口，重八百余斤，入于寿佛寺，永远供给，祈保平安，谨志。风调雨顺，国泰民安。明天顺七年六月吉日造，真堂。

"客人"是壮人对汉人的称呼。如果广东人于澄发，字心喜送钟给广东的寿佛寺，无论是于澄发自称或广东的寿佛寺称

图4　横州钵岭慈感庙（摄于2016年5月）

呼于澄发,都不可能称于澄发为"广东客人"。只有一个可能,那就是送给横州的寿佛寺,才会称于澄发为"广东客人"。如此,又何有"自广东寿佛寺飞来"的所谓"飞来钟"?

那么,明天顺七年(1463年)的横州究竟有没有寿佛寺?查王济《君子堂日询手镜》,得知嘉靖元年(1522年)王济出任横州判官时,横州南门外(即今横州百货大楼前马鞍街一带)确有座寿佛寺,且传说建文帝曾在此隐居15年,后来又躲到南宁陈埠江(今南乡旧平塘江)一寺中,明正统五年(1440年)身份暴露才被迎回京城。王济说:"其寺南面江,北背城,殿宇甚华美……又传自建文庶人去,则寺日就废,僧人不能存云。"据此可断定,横州南门寿佛寺自明初就存在,且直至王济到横州任判官时仍存在,但已经颓败。而所谓"飞来钟"就是广东来横州做生意的汉人于澄发送给横州南门寿佛寺的。硬要说是"飞来"的,也是从横州南门寿佛寺飞来,即王济离开横州之后,当地人将废弃的南门寿佛寺寺钟移上慈感庙,同时也把菩萨像(或者新塑菩萨像)移上慈感庙,改慈感庙为三镇,置佛像于前殿和主殿,淑惠夫人像则置于后殿,使慈感庙变成以佛为主的寺。

王济离开横州13年后的嘉靖十四年(1535年),"知州车露申革祀典"⑤,即横州知州车露申报朝廷允准,在祀典中革去慈感庙的名字。自此以后,慈感庙便由官祀庙降而成为民祀庙。个中原因应该是当年横州州官不认可慈感庙神的变更,才导致了慈感庙被"申革祀典"的后果,因为没有比变更庙神更严重的事了。除此之外,即使庙堂弃后重建或者全部推倒重建甚至异地再建,其庙神原有的待遇都不会被革去。因为在朝廷看来,庙堂不过是庙神赖以传教之所,有没有庙堂,或者庙堂建成什么样子,建在什么地方并不是最重要的。

由此也可以推断,人们将慈感庙改成以佛为主的寺,大约就在慈感庙被"申革祀典",横州官府不再祭拜该庙之后。

由于官府不再祭祀,加上登钵岭不便,慈感庙的香火日渐冷落。风风雨雨40年后的万历三年（1575年），人们又在城外北门对面横县原皮革厂处建一座慈感庙的别庙来祭祀慈感庙神，叫龙池下庙，俗称龙池庙。又经过50年漫长的岁月，明天启五年（1625年），钵岭慈感庙重修再聚香火，此时距明朝灭亡只有19年了。

钵岭慈感庙毁于1935年由横县国民政府主导的破除迷信运动，县内除南山寺、伏波庙被列为保护对象未被破坏外，其余庙寺佛像神像全被捣毁，慈感庙被附近村人拆毁，大钟亦被打坏窃去。北门外的龙池庙于民国初年拆毁，遗址建横县初级中学，新中国成立后改为横县皮革厂。

现在钵岭的慈感庙是新建的，庙堂一字摆开左中右三间，中间祀淑惠夫人，左间供土地公，右间供观音，与先前的前中后三镇建制不同。虽然简陋但至少是拨乱反正恢复了明弘治九年（1496年）慈感庙的基本规制和道教神主的地位，但庙联说的仍是佛，做的法事也是佛事，不知有何考据？其联曰：

天雨虽大难润无根之草
佛法广大难渡无缘之人

魁星楼

横州魁星楼坐落在城西登高岭上今东方旅社处。

登高岭为横州城的军事制高点。明朝以前横州城很小，方围仅三里，按此推算，大约自今月江宾馆向东至维新路（今洪德路），向北至月江宾馆后停车场外缘。明洪武二十二年（1389年）南宁驯象卫首批官兵五千多人自南宁移守横州，此后又多次拨来官兵达二万多人。为加强防务和安置随军家属，把横州城向北扩展到北门、迎宣门，向东扩展到三角坪、东门，成"周十里"的规模，但登高岭并不圈于横州城墙内，来犯之敌爬上登高岭即可尽察城内虚实。明景泰二年（1451年），横州驯象卫指挥邓敳升发动官兵捐砖四万块再次扩建西边一段城墙，将登高岭大部分圈入城内并筑敌台。敌台是突出城墙之外的楼台，用以观察、射击爬城墙的敌人。敌台高一丈二尺，深六丈，阔亦六丈。明景泰四年（1453年）在敌台上增建亭子三间，使站岗放哨的士兵能避风雨寒暑。登高岭上还有仙槎亭和浮槎馆，这是横州人为纪念传说中的晋隐士董京避居南乡横槎江而建。又传说北宋秦少游贬横曾在浮槎馆居住过，有《浮槎馆书事六首》传世，其一曰：

> 挥汗读书不已，人皆怪我何求；
>
> 我岂更求闻达，日长聊以消忧。

人们据此在登高岭上建秦少游读书台以作纪念。明朝吴时来被谪戍横州，在所写的《登高岭记》中说："循西城之高阜，曰高岭，即回廊而有突出者，故秦少游读书台也。"

登高岭素为横州人游乐之所，明朝中期横州人将其列为横州八景之一，曰"槎亭秋眺"。明朝横州人甘义赋诗曰：

> 古迹相传有敌台，谁知此地即蓬莱。
>
> 亭阴故逐溪流转，秋色先催桂蕊开。
>
> 石磴嶙峋云过净，江流潋滟月飞来。
>
> 董仙景物今何在，石竹遗诗莫浪猜。

明末清初，战事频仍，亭和馆皆废。清嘉庆十二年（1807年），横州知州那淇以保存古迹为名，发动民众捐资建魁星楼于岭顶。楼为塔形，高三层，祀朱衣神，说是能使读书人金榜题名。其实，保存古迹用不着建三层楼，也无须祭朱衣神，更与"金榜题名"无关。那淇的真正意图是因为横州连续三届（每届三年，共九年）乡试无人中举，以为学宫的风水受阻，遂建魁星楼用以助学宫风水。这也许是当时的普遍现象，因为官府既然说拜孔子不能求功名，那只有拜朱衣神了。如清《永淳县志》说："知县凌森美新建南楼（即魁星楼）以助黉宫风水。"凌森美还立了块碑《新建南城魁星楼碑记》，说："悬象于天而司人科甲之权者，唯魁星为最灵。天下州县或塑其像于学宫，或图其形于巽方，往往以神为文风之鹄。而士子入试者辄祷于神以求售，神固科甲之福星也……"由此看来，那淇的用心确实良苦。不料谋事在人成事在天，横州魁星楼建成后竟又连续三届乡试无人中举，直至嘉庆二十三年（1818 年）戊寅恩科（皇家有喜事加试）才有人脱颖而出，此时魁星楼建成已足足 11 年！

清光绪三十一年（1905 年）废科举。第二年的一天，雷雨交加，只听"轰隆"一声，雷电击中魁星楼，楼顶颓然而塌，天意难违，百年魁星楼由此废弃。民国《横县志》载：魁星楼于"民国二十年改为菁莪小学图书馆，三十年为军事上作用而拆毁"。新中国成立后在原址上建水塔建旅社开餐馆，旅社叫"东方旅社"，餐馆称"星楼酒家"，只留下"魁星路"这个路名供后人依稀追忆曾经为科举而生又随科举而亡的横州魁星楼。

护国寺

护国寺，为佛教之寺，位于横县中学旧南门的东头角。清宣统三年（1911 年）改为县自治议事、参事两会，随后又几经改易，1939 年改为横县临时参议会，后来又划拨给横县中学。1996 年横州街道扩建，横中旧南门被拆掉，学校围墙连同临时参议会遗址往后缩约九米，现在横中南大门就是 1998 年街道扩大后新建的。临时参议会遗下的一栋两层砖木结构的木楼于 1988 年拆掉，在其原址上建横中幼儿园，今为横中图书楼。

遗惠祠

在护国寺左，与护国寺隔壁而立。乾隆四十年（1775 年）横州知州宋思仁为秀林书院增拨膏火费 346 石稻谷，并以条约形式永久固定下来，一举改变秀林书院创办 70 多年来师生"枵腹而习诗书"的窘境。淳朴的师生感激得无以言表，掌教蒙武赉写《宋牧伯恩增膏火碑记》（此碑今存横县中学）热情颂扬宋思仁，并欲为宋思仁立生祠。宋思仁不允。转而立遗惠祠祀宋思仁的父亲宋况梅。宋思仁力辞不能，为不加重书院负担，自费在迎宣门外购置田地作遗惠祠的香火之资。祭遗惠祠的时间为每年农历十月二十日，由秀林书院主教率学生行三拜礼。这一拜就是150年！直到1924年横县百合大炉村人陈寿民任横县教育局局长时才废止。秀林书院师生的虔诚真可谓感天动地。遗惠祠后来并入护国寺，连同祠田一并划归横县中学，可谓得其所哉。宋思仁九泉有知，想必欣慰有加。

洪圣庙

洪圣庙在横州城大南门内洪圣街即今洪德街（取街内洪圣庙和威德堂各一字组合成名）洪德小学处，建于雍正初年（1723年），坐北向南，供奉"洪圣广利大王"，简称"洪圣"。民间有人认为"洪圣"是唐代广州刺史洪熙，他曾设立气象台观察预测天气，为渔民出海预警风险，死后被皇帝追赠为广利洪圣大王。实际上"洪圣广利王"指的是南海而不是人。《旧唐书·礼仪志》载：唐天宝十年（751年），玄宗皇帝"四海并封为王"，封南海为"广利王"，东海为"广德王"，西海为"广顺王"，北海为"广泽王"。到北宋康定二年（1041年），宋仁宗又加封南海为"洪圣王"，全称为"南海洪圣广利王"。洪武三年（1370年）六月，诏封为"南海之神"。"洪圣"既然是南海之神，人们就将其与海中水族之王海龙王或龙母联系一起祭拜，以期郁江风平浪静水灾不兴。当时的横州街并非今天那么高旷平整，而是呈"凹"形，许多街道民居依地势而建，地处低洼，容易遭受洪水袭击。今马鞍街最低处，就是横州街地面流水注入郁江之处，也是郁江发大水涌入横州街最深的地方。为了防洪，

横州人填平城内壕沟,并填高地面,在其上建龙母庙,清雍正初年横州知州刘斌又在龙母庙的后面不远处建洪圣庙,其用意显然是助力龙母以镇住洪水,但洪水并不因此而驯服,发大水时常常连龙母庙也照冲不误。清朝后期又将龙母庙改称龙王庙(见图 5),现在有人在庙中殿堂高悬横额,称"龙公龙母之神位"。

横州洪圣庙于 1934 年改作洪圣街公所,1939 年被日寇飞机炸毁,新中国成立后在原址建洪德小学。

玉虚宫

清朝时横州街共有五座玉虚宫。一在义学街头,大约在今横中南大门一带,是全横州街最大的官办玉虚宫,1933 年变卖,所得用于建县立女子学校。其余四座是民办:一在义学街中,又叫"四社玉虚宫",民国初年改为店铺,充作城厢义学的校产。一在城内大街,坐东向西,大约位于今新华书店处,清光绪末年改为商会。一在城外西街,坐南向北,原址在正对今维新街口的粉店处;1932 年铺维新路直达江边维新码头,拆此座玉虚宫，连同整个外西街改为第二市场（第一市场在今家家乐商场处），建骑楼，为横州街最早的骑楼。一在城外学前街，约在今北部湾银行南对面江边的酒家处，坐北向南，背对销皮街，面向学前街，1932 年拆去建县政府。

赐官庙

又称四官庙，在迎宣门外的赐官岭上。四官岭西边是龙池塘，东边是连片水田池塘，进入横州城的路就在四官岭的东边岭脚处，所以四官岭虽不很高，但却是扼守北进横州城通道上的制高点，为兵家攻防要地。明朝时横州驯象卫分兵 1000 多人驻守横州街，就立营房于此，1933 年，横县民团还在庙址上建筑炮垒。四官庙的"四官"是谁查史籍无果，但民间有人认为是战国时期的白起、王翦、廉颇和李牧四位名将，我以为有道理，因为古人设庙很讲究，设四官庙于迎宣门前的交通要道旁，就有祈望神灵保佑横州城的用意，而驯象卫官兵祭祀古代名将，既能祈求战神保佑，又能激励官兵斗志。四官庙于 1932 年被拆去建县政府，新中国成立后在四官岭建横县农科推广中心，现为贵源房地产开发区。

注：

①从"北宋的程颐"至"无有设像之事"这段话，引自清康熙年间《永淳县志·卷七·学校》。

②据横县中学老教师钟昌和回忆。

③引自民国《横县志》。

④引自刘汉忠的《宋元时期横县的几部志书》，载《横县报》1993 年 6 月 19 日，横县端书图书馆馆藏。《广西地方志轶书目录》载，《横州旧图经》为宋人所作，已轶。

⑤见清《横州志·民祀·慈感庙》第 139 页。

从横州的虎患说起

古代横州僻远荒芜，人烟稀少，文化落后，被称为蛮荒之地，明朝时经常有大象、老虎出没。唐宋时期更不用说了。如清《横州志》载，明"世宗嘉靖四年（1525年），虎入城，昼伏夜出，食民畜，半载后始获杀之"；"世宗嘉靖二十四年（1545年）正月，虎入南门城，啮死十余人，众搏杀之"。明嘉靖三十七年（1558年），京官吴时来被谪横州，横州驯象卫指挥范儒和横州举人陆舜臣邀吴时来游宝华山，还带着一帮士兵和猎狗。吴时来在《游宝华山记》说，宝华山"中多虎，亦有异兽，以故游者惮焉"。清乾隆六年（1741年）有莲塘、杨彭、六凤等村虎患不息的记载。直至1956年12月15日，横县马山新龙乡临时打虎队还打死了一只300多斤的大老虎。

但比老虎更令人害怕的是"瘴疠"。因为瘴疠能在不知不觉中使人染病，而且常常一病不起。曾任广西按察使司副使的陆祚蕃说得很玄："瘴疠为害不小，有形者如云霞如浓雾，无形者或腥风四射，异香袭人。"清《永淳志》说得很细，瘴疬"其气如丝如缕如雾如云，闻之或香或酸，或如糯米饭之气，或有焦臭之味者，皆瘴也。二三月曰青草瘴，四五月曰黄梅瘴，六七月曰新禾瘴，八九月曰黄茅瘴，又曰桂花瘴"。北方人读这些腥酸香臭的文字，不但分不清什么是瘴疬，反而血压陡增，惊恐莫名。朝廷常常把犯了错误的官员发配到横州，让他们尝尝瘴疬的厉害。有文献记载的就有北宋的词家秦少游，南宋太宗后裔赵不尤；明朝初期洪武乙丑科状元丁显，江西名流罗时周、易大年，浙江仙居县人吴时来。赵、丁、罗、易四人俱被贬横州至死，吴时来居横州 10 年后被平反回京城任职。但吴时来为此付出的代价也很大，他的父亲和岳父先后来横州探望他，都病死于回家的路上。秦少游也是病死于回家的途中，留下"瘴雨过，海棠开，春色又添多少……醉乡广大人间小"的词句供后人吟咏，悲之叹之，哀之哭之。

就算升官，人们也惧怕荒芜僻远的地方。吴时来说"官到投荒同谴谪"，即此之谓也。唐朝时兵部侍郎（相当于副部级领导）卢绚听说唐玄宗皇帝欲选派官员到两广一带任职，担忧被选中，竟以年纪大为由上书皇帝，结果虽然如愿，但兵部侍郎一职也被免去了。

外人惧怕横州的瘴疬，其实是心态问题。皇帝对待那些不太听话的臣子，也如同我们吓唬小孩说丢外面去不让回家一样，老拿发配蛮荒来蹂躏他们。一旦真的发配，人未去心就死了。不是被老虎吓死而是被瘴疬吓死。唐代著名的文学家韩愈被贬广东潮州，他写诗给侄孙韩湘，有句云："知汝远来应有意，好收吾骨瘴江边。"韩愈当年才 52 岁，就以为此去瘴乡必死无疑了。《宋史》载，元符元年（1098 年），有一个京官叫邹浩，因上书言事触怒皇帝，被羁管新州（今广东新兴县）。他哭着对送行的朋友说：新州瘴疬之地，如何住得下？他的朋友严肃地说：你住在京城，如果遇到寒疾而不能发汗，不出五日就会死去，何止新州能死人？希望你不以此自怨。这番话真个是醍醐灌顶甘露洒心，邹浩顿时醒悟，自此振作起来，不久被召还。

老虎和瘴疠对人虽然有危害，但仍是可以防范的。有一种危害却防不胜防，躲不胜躲，那就是"仕瘴"。"仕"就是"官"，"瘴"就是危害。"仕瘴"意思就是为官腐败造成的危害。北宋人梅挚说：

仕有五瘴：急征暴敛，剥下奉上，此租赋之瘴也；深文以逞，良恶不白，此刑狱之瘴也；晨昏荒宴，弛废王事，此饮食之瘴也；侵牟民利，以实私储，此货财之瘴也；盛陈姬妾，以娱声色，此帏幕之瘴也。有一于此，民怨神怒，安者必疾，疾者必殒，虽在畿辅（京师附近）之地亦不免于瘴害，况荒远者乎？若已为瘴乡，而复加以五者之瘴，民岂堪命乎？仕者苦不自知，徒归咎于土瘴，得非惑欤？

梅挚认为官员的急征暴敛，剥夺百姓贿赂上司；司法不公，好坏不分；整日花天酒地，荒废国家大事；侵民敛财，中饱私囊；声色犬马，生活糜烂等五个方面对地方老百姓的危害比瘴疠更可怕；瘴疠肆虐，瘴乡本就民不聊生，假如官员再腐败，百姓更难以生存了。

仕瘴危害之所以大，是因为官员的管理无处不在。明朝时候，朝廷定给官员的俸禄很低，难以养家，解决的办法是允许地方官从地方税赋中抽取部分作补贴。这无疑给官员巧立名目攫取利益最大化提供了可乘之机。民众负担因而很大，除夫役、税赋外，还要上解药材、黄麻、铜铁等到有关部门。明中期"名数烦碎，增减无常……奸胥缘为利孔，侵欺逋负，多不可分"（引自清《横州志》）。清朝虽然因为横州不是生铜产地而减免生铜的征收，其他项目也折成银两缴纳，不用车马劳顿上解到部，但数目仍不少，甚至征收松枝箬蕨稻稿。而地方官为"上下接应""出入供送"，甚至以公谋私而侵民敛财，更是无所不用其极，正是"任是深山更深处，也应无计避征徭"，比瘴疠不知厉害多少倍！清道光三十年（1850 年），横州、永淳大旱，官府不但不减免税赋，还拒绝开仓赈济饥民，结果引发横州飞龙人李文彩领导的农民大规模抗租暴动。

古人笔下那些形状诡异，气味奇特，令人闻之丧胆的瘴疠，大约就是指回南天时的大雾或者"梅雨"天气，或大湿大热骤冷骤热易中暑易感冒的气候。古代缺医少药，一旦患病很难救治。所以在瘴疠天气，古人尽量减少外出，以避开瘴疠的侵害。而"仕瘴"的危害，古人虽然看到了，却无法清除，这是封建王朝制度的致命缺陷。

今天，"虎患"已经远离我们而去，所谓的"瘴疠"已经无法肆虐，种田也不用纳粮了，但"仕瘴"还极少量存在。在人民当家做主的今天，社会主义制度是清除"仕瘴"的有力武器。现在，党中央为消除"仕瘴"正从源头上下功夫。我们有理由相信，一旦瘴霾消散，山海清晏，百族团圆，中华民族的伟大复兴就为期不远了。

2015 年 4 月

清朝横州人如何读书

现在的小孩到了六七岁就可以入小学读书了。如果不去读书，教育部门还要催促家长依法送孩子入学。在九年义务教育阶段，学生的学费、书费、寄宿费都是全免的，贫困学生以及寄宿生还有生活补贴。

学校绝大部分是国家开办的。青少年时代的学校教育实行两段式，第一段为九年义务教育，从小学一年级到初中三年级共 9 年。第二段为自费的高中教育，时间为 3 年。高中毕业后自由参加高考，考取大学的，再读 3 年、4 年或 5 年不等。毕业后自己找工作，可以考公务员，也可以考研究生。如果不参加高考或者考不上大学而弃学，青少年时代的读书生涯就算结束了。

清朝时候，小孩读书是没有现代意义的学校可读的。小孩读书一般有如下几个途径：

私塾 这是当时普遍设立的交费才能读书的场所。有钱人一般是请塾师来家里教孩子，或者有些秀才设馆教书，有文化的家庭常常自己教，这些都叫私塾。如横州人陈奎，是康熙年间的拔贡，他在自家办私塾，教育几个兄弟，受到知州柯宗仁的褒奖，授给他一块匾，上写"一堂聚顺"。

其余有记载的私塾是：

吴必璘，横州街人，清咸丰丁酉科举人，在城北门外龙池庙设私塾教学童；

谭士龙，横州街人，秀才，在城西观音堂设塾馆；

雷登科，横州街人，拔贡，设教于横州城守街；

谭开源，那阳村人，在村中设馆授徒；

雷拔蛟，校椅街人，岁贡，在校椅圩讲学授馆；

李锡龄，南乡山塘村人，秀才，在南乡街收徒施教；

马拔萃，百合人，秀才，在乡里聚徒讲学50年；

莫宏勖，莲塘独石村人，岁贡，聚徒讲学。

社学　清雍正年间横州官府在从化乡校椅村真武庙即校椅街南街大庙和高登里马泮村即今贵港大岭乡马泮村的文昌庙各设置社学一所，鼓励地方有志向学的青少年入学读书，入学者得免差役。

义学或书院　对贫困家庭的孩子，则有州官或横州名人牵头创办义学、书院，让那些贫困的而又想读书的小孩有个就读之所。如清康熙四十年（1701年）知州柯宗仁在横县中学现址内创办的浮槎义学。浮槎义学的义田位于莲塘村，属官租屯田，每年收租谷156石，用作聘请老师的工资以及资助学生的膏火费。后来清乾隆十一年（1746年）知州谢钟龄增加膏火费20石。改为秀林书院后，至乾隆四十年（1775年）知州宋思仁又增拨膏火费350石。又如明人吴时来创办的乌石书院——后人为纪念吴时来改称悟斋书院，至乾隆十一年（1746年）还存在；乾隆六年（1741年）创办的松岗书院；百合的鳌山书院，民国初改为县立第二小学校，1942年改为私立鳌山初级中学，新中国成立后改为百合完全中学；校椅的六乡书院，为校椅南街雷孔阶等地方人士发起并捐资在校椅圩东街闸门外的观音庵创建，民国初改为县立第七小学校，1943年改为私立西北初级中学，新中国成立后又改为校椅完全中学，现在改为横县二高校椅校区。

义学蒙馆　清光绪末年横州官府在义学街思贤祠（今义学街通向东方商场丁字路口原横县图书馆旧址处）和马鞍街龙王庙内各设义学蒙馆一所，老师由知州聘请，入学读书不用交学费，并酌情资助学生书本笔墨费。

学宫　这是横州官府办的正规学校。只有经过县试、府试和院试合格的童生才能进入学宫读书。

凡入读私塾、社学、蒙学、义学、书院的学生，统称"童生"或"学童"。人数多寡不一，一般少则三五个，多则二十来个。如秀林书院后期每年春考取享受膏火费的童生、生员各两名，几年下来，也只有十几二十个童生和生员（不计自费的童生）。至清光绪二十六年（1900年），才改为每年春录取童生、生员共20名，但此时距废除科举只有5年时间了。影响秀林书院招生数量的主要原因大约是办学经费，因为书院对入学的童生免住宿费，还每月给予廪生津贴膏火费。如光绪后期每生每月膏火费为1000文。

儿童入学时都要拜孔子，谓之"拜圣启蒙"。这一天，儿童要穿新衣服，天没亮就先在家祭拜祖宗，喝葱花冲糖水，说是可以使人心志通灵，聪明伶俐。然后用块布蒙住儿童的头，由家长背到塾所拜孔子。孔子的牌位用木板制成，高约2尺，宽1尺，厚1寸。板面涂朱红色，中间写"大成至圣先师孔夫子之神位"。牌位上端挂一块红布，两端下垂披开，板角两端插着黄色金花，与今人家里的祖宗牌位设置基本一样。

拜孔子就是对着孔子牌位行三跪九拜礼。礼毕再拜老师。随后老师用朱砂在儿童额头上点痣，叫"破蒙"。至此，儿童就算正式入学了。

童蒙阶段没有统一教材，学生学什么由塾师决定，以识字

清朝横州人如何读书

为主。一般从《三字经》《千字文》《百家姓》《千家诗》等学起，再学《幼学故事琼林》《增广贤文》等，有积累后开始学习对对子，学写五言六韵试帖诗。有的还学打算盘以及婚、丧、祭祀等礼俗知识。童生认得千几百字以后再学《四书》《五经》，不印注解，称"白文"，塾师也不讲解。四书指的是《论语》《孟子》《大学》和《中庸》，五经指的是《诗经》《尚书》《礼记》《周易》《春秋》。同时学做八股文，所作文章都是仿写。塾师批改有总批、眉批，遣词造句好的还在字旁打上圈圈或点点，后人以"可圈可点"表示赞赏，就来源于此。塾师认为优秀的，则张贴出来以资鼓励，谓之"贴堂"。

教学方式主要是个别教学，以读为主，每读必背，强调"书读百遍，其义自见"。一般是老师教学生读，一字一句地教，一字一句地读。要求读得响亮，不得误读，不得漏读，直读到熟练并能背诵，才教下一篇文章。多次背不出会被老师体罚，如打手心、跪圣人等。百合镇大炉村人陈寿民在《八十年浮生梦》说，他在7岁读私塾至12岁，5年间读了《三字经》《论语》《孟子》《诗经》等，"但老师所教的只是强记和熟读，并未解释字义，所以我仍然无法了解书中的意义"。教师讲解文意是在学生学习和熟读甚至背诵得几十篇文章之后，其方法也是逐字逐句地讲，学生逐字逐句地复述，叫"回书"，这个教法近似于现在有些语文老师的串讲古文。这就是我们常说的"传统教学法"。而现在读一两遍课文就讲解写作背景、作家介绍、文章段意，最后归纳中心思想的教法，叫"讲读法"，是20世纪50年代学习苏联教育家凯洛夫的教学法。

清朝诗人袁枚有一首诗，说的就是私塾教学情形：

漆黑茅柴屋半间，猪窝牛圈浴锅连。

牧童八九纵横坐，天地玄黄喊一年。

"天地玄黄"是《千字文》开篇的句子。"喊"，就是俗话所说的"唱读"，与吟诵不是同一回事。

童生另一个学习任务是习字。习字内容一般是从"上大人孔乙己化三千七十士尔后生宜立志""一去二三里，烟村四五家，楼台六七座，八九十枝花"等开始。先描红，又称写"红朱字"，即用墨水填描由塾师写的红色楷体字的笔画，一段时间后再用白纸套在字帖上按字迹填写，叫"套格"。或填描由塾师勾边的字，叫"涂格"。有一定的基础后就临帖。临的帖全是名家范本，如王羲之、欧阳询、虞世南、颜真卿、柳公权等人的楷体，到结业时，童生大都写得一笔有模有样的楷书了。之所以如此，也是因为科举考试规定用楷体应试，楷书写得不好，很多时候决定应试的成败。

总的一句话，就是科举考什么，童生就学什么，这叫"应试教育"。

童生自费学习的年限没有硬性规定，主要由童生家长视家庭经济状况而定。童生学到一定的程度（由塾师判定）就可以参加县试，进而参加府试直至院试。通过院试者由学正带领举行簪花礼，然后到文庙拜孔子，又到明伦堂拜见老师，就算正式入读横州官府举办的唯一正规学校——横州学宫。入学后就不再称"童生"，而称"生员"，俗称"秀才"。

考取秀才，进入横州学宫读书，就步入了科举的道路；或者屡考不中秀才而自动弃学，童蒙阶段的学习就算结束了。

进入横州学宫读书的秀才，唯一目标就是通过科举考试取得功名，供朝廷选用，并借以光宗耀祖。他们见官不用下跪，不用缴纳丁粮赋税，成绩优秀者称"廪生"，能享受官府发给的生活补助。地方官员对秀才以礼相待，不随意辱骂鞭挞。

秀才除了学习"四书""五经"外，还学《性理大全》《资治通鉴纲目》《历代名臣奏议》《文章正宗》《二十二史》等，还要读《大清律》，背诵和默写《圣谕广训》。

秀才每日要读经书、背经书、作试帖诗、作八股文、习楷体字，这些都有数量及质量上的要求，达不到者要受体罚。

秀才平时主要在家自学，每月初一、十五祭孔，要回学宫随班行礼，无故不到要受批评，严重者将被革去秀才的名号。

每月，州官在学宫设试场考核秀才一次，检查秀才的学习情况，称"月课"。月课成绩分为超等、特等、一等。月课通常考一诗一文，诗为五言八韵试帖诗。这是一种暗合八股程式的排律，限定韵部。文为八股文，由破题、承题、起讲、入手、起股、中股、后股、束股八部分组成。题目从"四书""五经"里出，所论必须依据朱熹的《四书章句集注》，不得自由发挥。下面为横州学宫廪生谭汝楫写的一篇被评为最高等次的八股文：

所以行者三曰君臣也父子也夫妇也①
超等一名　谭汝楫

行达道而所恃以三者，亦举大纲而递言乎三焉。夫达道必有所以行之者在也，所以有三，而君臣父子夫妇之伦不已先在三所行之内哉。且推行尽利道之弥纶而无外者，唯此三纲之毕举耳。顾悬拟乎三者之纲，从事者庶不致茫然而无据；而历举乎三者之目，敦行者亦何虑贸然而无从。推行所赖，纲领张焉；递按所及，条目举焉。夫固握至要而实有可稽者，亦揭大纲而数有相符也。公问政，公亦知天下其达之道安在哉？试思生之始，有君臣由于父子，有父子由于有夫妇，此皆人纲之最大者，推而至于天下之达道五，其所以本之而推行尽利攸往咸宜者，夫不有三者乎？事变纷纭之会，唯此三者相维为系。故忠孝本由于率性，有所以而行可无亏；静好亦出于天然，有所以而行可无缺。古今来豪杰束躬返心无忝者，皆本此以修，乃攸行也，能不郑重于三也？人伦日用之常，唯此者足堪贯注。故朝廷多乖违之议，即所行者之偶疏；堂廉来渐德之讥，亦所行者之或驳天壤。英贤矢志，自问多愧者，悉无以此范其所行也，得不深念乎三也？所以行者，盖有三云。夫所莫以行者，非行达道乎？然则达道其要务乎？试为先举其大纲焉：莫大于君为臣纲父为子纲夫为妻纲，行之不善，遂有偏而不举之处；以此三者相辅而行，遂以见建中厥于无偏无党之路。莫大君臣有义父子有亲夫妇有别②，行之未当，又有驳而不纯之讥；有此三者相参即往，直以审无弊于大中至正之归。天显天秩之经之莫能外也。天地位而朝廷不能缺敬忠之分矣；乾坤定而门墙不能乖慈孝之义矣；阴阳分而闺闱不能外静好之私矣。周之盛也，君臣亦有父子之侔③，交泰即归于作述；夫妇皆天作之合，静淑尽流乎和耽，夫非本三以行此乎？公而发奋从先也，当其抚昔人之休风而率攸行之，人纲人纪之目之不能逃也。君臣立而上下宜懔尊卑之分矣，父子明而庭帷宜笃骨肉之情矣，夫妇别而内外宜调唱之乐矣。周之兴也，夹辅出于贤嗣，赞襄半属问寝之人，刑于尽见风雅好述即是徽音之嗣，夫非本三者以行斯乎？公而奋迪前光也，所望追前人之遗徽而遵行奉之。

教师的评语曰：

清如秋水不染纤尘，视龃龉不安者真有天渊之别。

谭汝楫，字琴舫，横州城内义学街人，生于清咸丰二年（1852年），光绪二年（1876年）通过院试，身入黉门。其后多次会试不中，光绪三十年（1904年）举岁贡，此后设馆授徒，学生多有成就，1938年去世，享年86岁。

清末废科举兴学堂，学宫遂废。秀林书院改为州立两等小学堂，学生学的是朝廷统一设置的修身、读经、国文、历史、舆地、算学、体育等课程，"四书""五经"仍是主科。而乡村小学堂因缺乏新师资无法开设新课程，多因循守旧，袭用私塾的教材和教法。

2013 年 11 月 15 日初稿

2015 年 10 月 7 日修改

注:

① 此是后人抄录的文稿。此文由符春生提供，由编者标点，见图1。

② 疑为"莫大于君臣有义父子有亲夫妇有别"。

③ 此句的"亦"疑为衍文。

图1　谭汝楫写的八股文《所以行者三曰君臣也父子也夫妇也》（摄于2015年8月）

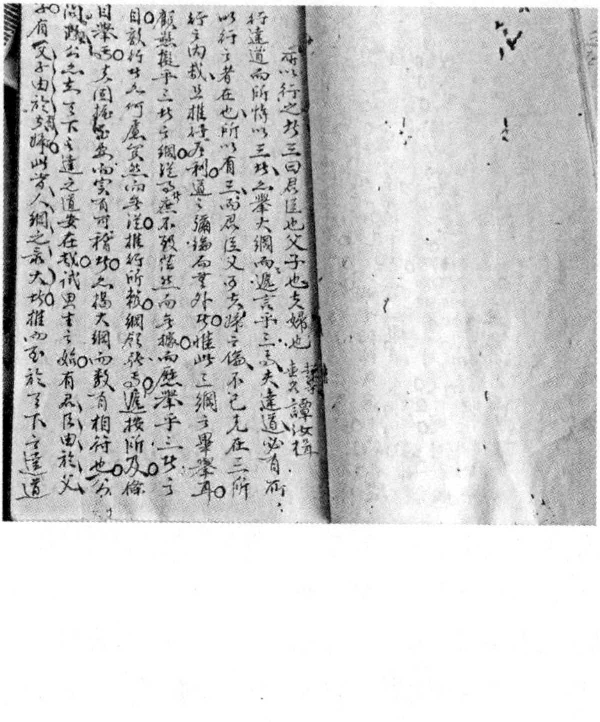

蒙武赉为何吹捧知州宋思仁——

《宋牧伯恩增膏火碑记》译后

横县中学最近修复秀林书院纪念馆，把几块古碑立在里面，其中一块是《宋牧伯恩增膏火碑记》。

对于古碑，我总有一种先入为主的看法，即古人之所以刻石勒碑，无非是撰写者借此得以留名，因此所写的东西是否真实，是否恰如其分，那是不太重要的。就说《宋牧伯恩增膏火碑记》吧，作为知州，宋思仁身负施政兴教的重任，为书院增加膏火费只是履行法定的职责，不增便是渎职，而履行职责值得立个碑吗？

读了《宋牧伯恩增膏火碑记》后，我这个看法似乎更加坚定。一是宋思仁为书院增加膏火费这件事，只要七八句话就可以交代清楚。但作者蒙武赉却洋洋洒洒大秀文采，采用骈文体，一句话分作两句写。二是引经据典大掉书袋。全文一共使用了或暗或明十几个典故，不知道这些典故就无法理解文章意思，甚至可能曲解文意。三是极尽阿谀奉承之能事，反复歌颂宋思仁乃至宋思仁已故的父亲，前广西巡抚宋况梅，把宋思仁与宋朝大理学家程颢、朱熹相提并论，誉为"爱日""和风"，无以复加。

但是，有一个问题始终萦绕心头挥之不去，那就是究竟什么原因使得作者蒙武赉如此吹捧宋思仁呢？是为了保住自己秀林书院掌教的职位，还是为了升官？在读了宋思仁的《书院义田碑记》后，在查阅了《横县志》和《横州志》后，我终于明白了。

一、成书于乾隆十一年（1746年）的《横州志》记载，自知州柯宗仁于康熙四十年（1701年）创办义学以来，学校每年的田租是156石，到乾隆十一年（1746年）知州谢钟龄才增加20石早造租谷。而乾隆四十年（1775年）宋思仁才到任，一下子就新拨租谷346石多，几乎是原有租谷的两倍。这是何等的大手笔。从柯宗仁到宋思仁，历经74年，其间多少任州官熟视书院师生"枵腹而习诗书"却无动于衷，难以想象秀林书院是如何的不生不死。

二、这新拨入的346石租谷并非加重佃户的负担，也非取自财政税赋，而是从寺院义田所收的租谷里划拨，并报经上级批准，用行政法规固定下来，形成长效机制，确保了秀林书院的长远发展。

三、宋思仁为秀林书院筹措经费既着眼于当前，又放眼于将来，说明作为知州，他知道振兴教育的根本所在。而从僧人口中夺粮来办教育，这比搜刮民脂民膏来大建寺院，其高下不啻天壤！宋思仁有胆有识，令人敬佩，值得大书特书。

四、据1943年的《横县志》记载，宋思仁为书院增加膏火费后，横州人欲供其长生牌位，宋思仁执意不准，人们只好奉其父亲宋况梅神牌，设遗惠祠以祭祀之。宋思仁力辞不能，为不增加人们的负担，宋思仁在迎宣门外购置田产专作遗惠祠的香火费及维修费。此举虽不尽善尽美，但在那个时代仍可圈可点。宋思仁有文才，而其所写《书院义田碑记》却出奇的朴实，不似浮夸卖弄之辈。宋思仁在横州曾写诗一首，题为《吴时来先生像赞》。吴时来是明朝人，因得罪权奸严嵩被贬至横州，他在横州创办"悟斋书院"，兴教一方。引吴时来为榜样，可见其心胸，诗曰：

> 猗欤吴公，天生正直。书击大憝，远谪边域。
>
> 驯象之郡，讲习不息。生徒彬彬，道义之式。
>
> 模山范水，悠然自得。耕田著书，聊给衣食。
>
> 奸焰既销，还朝供职。诸生受田，一州受德。
>
> 我思其人，画像石勒。千秋万岁，长留古则。

五、蒙武赉是秀林书院艰难办学的亲历者。乾隆十一年（1746年）编写《横州志》的时候，蒙武赉是廪膳生员，即享受书院伙食补贴的学生。他是参刊人之一，当时知州谢钟龄新增20石旱造谷给浮槎义学（秀林书院当时的名称），被郑重其事作为政绩载入《横州志》。乾隆十八年（1753年）蒙武赉中举，曾任全州学正，是全州州学负责人，相当于全州教育局局长，退休回乡发挥余热出任秀林书院的负责人。了解蒙武赉的经历，可以知道饱尝艰辛而又曾经沧海见过世面的蒙武赉不是为了保职位与升官，唯一合乎逻辑的推想是，他对宋思仁筹措办学经费的思路和做法是五体投地般的佩服和感激。

古往今来，读书人都喜欢引陶渊明"不为五斗米向乡里小人折腰"来表自己的清高。这回，蒙武赉却为这300多石米折腰了，但他不为自己，而为秀林书院，更为宋思仁的人品官德。至于他借此舞文弄墨，卖弄文才，我们完全可以一笑了之。毕竟，能有几个知州真正值得横州人由衷的恭维呢？

2013年8月7日

横州『学前街』在哪

1984 年，横县人民政府发文颁布《横州古今》一书，规范横州街街道的称呼。书中把"东由大南街口起，西至县水厂止"命名为"西街"，但又云："包括学前街。"

"由大南街口起，西至县水厂止"，这段路是由外西街与销皮街两截路组成，此外再无别的路了，不知被包括了的"学前街"究竟在哪里？又或许作者错把销皮街当作了学前街？

"学前街"顾名思义就是横州学宫（今横县武装部所在地）前的街。据清乾隆十一年（1746 年）《横州志》所载之《横州城池图》（见图 1），横州学宫（图中称文庙）前并没有路，其西边有路但称"上郭街"，过了龙兴寺（今县政府所在地）后，没有延伸到学宫前，即折向南再折向东，与"销皮街"相接进入月江门（小南门），并经外西街或河边街通向大南门和码头，这是上郭街人进入横州街的通道，亦是上郭街人去江南的通道，因为横州城西边角没有入城的门和路，上郭

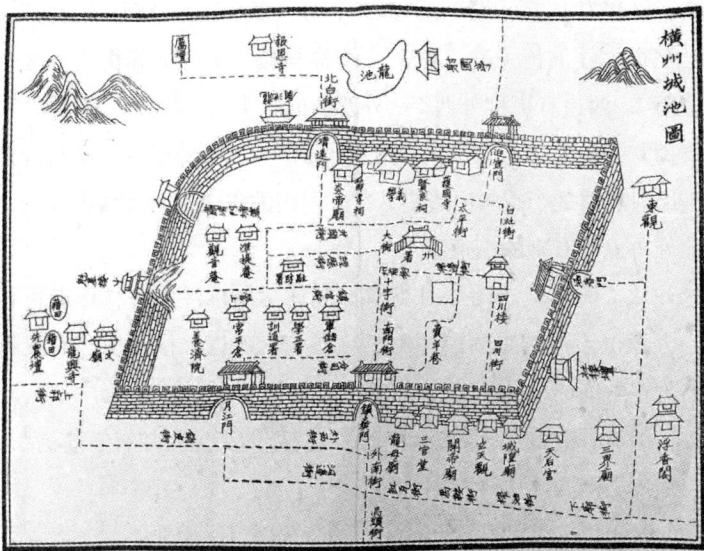

图1　《横州城池图》

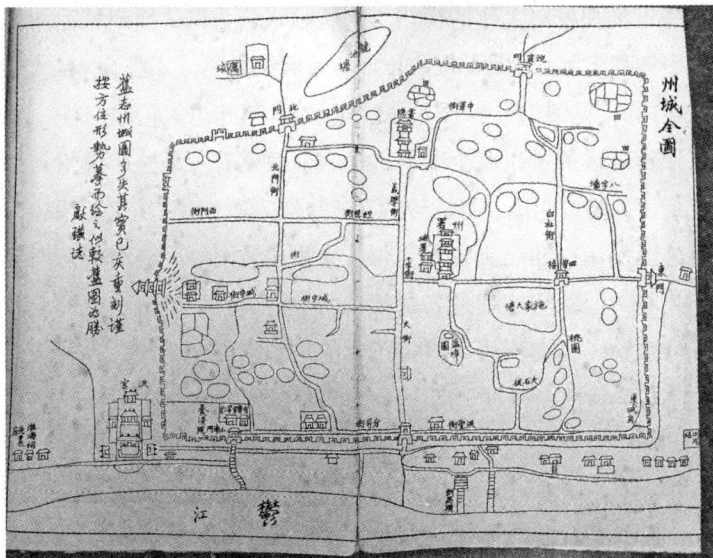

图2　施狱璜绘制的《州城全图》

一带也没有码头和去江南的渡船。

南门（指大南门，即上文所谓"大南街口"，在今百货大楼南面路口处）外也没有"学前街"的标注。南门出来是外南街，以此为中线，东边是一条街，分四截标注，分别称缸瓦街、马鞍街、榨油街（这三截街今统称马鞍街）和下郭街（今称东郭街）。西边有街称外西街，外西街的尽头（小南门处）就是"销皮街"（外西街与销皮街今统称西街[①]）。另外还有一条与缸瓦街路口相对的街，叫河边街，在外西街的正南边与外西街并列，此外再也没有别的街道了。

从《横州城池图》对街道如此详尽的标注来看，作者再粗心大意也不可能漏画漏注整整一条街。所以，横州街当时没有名为"学前街"的街道，这是可以肯定的。

但清《横州志》第58页记载西门外的街道时却有学前街[②]，与销皮街名一同出现在书中。

对于学前街的标注，为什么图文如此不一致呢？

清光绪二十五年（1899年），横州官府重刻《横州志》，主持重刻和校对工作的横州举人施献璜认为旧《横州城池图》"多失其实"，于是"按方位形势摹而绘之"，又画了一幅《州城全图》（见图2），并插入书中成为清《横州志》重刻本的一页。按照施献璜的《州城全图》，学宫前面就有一条路，但不与销皮街西头路口相接，而是与销皮街并列，处于销皮街之正南边，直通至小南门和码头，大约与《横州城池图》里的河边街西头路口相对。这应该就是名副其实的学前街了，但施献璜却没有标注名称。销皮街西头路口正对的是学宫的左旁门——礼门，并不从学宫前面通过。河边街也不见了。

比较这两幅图，我们会发现，施献璜的《州城全图》其实并不完全是《横州城池图》的校正版，而是自乾隆十一年（1746年）到光绪二十五年（1899年）153年间发展变化了的横州城图。因为《横州城池图》里原来的上郭街通到了学宫前面，成了学前街；原来与上郭街相接通的销皮街，到了《州城全图》里，却没有与学前街相接，而与学宫的旁门相接。这说明学宫规模向江边扩展了[③]，并非《横州城池图》的"失实"。同样，河边街的消失，也是发展变化的结果，而非施献璜的疏忽。

由此，对于上述图文记载不一致的问题，我有个猜想，那就是施献璜无法更改《横州城池图》里的街道线路，因为他根本不知道一百多年前的实际情况，却可以在书中加上"学前街"三个字，以说明光绪己亥年横州确实有学前街，并使他所画并插入书中的《州城全图》得到印证。

退一步来说，即使文中的"学前街"三字不是施献璜所加，而是原有的，那么，"学前街"与"销皮街"的名字一同出现在书中，说明学前街与销皮街是各不相属而又同时并存的两条街道，没有理由把销皮街当作学前街。

今天，凭借施献璜的《州城全图》，参照销皮街、外西街、马鞍街这些岿然独存的古老街道，我们仍可以按图索骥勘察出旧时学前街的大致位置，那就是位于县武装部前面的绿化带南边（注意，现在的绿化带地段是填高以后的状态，江滨西路也是向北拓宽，横州学宫往北后缩的结果），过销皮街路口前的酒家南面，低于销皮街且与销皮街并列，直通至小南门前的码头路。这是当时上郭街人入城和过江南的通道。

至于学前街包括河边街的消失，我以为不外两方面的原因。一是学前街的位置最靠近河边，比销皮街低许多，郁江发大水时容易被淹。二是因为行政规划，如填高河堤，向北拓宽街道，拆除城墙或在城墙开门口，如 1949 年就在城墙的西南角今北部湾银行前向西开有一个门，称"学前门"，使上郭人不必再经小南门而由西南角直通横州街。

2014 年 10 月 2 日

注：

① 把外西街称作"西街"的，始见于民国。1943年的《横县志》载："民国二十一年……县长徐矩饬建设局，将分司街中区区公所面前城基拆开一段……中通一路（即维新路）出西街之玉虚宫，辟为第二菜市。"（《横州古今》说是民国二十四年开辟维新街，这与民国《横县志》的说法不符）。

1949年11月，中共地方游击队袭击国民党横县县府。新中国成立后当事人写回忆录，绘了一张当年攻击县府的示意图，图中更把外西街和销皮街统一标注为"西街"。

② 当时所谓的"西门外"指的是南门以西的地方，并非西门里那条街西头的肃清门，因为此门已封堵，门外也无街道。

③ 乾隆十一年（1746年）《横州志》所载之横州学宫，是雍正五年（1727年）修葺而成，其规模还没有向郁江边扩展，学宫前的土地被居民侵占，所以上郭街拐了个弯与销皮街相连接并通向南门前的码头。道光壬午年秋即1822年秋，横州代理知州王□倡议并主持学宫修葺，建头门，筑射圃，作课房，清理学宫前的土地，学宫由此向郁江边扩展，占用了上郭街与销皮街相接的那段路，堵塞了上郭街人入城和过江的通道，便在学宫前另开辟一条路直通小南门前的码头，这条路就是名副其实的"学前街"。清道光癸未碑（该碑现置于江滨公园树荫下，为残碑）记载得很清楚，其文（标点为编者所加，文中"□"为无法分辨的字）曰："壬午（1822年）之秋，余奉檄来牧斯邦。阅视正殿、西庑之西，院落萧条，并无门路，照墙以下又为居民侵占，土坑茅茨直逼门庭，殊乖体制。□□□字短促，无以备升降之仪。若竟置此不修，何止功亏一篑？余不忍兹事之废于半途也，乃□□□□琛、李生锡球、甘生振延、施生润，暨选拔刘生泰龙等监工程，并力偕作。于是更新两庑，□□□□遂披荆棘芟蔓草，于明伦堂下荒地拓而广之，建头门，筑射圃，作课房，以符学制。庙以祀□□□□师各得其所，无复失制。至文昌之殿增重檐，砌月台，然后祭祀升降得以成礼，学前□□□□补资，悉令迁徙他处，宫墙以外，豁然开朗，月江一水绕其前，镇龙诸山峙其后，规模气□□□□。"

横州古城墙是谁毁掉的

甘书明先生在《茉莉花香》中说，1939年农历六月二十一日，日寇飞机轰炸横州，群众死伤多人。县长黄法兴认为横州城墙目标太大，容易招引日寇注意，于是"调来全县四方民团近万人将古城墙拆毁，一夜之间，横州历史的文明就这样被毁掉了"。

横州城墙建筑的时间没有具体记载，清《横州志》说宋代之前就有城墙，不过是用土筑成，元代扩展为"方围三里"，用火砖砌，所用之砖取自乐山古城，每块砖上有记号，是东晋孝武帝时（373—396）烧制的。此后迭经修葺扩建，至明洪武二十二年（1389年），扩展为西由公园路口经东旅至月江宾馆，南由月江宾馆经百货大楼至三角坪，东起三角坪经东门至县邮政局，北由县邮政局经迎宣门至公园路口的州城。城高两丈，厚一丈二尺，开城楼门六道。迎宣门至农业银行处还有一段由州城延伸出来的拱卫迎宣门的半月形围城，叫"月城"。州城墙外则开挖宽约3米、深约 185 厘米，绕城全长约 3 公里的壕沟，以增加攻城的难度。现在沿环城公路外则如东门水泥厂、北门外的体育中心等处地势较低，就是当年高填城基深挖壕沟的遗痕，可见工程之浩大。如此规模的城墙如能完整保留，其文物价值当为不菲。

对于横州城墙的毁掉，1943 年的《横县志》是这样叙述的：

……民国三年，河水暴涨，淹至王城脚，西南城角崩颓二丈余，旋由团练总局绅董，由地方公款修复。十九年，中区以城外龙兴寺（即今县妇联、科协办公地）改建第五高等小学校（今城司小学的前身），砖不敷用，中区学务委员呈请县长毛体充核准，将城垛概行拆卸，助建校舍。迨后教育局亦拆取上层烧砖，建筑图书馆及增高教育局之用。全城城垛与城基上之城墙，均已拆平，只存城基丈余而已。二十年因拆卸之后城基崩破不堪，各处因图便利，辟以作路，防范难周，县长徐矩奉省政府令饬捐款修复。越二十一年（1932 年），县长徐矩饬建设局，将分司街中区区公所面前城基拆开一段，约七八丈，两边建筑小铺六间，中通一路（即维新路），出西街之玉虚宫，辟为第二菜市。二十二年县长李鸦秋将迎宣门外月城拆平，建筑中校汽车路车站。二十三年，县长李鸦秋又将洪圣街永宁社背城基拆开作路，以便女学校学生往来。以后连年拆卸，城砖移作别用，靡有孑遗，仅存一城圈痕迹已耳。

黄法兴是百合文楼村人，毕业于国立中山大学，1939 年 2 月 11 日至 1941 年 2 月 11 日任横县县长。黄法兴履任之前，从 1932 年起到 1939 年初，足足有 6 年时间，横州城墙"连年拆卸，城砖移作别用，靡有孑遗，仅存一城圈痕迹已耳"，黄法兴县长履职后，即使想拆，恐怕连城墙的地基石头也寻不到了。

对于在 1939 年农历六月十六日至 1940 年农历七月十八日共 13 个月内日寇飞机多次轰炸横州，1943 年的《横县志》记载当年统计的财产损失，只有横县中学、县金库、洪圣街何宅、经历街陈宅、大街林宅以及大街、维新街的商店被炸的记录，没有说横州城墙被炸。可以断定日寇飞机轰炸时，横州古城墙确已不复存在了。

据此叙述，又何有 1939 年农历六月二十一日县长黄法兴下令拆毁横州城墙的说法呢？

行文至此，横州古城墙被谁拆掉应当不难判断。但甘书明先生也可能并非乱讲，不妨退一步说，1939 年黄法兴履职前的几年间，横县国民政府曾经按城圈遗痕重新垒起城墙，如 1931 年县长徐矩曾奉命修复城墙那样，而黄法兴"新官上任三把火"放的第一把火就是 1939 年农历六月二十一日下令拆毁横州城墙；主持编写《横县志》的县长王文效是黄法兴的后任，官官相护，不载入县志，以掩饰前任县长黄法兴的所作所为，这些都是有可能的。但此时的横州城墙已非"历史的文明"了，拆之又何妨？

2013 年 12 月 12 日

说明：

　　乐山，即乐山县，清《横州志》载：在州东南五十里乐山乡。本汉广郁县地，梁置乐阳郡。唐武德四年，改置乐山县。宋开宝五年，省入宁浦，今城址尚在。民国《横县志》载：乐山县署，在横州东南五十里乐山乡，即今之东区（今百合镇和马山乡）。

横州镇一中的『百鸟归巢』辨

　　横州镇一中曾有棵百年香椿树，枝叶茂盛，翠绿欲滴。人传每到傍晚，鸟儿归巢，啾鸣其上，热闹非凡，谓之曰"百鸟归巢"。据说每出现百鸟归巢的盛况，必是吉祥之兆。甚至有人误传"百鸟归巢"为横州八景之一。

　　横州镇一中在清康熙六年（1667年）起就辟为治署，民国亦作县府，新中国成立后至1959年为横县人民政府，此后改作槎江镇中心小学（今城司小学前身），1979年组建横州镇初级中学，直至今天。

　　清朝时横州州署为前后三座，即大堂、二堂和三堂。以州官审理案件的大堂为中心，前面东西两旁为吏、户、兵、刑、礼、工六个职能部门，之前为仪门、头门。头门外面即街道，称衙前街。1932年县长徐炬改大堂为礼堂，楼上为办公厅，拆掉大堂前两旁原来的职能部门办公用房，新中国成立后县府改为学校，在礼堂原址建教学楼。那棵位于教学楼前西边的百年老香椿，大致位置

图 1 横州镇一中教学楼前的百年香椿树（图片来源于横州镇一中）

就在大堂前西边原职能部门办公用房前。

因工作关系，我多次到过横州镇一中，也曾仔细端详过老香椿树。它的确老了，嶙峋但仍显遒劲，岁月耗空了它的躯干，新枝却在树洞里长出来，蓬勃向上，直长到与老树干粘连在一起，浑然一体，展示出生生不息的强盛生命力。

尽管如此，我仍心存疑问。"百鸟归巢"的盛况我见过，而且是常见，但不是在横州镇一中，而是在我的家乡校椅圩南街。百鸟所归的树也不是香椿树，而是大榕树。这香椿树虽然高大，但树冠并不周正如篷盖，树叶也非密密匝匝，其上鸟巢寥寥可数，竟也有"百鸟归巢"之盛况？

提起校椅圩南街的大榕树，真是名不虚传。校椅圩东南西北四条街都建有社坛，社坛之后种有榕树。南街的榕树最老最大，一个须五六个大人才能环抱的树墩分出四五棵壮硕的枝丫，枝叶繁茂，树籽累累，鸟巢密布，纵横交叠，绿荫匝地覆压约一亩之广，几近密不透光。夏天，每当傍晚，鸟儿们觅食回巢，聚在大榕树枝枝丫丫间上蹿下跳上呼儿唤女，雏鸣啾啾，声闻远近，不到晚霞敛了最后一线光影不收口。喧哗中假如百鸟突然噤声，不外两种状况：一是兀鹫闯进树叶丛中捕鸟，兀鹫拍打翅膀"扑扑"地响，伴随着鸟儿撕心裂胆的哀号；一是我们用砖头猛砸社坛前的石板供台发出的"咣当"声。但砸石板的声音只能唬群鸟于一时，砸到三回之后就不灵了，是谓"事不过三"。鸟儿与人对"狼来了"的判断竟然相同，这是南街大榕树带给我儿时认知上的大惊喜。

社坛后边种榕树是农村里的普遍现象。到乡村转转，只要看见大榕树，一般就能见到村社。可知人们于社坛后边种榕树是有讲究的，或者说种榕树是有寄托的。唐朝人刘恂在《岭表录异》说："榕树，桂广容南府郭之内多栽此树。叶如冬青，秋冬不凋。枝条既繁，叶又蒙细，而根须缭绕，枝干屈盘。上生嫩条如藤垂，下渐及地，藤梢入土，根节成一大榕树。三五处有根者，又横枝，著邻树则连理。南人以为常，又谓之瑞木。"把这种吉祥之树种在社坛旁，为社公（俗称土地公）营造一个阴凉舒适的居住与办公环境，肯定是祈望社公享受之余能知恩图报，时时体恤民意，赐福于这一方土地上的芸芸众生，使之吉祥如意、百子千孙、福寿绵长。

前段时间，我从前人的诗作里找到了破解我疑问的证据。1987年3月横县诗词学会翻印的《百鸟归巢唱和集》载：1927年某月某日，横县知事（即县长）莫遗贤，带着一帮文人骚客在街上散步，回到县衙已是傍晚，正值百鸟归巢喧闹不休，莫大人一时兴起，吟诗曰：

> 绿榕古树自纷披，百鸟雌雄竞唱词。
>
> 日暮归鸦争寄足，月明惊鹊未安枝。
>
> 鹪鹩栖处容鸠拙，鸿鹄深心岂雀知。
>
> 聚散相传休咎卜，飞翔到底是何司。

原来，人们所传之百鸟归巢，其树正是榕树，而不是香椿树！

横州西门街的李熙春随即和诗一首，曰：

古榕鹊噪影离披，官鼓声中弄脆词。

暮霭凄清迷远树，秋光留恋占高枝。

扶摇羽翅凌空想，来去情怀夕照知。

帝子昔曾惊晓梦，于今聚散属谁司。

诗最后一句自注曰："衙署后园有明公主梳妆楼遗迹。"于此得知，榕树的位置是在"衙署后园"。

衙署后园即今校园北端一带。

另一个证据是 1948 年 3 月 31 日，《横县日报》发表了时任编辑的南乡人焦桐的诗《县衙鸟唱有序》，更是明白无误地告诉人们，百鸟所归之树是衙署后园的百年榕树，而不是位于衙署大堂前的此棵香椿树。其序曰：

县衙后庭，有大树一章，旧有八哥鸟群集栖其上，或云鸟之聚散，征兆于地方盛衰，历百余年来无或爽……

衙署后庭种植榕树，大约是当时的风气，或许也是当时州官自视为一方土地公的心态所致。例如永淳县署也在后庭植榕树一株，"阴庇数亩"。如此大面积的树荫，说有"百鸟归巢"当为不虚。当然，香椿树也会有鸟儿栖息，但规模和气势与诗中所吟百年榕树比起来要差得多，所以前人没有将"百鸟归巢"赋予它。

民国时代距我们并不遥远，许多民国时期出生的人还在，那么，今天的横州人何时张冠李戴，将"鸟之聚散，征兆于地方盛衰，历百余年来无或爽"的"百鸟归巢"赋予了香椿树？这又成了我心中新的疑问。

但无论如何，这棵香椿树还是值得我们记住的。2007 年 4 月 21 日，星期六，广西成人高等教育自学考试在学校设点开考。早 10 时许，考试进行时，校园阒寂，纤尘不惊。老香椿树墩分桠处两棵树干中最大的一棵毫无征兆地轰然坍塌，大大小小长长短短拉拉杂杂的枝枝丫丫砸了一地。另一棵树干也摇摇欲坠。这一砸，惊动了县委、县政府领导，随后县教育局、安监局、文体局、园林等部门领导迅速汇集到现场开办公会，不久，相关施工单位就进场清理现场，用了一天一夜的时间，才把现场清理干净。学校报道说：

老树崩塌的罪魁祸首是白蚁。三百多年的老树，树的主干部分被白蚁侵蚀，树心被蛀空了，仅靠外皮支撑树身，树不停地生长，自然不负重荷而崩塌下来……横州八景之一的"百鸟归巢"已成为历史。

但是，被老树崩塌惊吓的许多家长却从另一个角度去诠释，他们说，老香椿是棵神树，选择了一个没有学生的日子离去！

2015 年 11 月 5 日

图 2　香椿树倒塌现场（图片来源于横州镇一中）

《攻打国民党县府示意图》引来的问题

手头有一本《秀林古韵横中新篇》，系横县中学 2013 年庆祝建校 90 周年编写。书中的《烽火岁月革命摇篮》载有一幅示意图，注曰："1949年 12 月 4 日，横中师生配合解放军先头部队从东校园围墙越进校园剿匪，不久横州解放。"

我对横县的历史颇感兴趣。对于横州街解放时打不打过仗，我问过好些老人，都说 1949 年12 月 4 日横州解放的那天并没有打仗，是横州人放鞭炮欢迎解放军进的横州街。查阅《横县县志》，也说："1949 年 12 月 4 日，中国人民解放军第四野战军第四十五军一三三师，由贵县追敌进入县城，横县宣告解放。"那么，横州解放那天解放军"攻打国民党县府""越进校园剿匪"又是怎么一回事？

时间要回溯到横县解放前夕的 1949 年 11 月，中国人民解放军第四野战军突入广西。为策应解放军到来，中国人民解放军粤桂边区纵队（由中共粤桂边地方游击队组成，1948 年 8 月 1 日编入中国人民解放军序列）八支队（由横县、永淳等地游击队组成，1949 年 10 月 19 日编入中国人民解放军粤桂边区纵队序列）分兵两路，一路北上迎接解放大军，一路四百多人留在原地，牵制敌人。国民党反动派垂死挣扎，广西第四专区（南宁、邕宁）专员、新编第十四军四十三师师长莫蛟（横县百合镇人）率省保安队，纠集横县、永淳县（县治今峦城镇）扫荡队以及地方民团 1000 多人，大举进攻横北区（今校椅、云表）、横西区（今陶圩、莲塘、平马）、永淳县游击区。游击队决定出其不意攻其不备，派兵突袭横县县城，调动敌人回援，以粉碎敌人进攻游击区的阴谋。

11 月 23 日晚上，游击队留下一部分兵力牵制敌人，其余 200 多人从陶圩大塘村出发，越过圣山到达莲塘山柏村潜伏，24 日傍晚潜进金钱岭（今革命烈士纪念碑所在的北山），6 时许，向县府所在地横州街发起攻击。首先炸掉北门两侧的碉堡，然后分兵三路向西、东、中挺进，目标是包围国民党县府（今横州镇一中）。中路由北门直插横中，由原横中学生陆剑挥、梁焕钟引路，从北门东侧的学校围墙翻爬进入校内，穿过礼堂地下室，占领学校前楼（桂香楼）制高点，以两挺机枪掩护后续部队攻入大街（即义学街）和体育场（今城东小学前面的东方商场），对县府形成包围之势。县府守敌凭借坚固的工事拼死抵抗。8 时许，指挥部下达撤退号令，部队迅速撤出横州街到褴村集结，乘夜翻越圣山到莲塘龙田、陶圩下江村隐蔽。第二天，横县县长李宝初率部从陶圩匆匆赶回横州，敌人扫荡游击区的阴谋破产了。

这就是攻打国民党县府的大致过程。

10 日后的 12 月 4 日上午，人民解放军第四野战军第四十五军一三三师追击国民党败军至校椅街，遭守敌抵抗，解放军炮击校椅街。李宝初闻讯，慌忙带着残部渡过郁江南逃。下午 1 时许，解放军不费一枪一弹进入县城横州街，横县宣告解放。

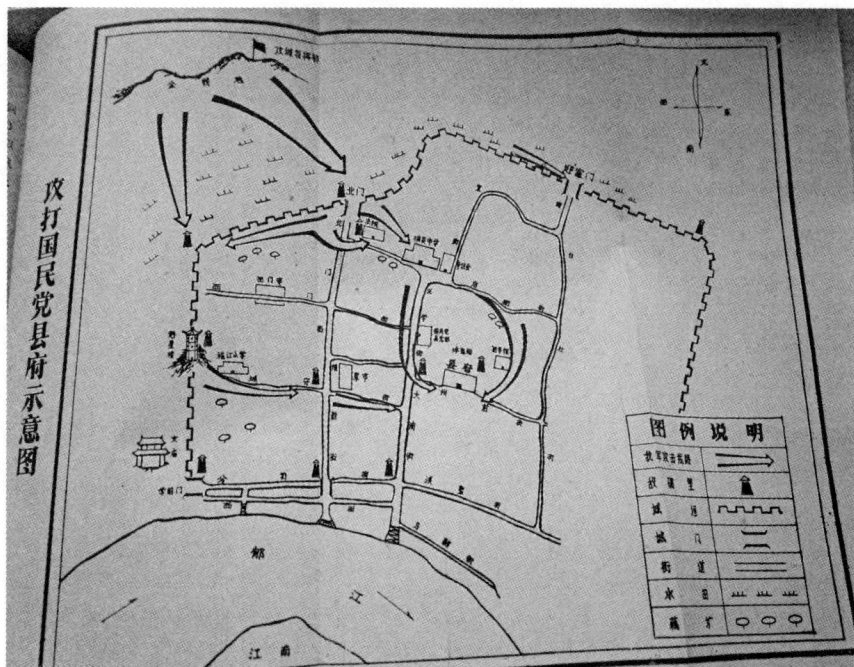

图 1 攻打国民党县府示意图

新中国成立后，当年的参与者陆剑挥、龙耀荣写回忆录，题目是《飞兵夜袭县府》，文末附上一幅《攻打国民党县府示意图》（见图1），以帮助读者理解当年攻打国民党县府的战斗情景。（署名还有梁焕钧，系梁焕钟之妹，时梁焕钟已辞世）

估计横中撰写注释的老师一定查阅到《飞兵夜袭县府》这篇文章，不然就不会找到文末的《攻打国民党县府示意图》，也不会有"横中师生配合解放军"之注释，但寥寥五十几个字的注释与《飞兵夜袭县府》出入如此之大，实在匪夷所思。

2014 年 10 月 2 日

补记：但查 1989 年版的《横县县志》第 202 页记载解放战争时期横县重要的战斗，其中却只有《夜袭县府》而没有《飞兵夜袭县府》，兹全文照录《夜袭县府》如下：

十九团消灭西区自卫队后，横县县长李宝初连续不断地对游击区特别是龙平、永安（皆今平马）两乡进行"清乡""扫荡"，强迫群众自首。十九团"围魏救赵"，派教导连袭击县政府。1949年4月24日深夜，教导连数名战士摸进了县城，避开岗哨，靠近了政府大院，向政府大院内投掷了手榴弹和燃烧弹。炸弹的爆炸声惊动了县府，县府一片慌乱。在龙永区"围剿"的李宝初闻讯后，急忙率兵回城，而教导连已经回到龙平永安去了。

我的疑问是：

一、《飞兵夜袭县府》的战斗规模要比《夜袭县府》大而激烈，为什么1988年编写的《横县县志》没有记载，反而记载"数名战士摸进了县城，避开岗哨，靠近了政府大院，向政府大院内投掷了手榴弹和燃烧弹"的《夜袭县府》？

二、《夜袭县府》与《飞兵夜袭县府》除了月份与攻打过程不同外，年份、日期都相同，这《夜袭县府》是不是与《飞兵夜袭县府》同一回事？

三、《横县县志》载，"1949年7月委任莫蛟为南宁专区专员兼保安司令"，李宝初是在莫蛟调南宁后才接任横县县长。按此，《夜袭县府》的当时，横县县长应是莫蛟而非李宝初。

笔者就此问题曾电话联系作者龙耀荣同志，他说《夜袭县府》不知是谁写的，但这两件事都是真的。至于当时的县长是谁，可以再查。

存疑。

千古江流去不回

——焦桐与《横县日报》

焦桐，横县南乡人，号平塘江驻客，生卒年代不详，是活跃于民国时期横县文坛的文人。横县抗战期间，焦桐积极参与诗社、联社的征诗征联活动，创作了一些旧体诗，为抗日救亡而呐喊，如：

感 怀

屡痕今已遍神州，猿鹤沙虫满地愁。

挥泪谁怜箕子痛，关心我亦杞人忧。

中原北望惊烽火，武汉南归涕泗流。

家国凄凉多少恨，胡笳彻耳怕登楼。

这首诗持律整齐，用事贴切，吐属自然流畅，显示出作者颇为厚实的诗学功底。

抗战胜利以后，焦桐在《横县日报》陆续发表诗作，既是心声的抒发，又是时代风云的映照，可作史诗来读。

1947 年，为配合人民解放军正面战场作战，4 月 7 日至 11 日，中共广西省工委在陶圩乡六秀村召开会议，决定在广西各地开展武装斗争。

9月3日，中共横县县委举行武装起义，攻取上西区的陶圩街、龙头、福旺、镇西等乡；攻取下西区的莲塘、龙平、永安等乡；攻取上北区的青桐乡，活捉国民党县府政务指导员苏民困；还向上南区的同宣、飞龙、龙门、独灵等乡进军，威震远近。

国民党广西省政府为了"剿灭"中共横县游击队，于当年11月撤掉"剿匪不力"的横县县长廖哲，同月15日任命时任南宁第四军官大队大队长、横县东区元福乡（今属百合镇）圩背村人莫蛟为横县县长。

莫蛟履职后，实行武力镇压和舆论宣传两头并进。武力镇压方面，建立县、区、乡清乡委员会，实行"五户联保"，通令全县："通匪、济匪、窝匪者与匪同罪。"11月27日在县府会议厅召开全县"清乡"会议，在全县范围内逐乡逐村实行"清乡清村"，主要内容一是管训"自新分子"，所谓"自新分子"即是游击队员自愿交枪登记者；二是管理民枪，以防中共游击队利用——当时许多村庄自备有枪支以自卫或用于械斗；三是办理户籍，逐家逐户登记人口；四是处置逃兵；五是防止械斗；六是处理不安分守己或言论过激分子。每到一个村庄，即集中村民按户口点名，除在异乡服务、读书经商及外出打工等出具了证明不到应点外，其余壮丁一律要到场点验；对有所谓嫌疑或据密报有偷盗行为并有谋杀犯罪者，一律逮捕。同时组织县扫荡队，于1948年春节前后两次协同省保安团大举进攻陶圩、青桐、龙平、永安、莲塘等中共游击区。

宣传方面，莫蛟创办《横县日报》（见图1），于1947年12月18日创刊发行。莫蛟自任社长，聘请南乡区公所的钟祖镠为总编辑，李道宁为副总编辑，第二年春末又聘南乡人滕永亮为记者兼编辑。同年6月，莫蛟调南宁。副县长、横县平马乡黄塘村人李宝初（又名李泽金）接任县长，化名李新潮任《横县日报》社长。《横县日报》强制发行，所有党政机关、学校、团体一律订阅，个人订阅则不作硬性摊派。

《横县日报》名曰日报，其实是隔日出版，共八开两版。一版主要刊登国民党"中央"发布的政策、法令和刊登国民党《中央日报》的社论以及重要的时事新闻。二版为地方新闻，重点是刊登所谓"剿匪"消息。

同时，《横县日报》还为莫蛟歌功颂德。九月十八日，刊登《横县北区甲俭旭塘旺垌等村消弭械斗和平公约》，云"……兹蒙我贤明县长莫公，亲临各村剀切劝喻，消弭械斗，化干戈为玉帛，转戾气为和祥。其不辞劳苦，亲切爱民，实令人感激而涕零。今各村父老兄弟等，均已痛悔过去械斗之愚蛮惨酷，有违政令，并衷诚服从调解，涤改前非，从今以后，誓不再念旧恶，寻仇报复，并即重修旧好，亲睦逾初，决使此惨绝人寰，可憎可恨之械斗惨剧不再重演……"又刻意渲染地方安宁，如《福旺治安日趋良好，往来客商络绎不绝》，说是"来往灵廉之客商又复络绎于途，一如太平之景象"。此外还报道本县民生新闻，如1948年3月9日，报道南乡骑楼街准备将泥街道铺设为硬街道的消息。7月1日，报道校椅圩北街狮队在横州表演唐僧取经哑剧、舞狮、大力戏，称说"形态颇似，技亦娴熟"。又报道县政府派员下乡督导各校教育的消息，还刊登结婚启事、遗失声明、商业广告，等等。

莫蛟的这些措施，给中共横县游击队造成很大的困难。鉴于敌强我弱的形势，1948年3月，横县县委根据上级的指示，决定全县的武装斗争由大搞改为小搞，主要开展"挖塘养鱼"。"挖塘"就是组织发动群众，巩固革命老区，开辟新区；"养鱼"即是壮大游击队。至此，声势浩大的武装斗争转入地下。莫蛟得意扬扬，到处宣扬共产党游击队已被击垮，说是"自经连月进剿以后，南岸奸匪莫平凡、林妙柏、覃雄、黄文沛、孙朝相、闭健才、李佐才等股匪，已向上思十万大山逃窜，北岸奸匪邓智、韦世多、潘作琛、刘槟荣等亦已次第星散"[①]。还在迎宣门外体育场举行盛大集会和游行，以庆祝"胜利"。

3月31日，焦桐在《横县日报》发表诗作《县衙鸟唱有序》，以"征兆于地方盛衰，历百余年来无或爽"的"百鸟归巢"来庆祝地方平静，诗曰：

县衙后庭，有大树一章，旧有八哥鸟群集栖其上，或云鸟之聚散，征兆于地方盛衰，历百余年来无或爽。客岁县方匪乱方兴，鸟群寂然飞去，迨至今春局面初定，始复连羽飞来，鸣集树间，斯亦验矣！余尝于晨曦初曙时，乘笔砚余闲，辄越衙庭，一聆百鸟和唱，别是一种趣味。归斋就案，沉墨未干，爰赋诗以志其盛。

衙庭初曙放晴明，绿树层阴集鸟声。

岂为征祥占朕兆？重来寄托竞和鸣。

深知雷震惊崔塞，忽报春音到郡城。

我欲抚琴歌一曲：县方今日喜销兵！

然而，在正面战场上，形势急转直下，国民党军队士气萎靡，节节败退；人民解放军越战越勇，势如破竹。至1948年3月焦桐吟咏《县衙鸟唱》的时候，东北野战军已胜利结束夏、秋、冬季攻势，消灭国民党军57万人，控制了东北97%的面积，关内各个战场也捷报频传，形成对敌反攻的强大势头。这些重大新闻通过横县日报社的无线电接收设备可以收听得知——尽管莫蛟规定无线电接收设备专门用以收听国民党《中央通讯社》播发的电讯，不得收听其他电台广播，但在那个事关国家和个人命运的动荡年代，一纸规定哪能捆住人们的手脚？5月16日，焦桐发表诗作《寄湛江应诚》，怅然有避世之叹。诗曰：

生计逼人未许闲，莺花三月竞阑珊。

碧天遥隔关河远，乱世相逢道路艰。

好梦已随烽火尽，残更不放晓钟还。

巾角长剑添惆怅，心在朝云雾霭间。

7月20日，敏感而又密切关注时事的焦桐又在《横县日报》发表哭父诗《遥奠》：

古人无哭父之诗，而余今日已创先例矣。蓼莪吟罢，倍觉伤怀，散草零章，爇香诵献。

> 千古江流去不回，天心摇落恨难灰。

> 危肠欲断还垂泪，众口嘶号剧可哀。

> 寂寞椿庭悲夜月，凄迷荒塚掩泉台。

> 客窗风雨黄昏后，可有清音入梦来？

从诗中可以知道，焦桐的父亲故去而自己不能回家祭奠，只能以诗遥寄哀思。"千古江流去不回，天心摇落恨难灰"，首联突兀而震撼，总说自己不尽的哀痛和无法排解的遗憾；颔联和颈联没有直写自己的哀痛，而写家乡亲人的悲痛和亡父的寂寞凄伤，以之衬托自己的哀痛遗憾；尾联说生已不能相见，不知梦里能不能相见，既是点题，又将对亡父的哀思推进一层。而如果结合这个风起云涌石破天惊的时代背景，在个人命运难卜的时刻，国事家事事事关心的焦桐，表达的情感恐怕不仅仅是"哭父"那么简单。

1948年9月上旬，中国人民解放军发起辽沈战役，敲响了蒋家王朝覆没的第一声丧钟。焦桐的朋友，在《横县日报》任编辑才两个月的一凡辞职。焦桐百感交集，18日在《横县日报》发表诗作《别离草》：

丁亥（1947年）冬，余由怀城（今贵县）返乡，天假之缘，获司编席。明年夏，社内人事飘摇，不可终日。余独力支持，为编务所苦者忽忽月余。无何，接一凡兄来书，知往长中执教，未果成行。君，余之旧交也，意气相投，素称莫逆。于是征得其同意后，□向县方荐才，承乏此间，于兹又越数月矣。曩者，午夜鸡鸣，一灯相对，虽苦困于梨枣尺幅间，酸辛同诉，然于公余之暇，或□下谈文，或追述"□□"旧事，或寄情于江风夜月之中，自得至乐。不意君以乡念甚切，欲赋遂初，辞呈既上，除书遂下，今行期有日，明朝扬帆矣。临别之际，虽无儿女殷殷之情，然挂念□□千里，将息云天，今后邂逅又不知在于何日何地，折柳□□怅然久之。且余自遭椿庭变故之后，此身行将退隐，湖海萍踪，已息遨游之念，见面益复难期，爰赋别离草十章，为君压装，并见己志。从此西垅南亩，当力自耕作，不涉官场，免与凡俗结下仇怨。至于吟咏之事，此后或不更作。戒诗如戒酒，既可以养气保身，又可以少惹是非，不知以为然否？质之凡兄。[②]

一

话别逢秋易感伤，满城烟景正苍凉。
布帆一角西风里，试问天边路短长。

二

悲欢离合证前因，何处桃源可避秦。
成败是非君莫问，扁舟归泛五湖春。

三

飘零远水托浮踪，此去天涯岂易逢。
一事离前偏约定，读书不再作官傭。

四

浊酒醇醪醉易醒，痴狂深悔太忘形。
与君同是飘零客，人海茫茫一叶萍。

五

好趁汐音放棹歌，唱酬莫问夜如何。
江城日暮秋风冷，始信人间恨事多。

六

天生傲骨自疏狂，梨枣早留姓字香。
我辈都非食肉相，何须弹铗客孟尝。

七

记曾连袂到桥边，香稻溪前听夜泉。
明日君归我独往，秋风江上忆征船。

八

寂寞荒弦久不弹，阳关唱罢恨难欢。
长烟落日边声起，对泣新亭泪未干。

午夜鸡窗共客身，蜚谣叠怨只供瞋。

归装莫叹清如水，留得残篇已不贫。

相对流连放掉迟，秋风如剪雨如丝。

明朝我亦揖帆去，江上无人送别离。

　　朋友辞别，居然引出作者"不涉官场""少惹是非""避秦""不再作官傭""何须弹铗客孟尝"等诸多感慨，显然已不能单以"送别朋友"来解释这些诗了。综观这些诗，作者既有对行将灭亡的国民党政权的哀叹，又有追随国民党政权"痴狂深悔太忘形"的自责，更有自表清高，不愿与人民政府合作而隐居江湖的意思。从序言里得知，焦桐其实是《横县日报》的编辑。一个受国民党政权庇护，经常编发"剿共"新闻，为国民党政权摇旗呐喊大吹大擂的人，眼看着国民党政权众叛亲离气息奄奄，共产党一呼百应势不可挡，能不惊恐、彷徨、逃避甚至拒绝吗？这些诗的价值在于道出了这样一类人复杂而又微妙的心态，所以具有典型意义，这是笔者阅读其他文学作品未曾见到的，值得玩味。

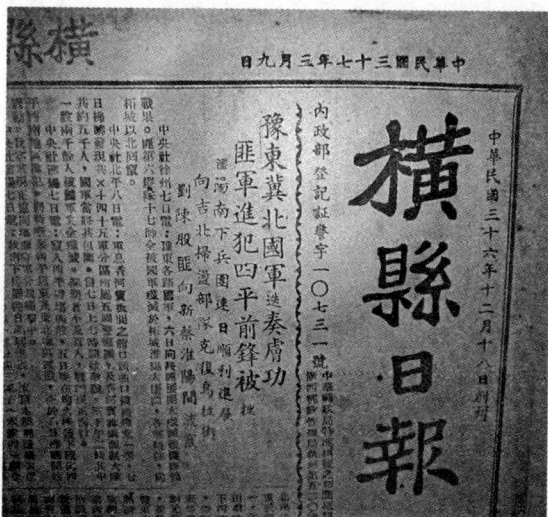

图1　民国三十七年（1948年）3月9日的《横县日报》（摄于广西图书馆馆藏的电影影像）

1949 年 12 月 4 日，人民解放军解放横县。《横县日报》连告别都没来得及说一声就呜呼哀哉了，前前后后面世仅两年时间。《横县日报》原有人员一刮两散：第一任社长莫蛟逃离南宁后被抓，于 1950 年 12 月 20 日被押回横县公审枪决；末任社长李宝初仓皇渡过郁江逃离横州街，在同宣乡平山村被人民解放军追上，束手就擒，于 1950 年 4 月 23 日押回横县公审枪决；原编辑部总编辑钟祖镠、副总编辑李道宁以及编辑焦桐皆杳无音讯不知所终，不知是否已经"放掉"江湖"飘零远水"；编辑滕永亮于解放后写《旧〈横县日报〉的始末》，交代《横县日报》的基本情况。看来，滕永亮确确实实弄明白了"千古江流去不回"的道理而掉过头来"客孟尝"了。

2015 年 2 月

2017 年 4 月修改

补记：本文曾于 2017 年 3 月在《茉莉花》刊发。退休教师李家琼电告作者，说焦桐就是李道宁的笔名，当年李老师的父亲与李道宁是朋友，知道李道宁的笔名。此外，退休教师韦轩、陆志华电告作者：钟祖镠是南乡竹莲村人，李道宁是南乡街人，两人都曾在横县龙门乡中心校教书。钟祖镠后来还到横县中学任教。李道宁解放那年曾住在横州港务站，后来搬去南宁港务局，再后就不知了。在此向李家琼、韦轩、陆志华三位老师致谢。

注：

① 此段话引自莫蛟的《横县县政府自卅六年十一月至卅七年四月工作总报告》。

② 本诗摘自广西图书馆用电影胶卷拍摄的 1948 年《横县日报》，由于年代久远报纸字迹模糊，加上拍摄效果不是很理想，有的字已经分辨不清了，只能以虚缺号"□"代之。

日本鬼为什么攻占横州街

1945年1月5日,日本鬼300多人进犯横县县城。横县抗日自卫队4000多人在四排岭阻击敌人。10日,日本鬼从宾阳出动步兵700人,骑兵60人增援四排岭。11日,抗日自卫队撤出战场,日本鬼占领横县县城——横州街。19日,日本鬼分3批退出盘踞7天的横县县城。

对于日本鬼退出横州街,后人多从自身的角度来解读,如横县党史办编写的《中共横县革命斗争史》(稿)说:

12日至19日,日军在县城城郊修筑工事,并曾一度乘木筏欲渡江攻击江南,被县抗日自卫队击退。

撤退至江南的横县抗日自卫队,以横县党组织掌握的西区抗日自卫联队、北区抗日自卫联队为主,加上各区抗日自卫联队,纷纷组织敢死队,三番五次地偷渡郁江潜入县城,机动灵活地开展夜袭战、偷袭战,给日军以沉重的打击。1945年1月19日,占据县城仅7天的日军不堪抗日自卫队四面开花的偷袭，不得不撤出县城，于19日上午分三批经校椅、陶圩、石塘向宾阳撤退，县抗日自卫队收复县城。

黄有接先生著的《铁血郁江》说：

日军这次进犯横县的十多天来，处处挨打，伤亡与日俱增，粮草紧缺，终日惶惶不安，米田大佐感到在横县绝不是久留之地，便于1月19日兵分三路拔营逃走……横县人民团结抗日，浴血奋战了20个日日夜夜，终于赶跑了万恶的日本侵略军，保卫了自己的家乡和亲人。

日本鬼侵占横州街肯定遭到人民的抵抗，这一点是毋庸置疑的。但是，军事是为政治服务的，军队不是流寇，"打一枪换一个地方"，它的进退并不完全取决于敌对一方的抵抗。比如日本鬼300多人面对横县抗日自卫队4000多人的顽强抵抗都没有放弃，反而增兵进攻，志在必得，攻入横州街后更不会因抗日自卫队小股人员的骚扰而退却；而占领横州街才7天就分3批退出，这些都说明其是有目的、有计划、有组织的军事行动。

再来看看日本鬼攻占横州街前的整个广西的军事形势。

《广西通志·军事志》1944年、1945年的大事记：

民国三十三年6月至11月，日军发动豫湘桂战役，以打通从中国到越南的大陆交通线。

11月，日军陷平乐、阳朔。至9日，永福、荔浦、贵县、武宣、修仁、象县、中渡、义宁、雒容、榴江、来宾、柳城等12县又相继沦陷。10日，桂林失陷。11日，柳州失陷。24日，南宁失陷。28日，驻越南的日军向桂南进攻，由谅山、同登入镇南关，陷凭祥。12月1日陷宁明、明江。2日，驻越南的日军由塔溪侵入水口关，与侵占凭祥的日军会攻龙州，发生激战，龙津失陷。8日至9日，崇善、扶南失陷。10日，侵占南宁的日军沿邕龙路南下，是日与由思乐北上的日军在绥渌县境会师。至此，日军打通其"大陆交通线"。

上述说的是豫湘桂战役中的广西战场日本鬼从北到南攻占

的城市及时间，从中可以知道，至1944年12月10日，日本鬼已经打通了从中国河南、湖南、广西（桂林—柳州—南宁）到越南的"大陆交通线"，实现了预设的军事目标，按说可以巩固战线，按兵不动了。但实际上日本鬼并没有停止进攻，反而于第二年的1月12日不惜代价攻占偏于"大陆交通线"主干道一隅、濒临郁江的横州街，这是为什么呢？

原来，日本鬼进攻广西，其目的一是打通广西境内的"大陆交通线"，二是打通自湖南到广西的"水上交通线"。或者说，这"大陆交通线"，包括了水陆两方面的交通，但《广西通志》没有说明。这"水上交通线"就是自湘江—漓江—桂江—浔江—郁江—邕江，当然也包括了与这条水上交通线相接的部分河流。以下是这"水上交通线"沿江主要县城被日本鬼攻陷以及被地方光复的时间：

1944年：

9月14日，全县（今全州县）陷落，次年8月光复；

21日，梧州陷落，次年8月光复；

28日，兴安陷落，次年8月光复；

29日，平南陷落，次年8月光复；

10月4日，藤县陷落，次年6月光复；

9日，桂平陷落，次年4月光复；

30日，灵川县陷落，次年8月光复；

11月1日，阳朔陷落，次年7月光复；

2日，平乐陷落，次年7月光复；

3日，贵县陷落，次年5月光复；

9日，柳城陷落，次年7月光复；

15日，象县（今象州县）陷落，次年6月光复；

24日，邕宁陷落，次年5月光复。

1945年：

1月12日，横州陷落，当月19日光复①。

日本鬼为什么攻占横州街

上述沿江县城，横州街是日本鬼最迟攻陷又最早撤出的沿江县城，其余的县城日本鬼据守最少也有半年之久，这也说明日本鬼攻占横州街只是一次临时性的军事行动，并无长时间占据横州街的打算。

同年4月，为加强华中、华北的军事行动，日本鬼开始由广西向湖南撤退[②]。俗话说，“兵马未动粮草先行”，而“粮草先行”相对安全而又高效的唯一通道就是水上交通线。也许日本鬼通过水上交通线时隐蔽性强，没有惊动地方；或许有重兵护航，敌我双方处于互相监视状态，没有摩擦起火。而地方上多见不怪，把它当回事记录下来的只有横县一条：

民国三十四年1月17日，日军船只40余艘，在两岸各约200名步兵的护送下，由永淳经横州顺郁江东下［《中共横县革命斗争史》(稿)］。

这40多艘船过了横州伏波大滩，即到了贵县水域，但贵县及其他沿江县城都没有记录。而即使摩擦起火，地方上做了记录，也是不完整的。如：

民国三十四年元月25日，几艘日本军械船从柳州下驶至大藤峡中段板罾角，被石龙乡中峡江等村抗日自卫队和群众近千人截击。毙敌百余名，军械船溜走（《桂平县志》）。

军械船自大藤峡中段逃脱溜走，最后到了何处，沿江县城也没有记载。又如：

民国三十四年2月5日，融县（今广西融水县）抗日挺进队在大扁州截击日军船队，缴获盐船十几艘，食盐2万多斤(《广西通志·军事志》)。

民国三十四年5月29日，驻融日伪军400余人，护送满载物资的23艘大船，沿融江往柳州撤逃。挺进队发动群众沿河布防截击，并联络何平部队和国民革命军一八八师别动队联合作战，经三昼夜激战，歼灭日伪军200余人，日军酋长今野一男被打死于船上，并缴获大批物资（《融安县志》）。

上述两例都是记载一个地方的阻击战，而逃脱的日军和船只究竟逃向哪里，结果如何，其他沿江县城都没有记载。但所有这些对于本文的论题来说并不重要，重要的是，这些记载证明了"水上交通线"的存在，也说明日本鬼早在1945年1月就开始通过水上交通线向北撤走军用物资了，而日本鬼侵占横州街，目的无疑就是确保1月17日这40多艘运送重要物资的船安全通过横州，完成任务以后即撤走，并非"不得不""逃走"。撤退行动之所以延至19日，最可能的原因一是因为几十艘船过伏波滩至少需大半天；二是需等船队走远，确认抗日武装没有尾随追击才撤走。

2015 年 10 月 20 日

注：

① 这些沿江县城陷落及光复的时间均引自相关县志。

②《广西通志·大事记》载：民国三十四年4月28日，入侵广西的日军奉命撤出，人员物资开始北运，以加强华中、华北的侵略。

郁江在咆哮
——为纪念抗战胜利七十周年而作

一声罪恶的枪声，打破了宁静的夜空。

1937 年 7 月 7 日深夜，日本鬼子在北平西南的卢沟桥附近，以军事演习为名，突然向中国驻军第二十九军发动进攻。

第二十九军奋起抵抗。

枪炮轰鸣，血肉纷飞。全国抗战，以血淋淋的方式拉开了悲壮的大幕。

在民族危难时刻，中国共产党挺身而出，站到了抗战的前沿。第二天，中国共产党向全国发出《中国共产党为日军进攻卢沟桥通电》，指出只有实行全民族抗战，才是中国的出路，号召全国人民、军队和政府团结起来，筑成民族统一战线的坚固长城，抵抗日寇的侵略。

风在吼，马在叫，黄河在咆哮……

河西山冈万丈高，河东河北高粱熟了，万山丛中抗日英雄真不少，青纱帐里游击健儿逞英豪。端起了长枪洋枪，挥动着大刀长矛。

保卫家乡。

保卫黄河。

保卫华北。

保卫全中国。

黄河上下，大江南北，回荡着那个时代的最强音，那是
四万万中国人民誓死抗战的冲天一吼！

血与泪的记忆

郁江两岸，同样回荡着罪恶的枪声。

1939 年 8 月 1 日，两架日寇飞机两次窜入横县县城横州街
上空，投下数枚炸弹，炸毁震坍商铺民房 20 多座。一男子被炸
死在县城东门口处。一药房老板的儿子被当场炸死，另一名伙
计被炸断腿，第二天因失血过多而死亡。

11 月 12 日，日机袭横州城，炸毁、炸坏一批民房和校舍，
约 1 公里的街道被炸坏。一名从校椅乡到县城赶集的农民被炸死，
他的小孩出生才 5 天。

同日，日寇飞机在县城郊区上空盘旋，在县城附近的郑屋
村掷下 3 枚炸弹，炸毁民房 3 间，其余民房屋顶的瓦片被震掀。
村人大都跑到外面防空洞躲藏，一村民的妻子卧病在床没能跑
出去，房屋被炸坍，一根屋梁砸到她床上，第二天便死去。一
位老人因年老没跑出去而被炸伤，不久也死去。

11 月 19 日，3 架日机从灵山县陆屋方向入侵横县县城狂轰
滥炸，往县城商业区的西街投放燃烧弹，烧毁商铺及民房 22 间。
炸毁县城码头对岸江面停泊着的 2 艘空客船。

12 月 4 日，日机再次轰炸横县县城，位于县城迎宣门附近
的县金库、县农管处等机关单位被炸，房屋倒塌，一批公私财
物被毁坏。

1940 年 8 月 31 日，1 架日机由永淳县飞至横县县城盘旋后
飞至校椅圩肆虐，复飞县城上空，投下 3 枚炸弹，炸毁公馆 1 座，

房屋 2 间。

10 月 20 日至 23 日，南乡镇南街、圩尾街、南园坪、排方街等处相继遭日机轰炸。一艘停泊在南乡河段上的运油船被日机轰炸起火，大火燃烧两天两晚，浓烟滚滚，遮天蔽日。

10 月 23 日，6 架日机袭扰横县县城上空，向县城东门一带发射机枪弹 200 余发。

25 日，1 架日机从横县东南方向窜入县城上空，在东郊盘旋后向东沿郁江飞去。

1939 年 8 月至 1941 年 8 月，横县县城、南乡、大同、江口、站圩、校椅及永淳县县城、甘棠、南阳等，先后被日机轰炸 21 次。

1940 年 3 月 18 日至 25 日，日寇坂垣师团第五近卫旅团 4000 余人（骑兵 2000 人、步兵 2000 余人），从广东灵山县旧圩、烟墩 2 个方向侵犯横县南区的禄嘉（今属灵山）、大同、蔡板、冷水、龙门、桥笪、南乡、飞龙、上灵、独竹、陈宣等 11 个乡。在冷水乡木林麓的山野中发现数百乡民在躲避，遂强令乡民分男女排列，将一女子强奸；在龙门乡新城村江边用机枪射杀推船的村民 12 人，制造了骇人听闻的"龙门乡惨案"。

南乡街在民国时期是横县四大古圩镇之一，又是南区区公所驻地、郁江段港口商业重地，全圩镇有 1000 多户住户。日寇侵入南乡街，居民们事先得到区公所警报，大部分已跑到山区老林中或岩洞中躲避。日寇逐户破门而入，把群众的粮食、禽畜及其他物品搜掠一空，吃不完或带不走的就肆意捣毁。因逃离不及或老弱病残走不动的人惨遭杀害：街民李某被日寇用刺刀刺死；老人何某和一街民被日寇推入火堆活活烧死；黎某伯父的母亲上前阻拦日寇焚烧房屋，被推入火中烧死；一名 80 多岁的老太太跪求日寇不要烧房屋，被日寇残暴地殴打，不到 10 天因伤痛死去；一街民被日寇拉去带路，后惨遭杀害。

21 日，临撤走的日寇丧心病狂，纵火焚烧南乡街，整个街圩火烟滚滚，全街 95% 的店铺民房及南区区公所、南乡镇公所、南乡中心小学均遭焚毁，共焚烧房屋1125间，价值国币502495元；抢劫和焚烧粮食6.6万公斤，价值国币13043元；抢劫牲畜335头，价值国币6496元；家私杂物一批，价值国币237373元……

繁华的南乡街顿成焦土。

横县中学何一萍老师目睹日寇劫后的惨象，写诗《日寇劫后》记下浩劫之后的千里荒芜万户萧疏：

> 风号大树天将老，日落荒江平野寒。
>
> 几处草原飞野火，千家茅屋掩柴关。
>
> 狐狸衔骨趋新冢，村犬冲烟吠远帆。
>
> 江上于今无履迹，轻舟何日载人还？

日寇对横县、永淳县的狂轰滥炸和入侵杀戮，造成横县和永淳县的老百姓伤亡惨重，财产遭受严重损失。据统计，自1939年8月1日起至1945年1月止，日寇两次入侵横县、永淳县，炸毁和焚烧民房4046间（其中永淳县1926间），枪杀、炸死、烧死4402人（其中永淳县1610人），炸伤杀伤1684人（其中永淳县592人），因日寇入侵病死饿死5676人，失踪1298人，被炸毁破坏的公路641公里（其中永淳县247公里），两县遭受破坏损失的乡（镇）共40个，村（街）291个，损失总价值国币456241.6万元（其中永淳县179715.74万元）。

郁江在咆哮

> 一自腥风薄海寰，中原泪痕血斑斑。
>
> 生民去国余焦土，忠骨埋丘守故关。
>
> 大局尚存雄业在，青山应唤国魂还。
>
> 同心同德齐蹈厉，四万万人卷巨澜。[①]

日本侵略者的暴行，激起了横县人民的坚决反抗。在百姓受难，民族危亡之际，中共横县党组织挺身而出，发动和领导全县各界人民，同仇敌忾，奋起抗击日本侵略者。

横县抗战烽烟四起之时，中共横县特支按照中共广西省工委关于“各地要积极发动群众，在日寇入侵期间，大力开展游击战争”的指示，认真贯彻中共中央关于抗日民族统一战线的政策，切实有效做好横县各阶层的统战工作。通过关系接近时任横县县长、民主人士张树春，团结和争取横县国民党高层人物和中下层官员，推动成立横县战时督导委员会和战时工作队，结成了最广泛的抗日民族统一战线，动员全县人民共同抗日。

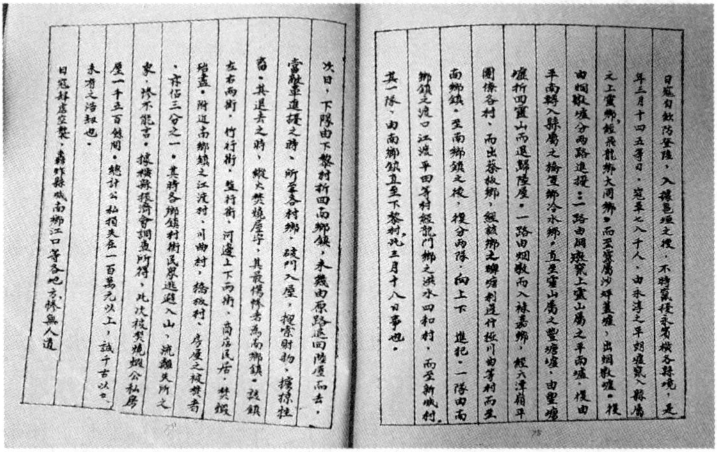
日寇自欽防登陸，入據邕垣之後，不時竄擾永淳橫各縣境。是年三月十四五等日，寇卒七八十人，由永淳之平朗墟竄入縣屬之上蜜鄉，經飛龍鄉大同鄉，而至岑鷹鄉沙坪蓋墟，出烟墩墟，復由烟墩墟分兩路進擾：一路由岡坡上蜜山鄉之平南墟，復由平南鄉入縣屬之橋至鄉冷水鄉，直至寶山鄉之豐塘墟，由豐塘墟折回寶山而退歸陸屋；一路由烟墩而入林嘉鄉，經六漳蒲平圍條各村，而出蓉板鄉，經該鄉之蟬塘利達竹梹川由等村而至南鄉鎮，至南鄉鎮之後，復分兩隊，向上下進犯，一隊由南鄉鎮之渡口江坡平田等村經龍門鄉之淥水四和村，而至新城村，其一隊，由南鄉鎮直至下黎村，此三月十八日事也。

次日，下隊由下黎村折回南鄉鎮，未幾由原路退回陸屋而去。當敵軍進擾之時，所至各村鄉，破門入屋，搜索財物，擄掠牲畜。其退去之時，縱火焚燒屋宇，其最慘烈者為南鄉鎮。該鎮左右兩街，竹行街，鹽行街，河邊上下兩街，商店民居，焚燬殆盡。附近南鄉鎮之江流村，川曲村，橋頭村，房屋之被焚者，亦佔三分之一。其時各鄉鎮村街民眾逃避入山，流離失所之家，慘不能言。據橫縣振濟會調查所得，此次被焚燒燬公私房屋一千五百餘間，總計公私損失在一百萬元以上，誠千古以來未有之浩劫也。

日寇時派空襲，轟炸縣城南鄉江口等各地方，慘無人道

图 1　1943 年的《横县志》记载日寇侵犯横县南乡等地的暴行

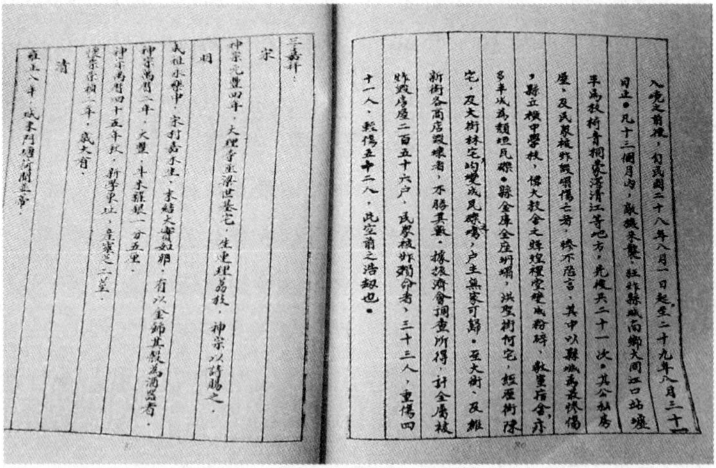
入寇之前後，自民國二十八年八月一日起至二十九年八月三十一日止，凡十三個月內，敵機來襲，狂炸縣城南鄉大同江口站墟平馬校椅青桐蒙涌清江等地方，先後共二十一次。其公私房屋，及民眾被炸毀傷亡者，慘不忍言，其中以縣城為最慘傷，縣立橫中學校，儒大教會之輝煌禮堂，變成粉碎，數重宿舍，亦多半成為頹垣瓦礫。縣金庫全座崩塌，洪聖街何宅，姬壓街陳宅，及大街林宅，均變成瓦礫場，戶主無家可歸。至大街、及雜新街各商店毀壞者，不勝其數。據振濟會調查所得，計全屬被炸毀房屋二百五十六戶，民眾被炸殞命者，三十三人，重傷四十一人，輕傷五十二人，此空前之浩劫也。

三嘉軒：

宋

神宗元豐四年，大理寺丞梁世基宅，生連理荔枝，神宗以詩賜之。

明

太祖洪武中，宋村嘉禾生，一莖九穗如雨，有以金飾其穀為酒器者。

神宗萬曆二年，大豐，斗米錢銀一分五厘。

神宗萬曆四十五年秋，新學東址，產靈芝二莖。

懷宗崇禎二年，歲大有。

清

雍正八年，……

图 2　1943 年的《横县志》记载日寇飞机轰炸横县县城及南乡、站圩、平马、校椅等地的暴行

通过多种形式宣传动员，发动群众，控诉日寇的滔天罪行，全县积极开展抗日救亡宣传，四处张挂"抗日救国，人人有责""有钱出钱，有力出力，有枪出枪，保卫家乡"等巨幅标语；出版墙报，画漫画；和横县中学的师生一起，在县城和百合、校椅、南乡等乡镇宣传演讲抗日形势，揭露日本侵略者在中国犯下的种种暴行，激发民众抗日救国保卫家乡的热情；演唱《义勇军进行曲》《到敌人后方去》等抗日歌曲，演出《放下你的鞭子》等街头剧；还发动商人捐款，在横州维新戏院义演《凤凰城》等抗战话剧，募捐义演所得寄往前线，慰问抗日将士和在战时受残害的百姓。当时横县中学学生军出征歌就唱响郁江两岸，激励人们投身抗战：

青年意志最刚强，左执诗书右握枪。

辞别母校打鬼子，拼洒热血战沙场。

全县许多乡村成立救亡联社、诗社或者宣传社，在全县开展以抗战为主题的征联征诗活动。

南乡抗战联社第一场征联联首是：预约中秋同醉月。

冠军对句为：

肯容全汉碎沦瀛。

评师批曰：

中华立国早文明，入贡夷邦各献诚。

近有倭奴反侵略，肯容全汉碎沦瀛。

又如南乡救亡联社第四场征诗，诗题为：感怀。

冠军诗：

屐痕今已遍神州，猿鹤沙虫满地愁。

挥泪谁怜箕子痛，关心我亦杞人忧。

中原北望惊烽火，武汉南归涕泗流。

家园凄凉多少恨，胡笳彻耳怕登楼。

评师批曰：

河山破碎时事艰难，慷慨悲歌伤心人，别有怀抱。

亚军诗：

> 东北西南烽火狂，故都回首实彷徨。
>
> 倭夷暴虐畴能忍，华胄声威从此张。
>
> 避世桃源心莫醉，沼吴蓼苦胆须尝。
>
> 军民合作非容缓，一致歼仇复故疆。

评师批曰：

唤起同胞共同救国，坚其长期抗战之决心，冀收最后之胜利，作者语重心长。

殿军诗：

> 有女怀春夜不眠，欢情深感别遥天。
>
> 却缘救国身居外，何惧冲锋力向前。
>
> 一日九回肠欲断，千愁万虑梦长牵。
>
> 愿郎此去歼仇敌，克复神州奏凯旋。

评师批曰：

绿杨写怨，红豆关情，意复缠绵婉转，正如织锦回文。

第五名：

> 有身谁肯屈茅间，满目战云岂等闲。
>
> 马革裹尸男子志，誓歼倭寇复河山。

评师批曰：

英雄豪杰正好趁此时机杀贼立功，收复失地，为国争光，方不愧为真男子。

第八名：

> 敌机不歇向华飞，轰炸无辜实可非。
>
> 警报一闻忙走避，遭殃区域痛流离。

第九名：

> 闲步檐前视四维，欲吟好句未成题。
>
> 忽闻喜雀声和噪，料是前方奏凯归。

第十名：

> 密迩西南处积薪，燎原火到定烧身。
>
> 及今扑灭犹非晚，拼作焦头烂额人。

在纪念抗战胜利的特殊时刻，诵读这些充满正气的诗联，人们能不感慨有加吗？

下面图片里的资料，除《横县县志》外，均由横县收藏家符春生先生提供。感谢符先生，因为他收藏的不仅仅是诗歌对联，更是横县的珍贵历史！诗为心声，让我们一起从摘录的诗歌对联中寻觅燃烧在字里行间的烽火云烟，感受横县人民的所忧所恨所盼，见证横县人民不屈的抗争意志。

校椅兴也吟社第二场征联联首：却为攻书忘暑热。（见图3）冠军对句：

一经洗甲庆时清。

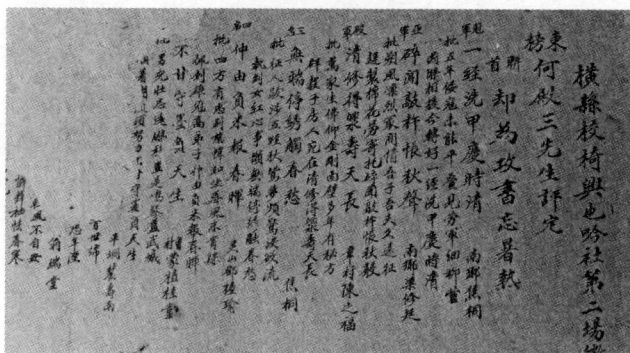

图3 1941年8月，校椅兴也吟社征联揭晓榜

南乡抗战联社第九场征联联首：梅为争开常赛雪。（见图4）亚军对句：

竹传捷报共欢天。

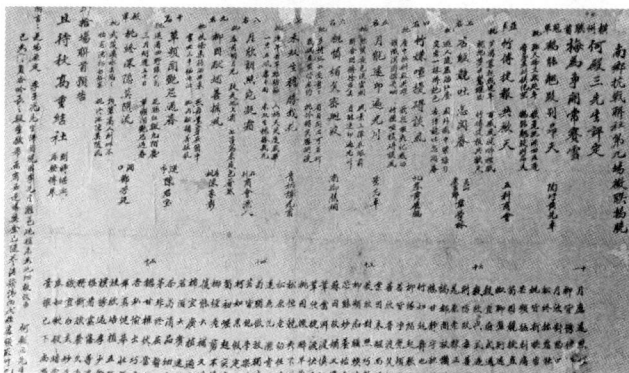

图4 南乡抗战联社第九场征联揭晓榜

禄嘉宣传诗社征诗诗题：秋夜。（见图5）

应征诗：

> 月明霜冷觉深秋，每忆中原使我愁。
>
> 北地烽烟犹未息，祖生何日赋归舟。
>
> 唧唧虫声四野秋，萧萧独枕夜悠悠。
>
> 更闻笛响三更月，倍感河山万里愁。

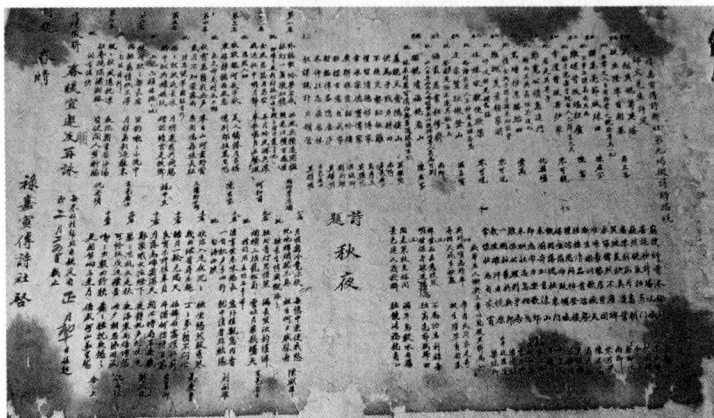

图5　禄嘉宣传诗社征诗联揭晓榜

香溪诗社征歌（见图6）：

> 日本鬼子无理由，疯狂轰炸我横州。
>
> 唤声民众齐捐献，买架飞机去报仇。

> 筹捐一县一买机，御敌良策最适宜。
>
> 赶紧捉蛇浸酒吃，黄龙痛饮定不迟。

> 捐钱买机心要勇，买得飞机就反攻。
>
> 猪脑放入烘油镬，把尼倭寇尽炸溶。

> 大家热心来捐资，多买千万架飞机。
>
> 飞渡扶桑如撒网，全罗日本尼虾夷。②

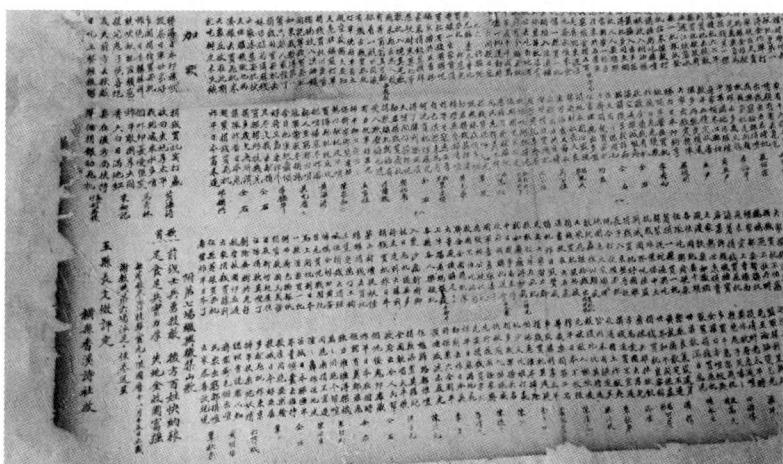

图 6　横县香溪诗社征歌揭晓榜

　　民国时期，横县许多乡村因山林土地纠纷或两村之间的琐事长期争执不休，村与村之间经常爆发械斗甚至枪战，为此各村都购置枪支。为发动民众抗敌，中共横县党组织派出党员，与战工队员一道，深入农村，说服村民，摒弃怨恨，团结一致，共同御敌，将械斗武装改造成抗日自卫武装，枪口对外，保家卫国。

　　横县龙舟竞赛会征歌歌题：劝止械斗。（见图 7）

　　应征歌：

　　　　　夫尔要打打日本，同胞械斗做乜西。
　　　　　三伏太阳当头照，苗械暴日来睇低。③

　　　　　劝伝同胞莫争斗，专向日本打对头。
　　　　　会众拮钊倒菩萨，铲到东京鬼不留。④

　　　　　劝声同胞喵械斗，就是打赢冇得功。
　　　　　太阳出山捉贼子，能擒日寇正威风。⑤

竹竿将来挂粟米，同胞切莫动干戈。

宁愿从军去杀敌，收复河山唱凯歌。

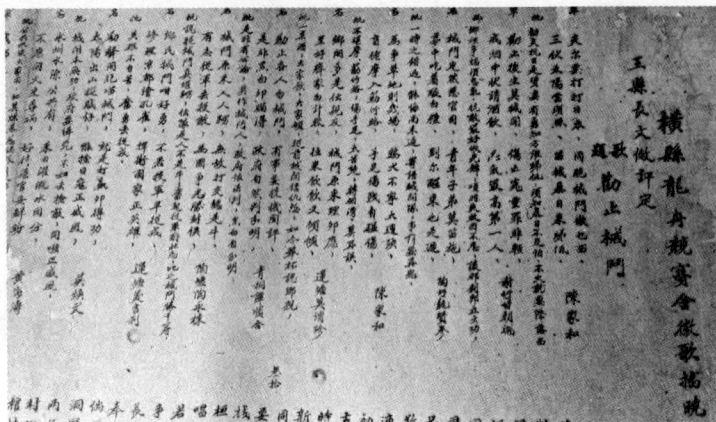

图7　1942年9月30日，横县龙舟竞赛会征歌揭晓榜

　　在抗击日寇入侵的武装斗争中，中共横县地方组织带领由党组织发动建立起来的全县各地抗日自卫队参加战斗，共产党员冲锋在前，英勇作战，成为抗日自卫队的核心力量。

　　1944年12月14日—18日，横县在县境内伏波滩下段打响了著名的"镇江之战"，歼日寇80余人，击毙日寇大队长度部市藏，击沉敌船7艘。

　　滔滔郁江成为日寇的葬身之渊。

　　1945年1月5日—11日，横县在县境四排岭英勇阻击日寇1300多人，歼日寇120余人，击伤40余人。

　　"镇江之战"和"四排岭阻击战"是广西没有正规军参战，由横县抗日自卫武装和民众独力抗击日寇并取得重大胜利的战斗。为抗击日寇，横县抗日自卫队牺牲33人，负伤63人。横县人民以大无畏的精神，沉重地打击了日寇的嚣张气焰，在横县的历史上镌刻了可歌可泣的壮烈篇章。

　　战后，广西省政府授予横县"抗战模范县"称号。

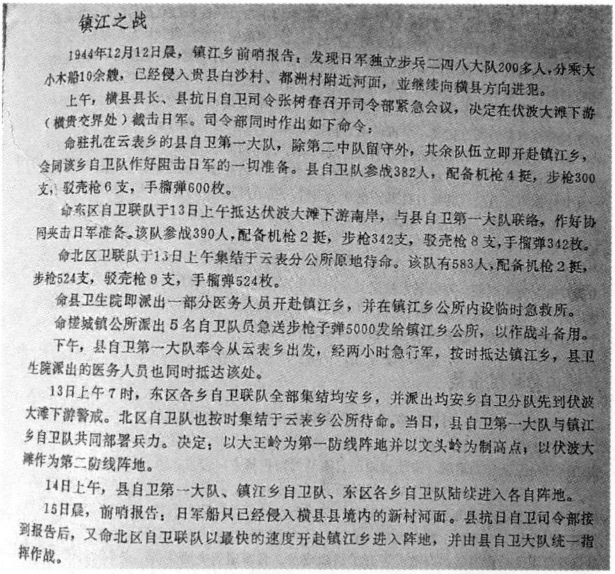

镇江之战

1944年12月12日晨，镇江乡前哨报告：发现日军独立步兵二四八大队200多人，分乘大小木船10余艘，已经侵入贵县白沙村、郁洲村附近河面，并继续向横县方向进犯。

上午，横县县长、县抗日自卫司令张树春召开司令部紧急会议，决定在伏波大滩下游（横贵交界处）截击日军。司令部同作出如下命令：

命驻扎在云表乡的县自卫第一大队，除第二中队留守外，其余队伍立即开赴镇江乡，令同该乡自卫队作好驱击日军的一切准备。县自卫队参战382人，配备机枪4挺，步枪300支，驳壳枪6支，手榴弹600枚。

命东区自卫联队于13日上午抵达伏波大滩下游南岸，与县自卫第一大队联络，作好协同夹击日军准备。该队参战390人，配备机枪2挺，步枪342支，驳壳枪8支，手榴弹342枚。

命北区自卫联队于13日上午集结于云表乡分公所原地待命。该队有583人，配备机枪2挺，步枪524支，驳壳枪9支，手榴弹524枚。

命县卫生院即派出一部分医务人员开赴镇江乡，并在镇江乡公所内设临时急救所。命提城镇公所派出5名自卫队员急送步枪子弹5000发给镇江乡公所，以作战斗备用。

下午，县自卫第一大队奉令从云表乡出发，经两小时急行军，按时抵达镇江乡，县卫生院派出的医务人员也同时抵达该处。

13日上午7时，东区各乡自卫联队全部集结均安乡，并派出均安乡自卫分队先到伏波大滩下游警戒。北区自卫队也按时集结于云表乡公所待命。当日，县自卫第一大队与镇江乡自卫队共同部署兵力。决定：以大王岭为第一防线阵地并以文头岭为制高点，以伏波大滩作为第二防线阵地。

14日上午，县自卫第一大队、镇江乡自卫队、东区各乡自卫分队陆续进入各自阵地。

15日晨，前哨报告：日军船只已经侵入横县县境内的新村河面。县抗日自卫司令部接到报告后，又令北区自卫队以最快的速度开赴镇江乡进入阵地，并由县自卫大队统一指挥作战。

图8　1989年出版的《横县县志》记载"镇江之战"

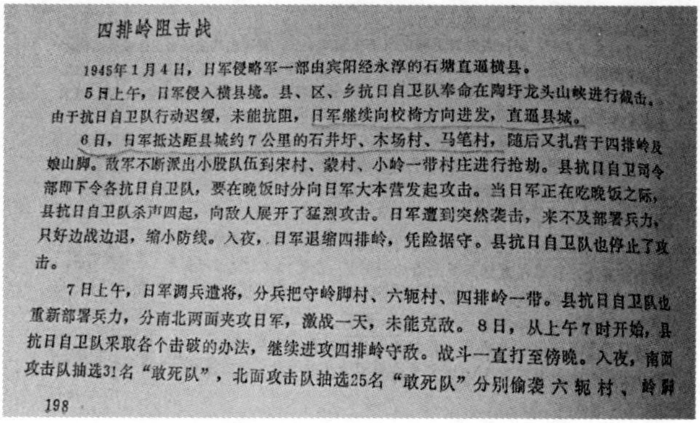

四排岭阻击战

1945年1月4日，日军侵略军一部由宾阳经永淳的石塘直逼横县。

5月上午，日军侵入横县境。县、区、乡抗日自卫队奉命在陶圩龙头山峡进行袭击，由于抗日自卫队行动迟缓，未能抗阻，日军继续向校椅方向进发，直逼其城。

6日，日军抵达距县城约7公里的石井圩、木场村、马笔村，随后又扎营于四排岭及娘山脚。敌军不断派出小股队伍到宋村、蒙村、小岭一带村庄进行抢劫。县抗日自卫司令部下令各抗日自卫队，要在晚饭时分向日军大本营发起攻击。当日军正在吃晚饭之际，县抗日自卫队杀声四起，向敌人展开了猛烈攻击。日军遭到突然袭击，来不及部署兵力，只好边战边退，缩小防线。入夜，日军退缩四排岭，凭险据守。县抗日自卫队也停止了攻击。

7日上午，日军调兵遣将，分兵把守岭脚村、六轭村、四排岭一带。县抗日自卫队也重新部署兵力，分南北河面夹攻日军，激战一天，未能克敌。8日，从上午7时开始，县抗日自卫队采取各个击破的办法，继续攻打四排岭守敌。战斗一直打至傍晚。入夜，南面攻击队抽选31名"敢死队"，北面攻击队抽选25名"敢死队"分别偷袭六轭村、岭脚

198

图9　《横县县志》记载"四排岭阻击战"

第二次世界大战是日本伙同德国和意大利等轴心国为重新瓜分世界而发动的战争。中国、美国、英国等国是反侵略的同盟国。在亚洲主战场，中国奋力抗击日本侵略者10多年，以3500多万人空前巨大的牺牲和无以计数的财产损失为代价，拽住了日寇占领中国称霸亚洲西进与欧洲战场德国法西斯会合的铁蹄，居功至伟，牺牲至巨，伤痛至深。

在同盟国的沉重打击下，1943年7月，欧洲战场意大利

法西斯政权垮台，1945 年 5 月 8 日，德国法西斯无条件投降，1945 年 8 月 15 日，日本法西斯无条件投降，侵华日寇终于被迫放下屠刀，低下了罪恶的头颅。

中国人民和世界反法西斯阵营取得了最后的伟大胜利！

惨痛的教训

时隔 70 年，回望那段血与泪的往事，觉得有太多的教训应该吸取。专家们也在严谨地论说，诸如"落后论""武器论""策略论""体制论"等，听来都有道理。

那么，当时的横县人是如何看待这段历史的？

还是从他们的遗诗遗联里寻觅答案吧，毕竟，那是他们唯一留存在世的曾经的诉说与呐喊。

1939 年 6 月，南乡救亡联社向全县征联征诗，诗题是：感怀。有人赋诗应曰：

> 怎觅桃源一避秦，芸芸怕做乱时人。
>
> 魏军将入阴平险，蜀主休夸剑阁新。
>
> 屈膝有人贪紫绶，放眸无地不黄巾。
>
> 伤心最是登楼处，愁耳哀嗷诉难民。

"魏军将入阴平险，蜀主休夸剑阁新"，以古喻今，矛头直刺执政当局。

评师王缉熙（即王师文）老先生大为感慨，批曰：感时伤事，情见乎词，写来墨迹疑有泪痕。

征联的联首是：边患未平休息马。有人以"营私无已臭钻蝇""田荒辛耨反饥蚊"对之。王缉熙老先生评为第三名、第七名，赋诗评曰：

> 肠肥脑满福荣膺，态度居然像贤能。
>
> 谁识寡廉还鲜耻，营私无已臭钻蝇。

豺狼狐鼠各成群,专吸民脂把利分。

弄得农村成破产,田荒辛糯反饥蚊。

当年,横县益寿堂向全县民众征联,联首是:体健仍须添补药。

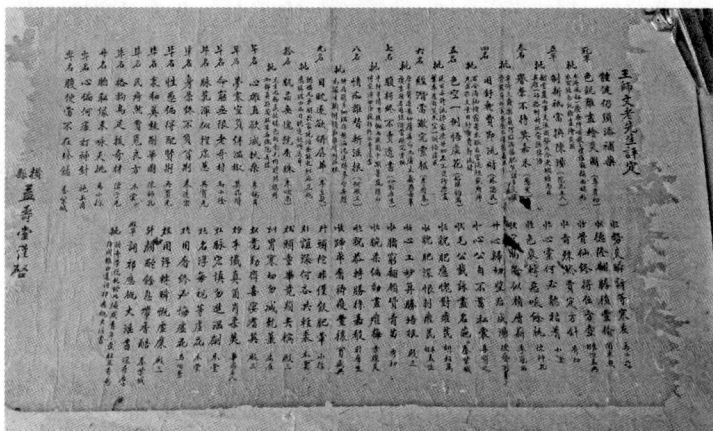

图10　横县益寿堂征联榜

有人以"色饥难尽绘灾图""制新只当换陈汤""目眈遂欲并孱华"对之,评师王师文老先生极为欣赏,分别评为冠军、亚军和第七名,且赋诗三首,把对句的意思挑明:

水淹风劫一尘无,待哺嗷嗷望谁苏。

鹄面鸠形衣百结,色饥难尽绘灾图。

翻云覆雨事更张,国势如今更蜩螗。

南北英雄一丘貉,制新只当换陈汤。

阋墙兄弟斗于家,统治无能乱似麻。

虎视鹰瞵环四面,目眈遂欲并孱华。

这三首诗把旧中国的苦难尤其是专吸民脂弄得农村破产的人祸暴露得清清楚楚，就差没有指名道姓了。那些豺狼狐鼠，把国家弄得如此凋敝孱弱，怎能不被虎狼环伺，怎能不被外敌欺辱，又怎能抵御强敌入侵呢？

"统治无能乱似麻"，这一声呐喊，发自历经沧桑磨难的横县老先生之口，堪如半夜乱钟，发聋振聩；犹胜悬河决口，动魄惊心！

"至论本求编简上，忠言乃在里闾间"，诚哉斯言！

没有结束的"结束语"

纪念抗战胜利，不是为了展示伤疤和悲情，赚取别人的泪水和怜悯，更不是为了博取掌声，而是要唤起人们痛定思痛的记忆。这个记忆越清晰，历史的悲剧越不会重演。尤其是在日本死不认罪，公然参拜供着侵华战犯骨灰的靖国神社，修改和平宪法，解禁自卫权的今天。

纪念抗战胜利，是为了铭记惨痛的历史教训，珍惜几千万人流血牺牲换来的和平，开创美好未来。

纪念抗战胜利，要求我们持之以恒扎扎实实练好"内功"，真正迈向富民富国强兵之道，用强大的国防震慑外敌，用实力保护百姓平安，用实力捍卫国家统一，用实力维护世界和平！

在举国欢庆抗战胜利七十周年的时候，让我们重温亲历抗战岁月、参加过昆仑关前线支前工作的那阳人李荣旷在日寇投降的当年写的诗，他们那一代人，对日本帝国主义的侵略本性有着入木三分、一针见血的认识：

日寇投降有感

乙酉岁八月，日本无条件投降，大快人心，举国庆贺。然日寇野心未死，国人尚须百倍警惕。

八年血战败东瀛，遗孽野心未死清。

岂可南山全放马？不能武库总归兵。

风在吼，马在叫，黄河在咆哮……

写于 2015 年 8 月 15 日

完稿于 8 月 20 日

注：

①何一萍诗，发表在由横县中共党员撰稿编印的《南路》上。南路指横县江南的南乡、平塘江一带，当时是横县抗日的前线。

②尼：这些；虾惹：虾子。

③乜西：什么；苗械：不让；睇：看。

④挎：肩扛；钊：一种像铲子的农具。

⑤喵：不要；卵：没有。

参考书目：

《中国共产党横县历史》，横县党史办编。

此邦应重谢侯传

——清《横州志》读后感

清《横州志》编修于清乾隆十一年（1746年），是横州第一部官修的地方志书。由当时的知州谢钟龄主编，其同乡朱秀主笔，横州儒学学正陆生楷、儒学训导吴惟馨协刊，参与者有横州本地的官员、举人、贡生以及廪膳、增广生员等32人，皆一时翘楚。志书历经5个月成编。清光绪二十五年（1899年）重刻，1983年横县内部发行简体字本。

图1　清光绪二十五年（1899年）重刻的清乾隆版《横州志》残本（横州蒙宗潜收藏）

图 2　1983 年发行的
简体字版清乾隆《横州志》
（横县端书图书馆藏书）

　　清《横州志》的编写有着很好的外部条件。明朝重视修志，官修志书有《大明一统志》以及各地部分州县志书。私人编纂的地方志也不少，记录地方风土物宜的游记类著作更是不胜枚举。清朝也很重视修志。早在清康熙二十二年（1683 年），距入关才 39 年，清廷便命令各省设通志局修通志，两年后朝廷又下令各府、州、县组织编写志书。省更屡屡催促府、州、县上交地方志书以佐通志编写。各地于是纷纷紧急行动编修志书。到乾隆十一年（1746 年）编写《横州志》时，《广西通志》等志书已成编，可供参考的州县地方志不少。更重要的是横州在宋朝、元朝就分别编有《横州旧图经》《横州路郡志》。明朝时横州人黄济〔明成化十三年（1477 年）中举，曾任廉州府学教授〕退休回家创修《横州志》。后来横州人陆舜臣（正德丙子年举人，曾任雷州司马）在此基础上续写成《横州志》[①]，并被清初著名藏书家黄虞稷收藏。黄虞稷在他的私人藏书记录《千顷堂书目》里说，陆舜臣的《横州志》"嘉靖庚申年修"，嘉靖庚申年即 1560 年。陆舜臣的《横州志》后来又经横州举人甘若馨修改续写，前朝的资料得以保存，为清人编志书提供了便利。清《横州志》引用了旧志许多材料，明示者例如《形胜》《气候》

《戎备》等篇，明朝及以前的资料，大都引自这些旧志稿。

那么，清人编写的《横州志》有什么特点，又有什么不足呢？先说特点。

一、比较全面地记录了横州当时的自然生态和社会形态，涉及政治、经济、军事、教育、文学、人物等等方面内容。

《横州志》共分十二卷。

前四卷从图经、形胜、沿革到星野、气候、山川、图里（横州地方自治组织）、圩埠、关津等，均有较为详细的记录。在《形胜》篇里，列举了横州八景。横州八景应该是黄济、黄文黼父子俩及陆坚、陆嘉鲤父子俩等人弄出来的，因为最先以八景的名称作为诗歌题目的就是陆嘉鲤他们。如陆嘉鲤［明弘治五年（1492年）中举］写《乌蛮积翠》《钵岭春游》《宝华朝烟》《天窟归云》，黄文黼（1495年中举）写《槎亭秋眺》，任信［明弘治二年（1489年）中举］写《紫水呈祥》，甘义［明成化元年至明成化二十三年（1465—1487年）间贡生］写《海棠暮雨》，陆舜臣［明正德十一年（1516年）中举］写《钵岭春游》，陆汤臣［明嘉靖十年（1531年）中举］写《海棠暮雨》，莫子麟［嘉靖十年（1531年）中举］写《月江澄练》，明万历四十四年（1616年）任横州知州的刘子诚也以《海棠暮雨》为题写诗。在他们之前虽然有人写过这些景点的诗，但都没有以此为题的。陆坚的孙子陆舜臣在晚年整理和编辑《横州志》时把"横州八景"编入书中。

第五卷为防抚志，主要叙述剿灭土匪、平息盗贼、安抚百姓等情况。如明人甘若馨的《弭盗论》就提到当时的保甲之法，即十家为一甲，每甲自相纠察。发现有做贼的，自行捕捉送官，否则事发连坐；有劣迹而尚能教育者，在官府备案，并经常监查其人去向报甲长记录。清朝则是在河道上设关卡，由左江镇标前营派兵派船负责巡守。民团则指定练长负责，地方狼团指定狼目负责。要求练长、狼目时常清查户口，每月初一、十五到州府报告备案。保甲法当然不是明人首创，但对后世影响相当大。

第六卷是户产志，叙述人口、田赋征收办法，各项公用开支，盐和谷的营销与储存各类物产。从盐的经营中可以看到横州与广东的联系。公用开支则从知州的俸禄到鼓吹手、轿夫、撑伞打扇的、看门人的工资，从祭拜文庙等的香火银到救济孤贫的钱米，都一一开列。

第七卷是学校志，叙述横州教育发展及其经济来源的情况。特别详细介绍孔夫子年考及丁祭的典礼。丁祭从条约、祭器到程式乃至音乐舞蹈，都做了详细的记录。丁祭时间分别在每年的春二月和秋八月的第一个丁日。典礼至为隆重和讲究，主祭由知州担任，学正、训导、吏目及武官等官员陪祭。祭前三日致祭者须斋戒，前一日全体集中到学宫（又称文庙，孔庙与学校合一，孔庙为官祭，学校为官办，旧址在今县武装部）斋宿，沐浴更衣并检查祭品，毋使有遗漏或不足。丁祭程式分为六个步骤：迎神（迎接孔子神灵），初献、亚献、终献（共三献，向孔子献词、献祭品等），彻馔，送神（恭送孔子神灵）。每个步骤都配以音乐舞蹈。这些要求和程式均由礼部制定颁布，凸显朝廷尊孔崇儒和学校教育莫重于典礼的理念。

第八卷为秩祀志，叙述主要节气会典的礼仪。如新任州官到任的仪式是：先到城隍庙（设在城外，旧址在原横州镇粮所）斋戒独宿，示以虔诚，第二天早上祭神并宣誓，无非是忠君爱民、恪尽职守、祈求保佑等，然后从州城东门入城进官衙（旧址在今横州镇一中）。新官到任之所以郑重其事拜神，既是向百姓宣告官员的到任，更重要的是利用全社会崇神信鬼的心理向百姓昭示"君权神授"的专制执政理论，奠定执政基础。同时也使官员在地方上有所畏惧，起到"举头三尺有神明"的震慑作用。新官祭祀城隍神是在宋代开始，规定新官到任三日内，必须拜谒城隍庙。明太祖朱元璋在此基础上完善了祭祀城隍的制度，规定新官到任必须先谒城隍庙，后为清代所沿袭。

此外还有"行香讲约"，是官方重视教化的一种仪式。每月初一、十五，知州率学正、训导等属官到文庙行香拜祭孔夫子，然后到明伦堂（设在文庙内）领着生员读书。之后又到城隍庙、土地祠等处行香，最后到讲约所向百姓宣讲皇帝的谕旨。

第九卷为职官志，叙述横州社会权力结构、管理层级各官职及任职人员名单，如明朝横州社会管理层级依次是知州、判官、吏目、南乡巡检司巡检等；文职依次是儒学学正、训导。清朝则是知州、吏目［州判于康熙三十八年（1699年）裁撤］、大滩巡检司巡检（南乡巡检司巡检已裁撤）；文职也是儒学学正、训导。

第十卷为选举志，介绍读书人晋身的三种途径。

一是举荐制。如朱元璋于明洪武六年（1373年）下令停止科举考试，令有关部门组织推举怀才抱德、贤良方正、孝顺廉正的人送吏部听用。洪武十七年（1384年）恢复科举。

二是科举制。分为乡试、会试、殿试。乡试中式才能参加会试；会试中式才能参加殿试；殿试中式称进士。进士最为时所重，因为中了进士就可以直接做官。而中了举人只是取得做官的资格，还要达到一定条件（如清朝前期规定连考3次会试不中）才能授予官职。如清乾隆四十年（1775年）秀林书院的负责人蒙武赛，他是乾隆十八年（1753年）举人，他自称"截取知县"，即已经取得当知县的资格，正在候缺补任的意思。蒙武赛后来以全州"学正"退休回横州，没有机会任知县，"截取知县"就成为用来炫耀的名片。又如《横州志》主笔朱秀，也是参加会试落第，获得"拣选知县"的资格，即等待吏部选派担任知县的意思。志书还略说各朝科举考试的同异之处，并细列自宋朝以来有记录的进士、明朝以来有记录的举人名字。

三是贡途。即考不上举人的前几名称为副榜贡，可以直接进入国子监（相当于大学）读书，毕业后即取得做官资格。或不经乡试，每年在秀才中选拔学业优秀的生员1名，或每隔3年选贡生2名考入国子监读书，叫岁贡。遇皇帝登基或重大庆典加贡一名，叫恩贡。每12年，由地方直接选拔优秀生员到京城参加选拔考试进入国子监读书，考上者叫拔贡。《横州志》载："（明）天顺五年，令天下廪膳、增广生员，年四十以上者，考选贡国子监。"也就是说，读书人即使乡试不中，但只要挨到40岁以上，就可以通过另一种难度较低的考试以取得做官资格。贡生只是名义上入读国子监，并不是真的入监就读。如《儒林外史》说的："就是不中（举），十几年贡了，朝廷试过，就是去做知县，推官……"所以不少读书人就挨年龄以待40岁考贡生。到了清代，这种安坐饱食、不思进取的风气引起康熙皇帝的极大反感，康熙三年（1664年），下令罢岁贡，"罢之则亦养其耻"。康熙九年（1670年）恢复。当然，贡生是有名额和分数线限制的。明正统六年（1441年），规定府学一年贡一人，州学三年贡二人，县学两年贡一人。文化欠发达地方常因无人应考或无人考得上线而致名额作废，使所在地方的州官县官颜面尽失。因此，有的州县就引进横州的读书人来应考；横州也多有读书人愿意到文化相对落后的地方读书应考，叫"寄学"，如到崇左、上思、隆安、永淳县（县治在今峦城镇）等。由于贡生人数太多，清廷很少对贡生授官职，贡生近似于一个荣誉称号。此外还有用钱买的称"例贡"。为了让那些皓首穷经的秀才有个出路，清朝廷规定可以用钱买贡生。而秀才们用钱买贡生，是因为每年可以考贡生的名额有限，而横州秀才又多，竞争激烈。有的年纪大了，即使得考贡估计也难考取；有的成绩排后，估计没有考贡的机会，所以只能用钱去买。据清《横州志》记载，清朝自入关至乾隆三年（1738年），94年间横州仅中举10人，而至乾隆十年（1745年），101年间即有贡生128人，其中通过考试录取98人（36人是异地考取），另有30人是花钱买的。128名贡生中只有13人被委以官职，其余终生空挂一个名头，但在那个时代已经足以光耀门庭睥睨乡里了。

第十一卷是人物志，记载横州本土贤能之士和有孝行的人，本土著名的读书人，被贬谪来横州的忠臣名士、逸士、列女等。

第十二卷为艺文志，记录碑文、记序、诗词等，代表着横州本土文化的最高水准。

《横州志》的编写是官方布置与组织的，志书的体制以及篇目大都有一定之规，所记录的各种重大会典礼仪、科举、选拔等制度，是明清两朝体制在地方的真实反映。虽然记载不完备，但也有助于后人间接了解和认识明清社会形态，又能在一定程度上了解和认识横州的自然生态和社会政治、经济、文化、教育等方面的历史。鉴古知今，读者可以发现今天的许多社会现象以及做法或多或少都带有旧时的痕迹，也算传承有序源远流长了。

二、强调教化功能。

这与志书的定位和编写的指导思想有关。与明朝不同，清朝志书的编写大部分是官修，用以"资守土吏随时考镜者"，志书中的教育引导功能就源于这个定位。如《横州志》不少篇什开头结尾的大段议论，教化的口吻就十分明显。又如《职官志》所列名宦，《选举志》所列科举功名，《人物志》的乡贤、孝行、列女等，无不具有"树极标来"的意义和作用。对守土官吏同样有所劝诫。如《气候》篇，在叙述横州的瘴疠后，又引宋人梅挚的"仕有五瘴"，指出吏治之害甚于瘴疠，以使守吏知之戒之。又如《城郭》开篇即说："重门御暴，设险守国似矣。然不知守，奚言险？不知御，奚用门？"然后指出："城郭沟池以为固，礼仪以为纪……怀忠而感激，是谓礼仪以为纪。若夫礼仪凌迟，上下不相恤，彼此不相保，委而去之，城虽险也，曷足恃哉！"告诫守土官吏莫恃城池之固，莫使礼仪凌迟，如此才是守御之方。

那么，《横州志》的不足又在何处呢？1943年编撰的《横县志》指出几个方面，其主要者有：

一是宽泛通套，如《方舆》《户产》《学制》《人物》《绪论》等。

二是荒渺无稽，如《星野》一节；而气候的叙述也有耳食不化之处。笔者查核清《横州志》气候篇，全文约1500字，而其引用外来资料达11种之多。有的说法确实不科学，如"瘴疠危害不小，有形者如云霞，如浓雾。无形者或腥风四射，异香袭人。若晓行宜饮酒……禁午睡……"

三是抄袭别人的著作，不符合横州实际。如瑶狼獠獞山子等少数民族的介绍即抄自《峤南琐记》《赤雅》《溪蛮丛笑》《风俗通》等书。

之所以存在以上不足，说到底是清人闭门造车的结果。横州自秦至清，上下几千年，其间治乱变迁，沧桑轮替，不知有多少，用区区5个月时间编纂成书，除了抄书，也只能以大段空泛的议论来充数了。

但问题还不仅仅如此。清《横州志》在忽略对横州本土文化探究和提炼的同时，一味攀附名人以吸引人气提高本土知名度。例如，明朝横州人传说建文帝在横州南门寿佛寺隐居15年，而清朝人却说是在南山寺隐居15年。这不是笔者胡说，白纸黑字有清《横州志》为证！

明万历三十四年（1606年），横州人邓国材牵头重建应天禅寺。不久，横州人甘若馨（字自若）编修《横州志》，请邓国材之子邓士奇写文章记录这件事以录入州志。邓士奇援笔写就《应天禅寺记》：

月江南二十里为宝华山，与古钵对峙。丹崖翠崦，罗列如屏；茂竹修林，苍翠可扪。唐始创应天禅寺，锱徒数百。弘治间，有二禅师骑白鹿、花虎往来山间。建文帝卓锡（居住）城南寿佛寺一十余年，尝访师山中，亲颜（立匾）"万山第一"四大字于寺额。宣德、正统，代有修葺……先大夫悼建文遗迹，不宜陨灭，集善者叶仰洲、陈仰桥等捐金募资，庀（备）材重建，筑书舍，周缭以垣，前堂右间新装建文帝像，一如老佛，侍以鹿虎二师，从帝志也。匾曰：隐龙殿。仍颜帝题四大字……

邓士奇写得明明白白：建文帝住在城南寿佛寺十几年，期间曾到南山应天禅寺访师，亲自写"万山第一"四个大字挂于应天禅寺的门额上。文中建文帝居住的"城南寿佛寺"肯定不是"南山寺"，因为南山寺当时叫"应天禅寺"。如果是指南山寺，则建文帝"尝访师山中，亲颜万山第一四大字于寺额"的"山"，就不是南山；"寺"，就不是南山寺。那么，至关重要的"城南寿佛寺"究竟在哪里呢？最早记载建文帝在横州的《君子堂日询手镜》说建文帝隐居地点在"横之南门寿佛寺"，即今马鞍街和外西街一带：

横人相传建文庶人靖难时，削发为佛徒遁至岭南，后行脚至横之南门寿佛寺，遂居焉十五年，人不之知。其徒归者千数，横人礼部郎中乐章父乐善广亦从授浮屠之学（注：跟建文帝诵经拜佛）。恐事泄，一夕复遁往南宁陈步江一寺中。归者亦然，遂为人所觉，言诸官，达于朝，遣人迎去。此言亦无可据，今存其所书"寿佛禅寺"四大字在焉。其寺南面江，北背城，殿宇甚华美，有腴田数百顷，临街店屋三四十间，岁可得赁钱百五十金。今止一二僧，懦不能立，利归里长并诸有力者。又传自建文庶人去，则寺日就废，僧人不能存云。

从文中可知，"横之南门寿佛寺"南面对着郁江，北面背着横州城，这样的位置表明此寺绝非在南山，而在今百货大楼面前一带地方，因为明清两朝此处的城门叫"南门"。南门直通郁江（即今大码头），前有缸瓦街、马鞍街、外西街等街道，店铺民居相间而立，与王济的记载大致相仿。

《君子堂日询手镜》的作者叫王济，1522年在横州任州判，当时南门寿佛寺还在。王济自序说："广西横州乃旧合浦郡也。余窃禄于兹，见其风气绝与吴浙不同，故每遇事必细询之不倦，是以郡内山川出产民情土俗颇得一二……"由此可知王济说建文帝隐居横州南门寿佛寺15年是"细询"横州人得来，并非杜撰。

不算之前之后，从嘉靖元年（1522年）的王济到万历三十四年（1606年）的邓士奇共84年时间里，在明朝横州人的传说中，建文帝是居住在南门寿佛寺而非南山应天禅寺，这才是建文帝隐居横州的历史传说的本来面目。

此外，还有一个事实可以支持这个结论，那就是邓士奇之前，明朝人所写的《宝华朝烟》诗，包括横州知州黄琮［明正德十一年至明正德十四年（1516—1519年）任职］的《宝华山游》五言十四韵长诗，都没有提到建文帝。自邓士奇《应天禅寺记》说建文帝"尝访师山中"后，明人甘若馨、郭巩的诗以及徐霞客才提及建文帝，但都没有超出"尝访师山中"这个前提。甘若馨的诗一语双关说"古寺留云隐卧龙"，表面上是指云翳遮住了南山应天禅寺的隐龙殿和建文帝塑像，暗地里是指建文帝曾在此隐藏过。郭巩的诗曰："万山第一圣人题，御笔星辉守吏携。塑像长春称老佛，至尊隅坐冷萋萋。"郭巩只是悲"万山第一"被人携去，后人误认塑像为老佛而不祭拜，致使建文帝坐在角落里香火冷落凄凄凉凉。郭巩到南山寺祭拜建文帝的时间是明崇祯十年（1637年），距邓士奇写《应天禅寺记》才29年，这么短的时间里人们不会因为"万山第一"匾的丢失而误认建文帝塑像为老佛塑像，反倒说明横州人包括附近的村民并不知道邓国材、邓士奇等几个士大夫虚构了建文帝上南山寺的故事。徐霞客说："宝华山有寿佛寺，乃建文君遁迹之地。"所谓遁迹者，隐姓埋名到过此地或小住几天之谓也，他们都没有说建文帝居南山寺15年。

100多年后，清朝人陈奎没有任何考古凭据，写《南山遗事记》时空口白舌说：

帝复自蜀入滇游闽，最后入广西，至横州南山寿佛寺居

此邦应重谢侯传——清《横州志》读后感

焉……亲书寺门曰：万山第一。后为州守携去。今所悬者，乃摹仿遗迹也。事载州志。居南山十五年，人不知之……

　　树有根水有源，在没有考古证据支撑的情况下，研究历史传说应以最早的传说为准，因为越是早期的传说就越贴近历史的真相，就越有说服力。但清人编写《横州志》时不惜斩根塞源丢弃王济的《君子堂日询手镜》而嫁接邓士奇的《应天禅寺记》，以"尝访师山中"支撑陈奎虚构建文帝在南山的故事。因为如果刊载王济的文章，陈奎的说法就土崩瓦解不攻自破。那么，是清人不知道王济写有《君子堂日询手镜》吗？非也！清《横州志》把王济列入《名宦》，说"时州方缺守，济摄篆视事，尽得其习俗利弊，召父老庭下集议可否而从革之。于是民知向方，盗亦潜息"，这段话就抄自明人张寰为王济写的《广西横州别驾王君济行状》，里面即提到王济的《君子堂日询手镜》。而且明嘉靖年间和万历年间就分别有《君子堂日询手镜》木刻版、石印版流传，或许还为横州官府或民间收藏。2013年8月23日第八届全国花茶交易会曾在横州国际商贸城主会场的宣传橱窗中展出过《君子堂日询手镜》木刻版、石印版的疑似原本或清朝刊本。

　　同样有意为之的是对娘娘山大铁钟的介绍。清《横州志》说："飞来钟，在钵岭慈感庙，大三围，高八尺，重八百斤。相传自广东寿佛寺飞来，钟上铸有字。"清人故弄玄虚没有把铸文录出来，使人读后觉得钟上的铸文就是说明从广东飞来的证据。而如果把铸文明示出来，这种感觉就会荡然无存。民国《横县志》记录了娘娘山大钟铸文："广东客人于澄发心喜铸洪钟一口，重八百余斤，入于寿佛寺，永远供给，祈保平安，谨志。风调雨顺，国泰民安。明天顺七年六月吉日造，真堂。"意思是广东来的客人于澄发，字心喜，铸一口钟，送给寿佛寺，时间是天顺七年（1463年）。由此可知，所谓飞来钟，原来是广东人送给南门寿佛寺的钟。硬要说"飞来"，那也是"飞"自横州的南门寿佛寺。

此外，官编《横州志》既做考镜的资料，官府必然妥为存档长期保存，难免有人希冀从中谋取一席之地，使自己及其宗族与横州志并垂久远。参与编写志书的是本地乡绅和读书人，大都非亲朋即故旧，非师生即同窗。如陈奎就是当时横州士林的标杆性人物，清《横州志》说他是清康熙三十年（1698年）拔贡，"设家塾课诸弟""所作多诗文赋序，士林咸称颂焉"。强龙不压地头蛇，连州牧柯宗仁也恭维他，亲笔题匾一块挂在他家的厅堂上，文曰"一堂聚顺"。陈奎的儿子陈翌熹于康熙五十二年（1713年）恩科中举，曾被代理知州许建延开槎江书院，很多学生有所成就。曾应邀为风门江桥、青桐桥、那阳龙恩寺、那阳五公庙、校椅圩南街大庙写记，清雍正五年（1727年），还牵头倡议改建横州文庙（即横州学宫）。可以说陈氏父子无论在官府还是在民间，都具有相当大的人气。因此《横州志》在评论人物、收录诗文时，对陈氏父子及其家族难免有虚誉或高看一眼之嫌。而主编、主笔又是外乡人，对前人前事无从调查核实，其他人纵然知情，碍于情面也不好指正。主笔只好人云亦云当个抄书匠。如贡生陈翌宸是参刊人，陈翌纲妻孙氏、陈翌睿妻吴氏就列入《列女》，她们的事迹不过是坚志守寡从一而终，而这样的事在当时并不少见。清《横州志》的一些参刊人也有近水楼台先捞月之嫌。主编谢钟龄把自己的诗文各一篇录入志书。杨英豪录入自己的5首诗，杨英杰妻黄氏列入《列女》。亦之佩把亦之光妻叶氏列入《列女》。陆生楷、朱秀、蒙毓彦、吴天宠等人也把自己的诗文录入州志。

当然，讲《横州志》存在的问题，并非否定其实有的价值。时代的超越实质是文化的超越，而文化的超越离不开批判。没有批判就没有继承，没有继承就没有超越。我们应该花力气在源头上寻根挖底、去伪存真，扬其精华而弃其糟粕，在此基础上融会创新，构建新时代横县本土特色文化。

编书不易，编志书犹难。何况上下几千年，纵横数百里，横州自然的盛衰、王朝的兴废、人事的变迁，正可谓白云苍狗沧海桑田，岂是一本薄薄的《横州志》所能编而志之？而前朝志乘不全，资料奇缺，犹谓巧妇无米之难。诚如主编谢钟龄在《横州志序》所说："余自甲子莅粤西，经其土疆，察其风俗，因访求州乘。惟书吏钞呈前明乡大夫陆君舜臣约撰旧志稿数十篇，沿录既久，错讹乖舛，匪直鲁鱼亥豕而已……而旧简残缺，仍从草创，尤不易易。"在此，借用主笔朱秀的诗句来表达笔者读《横州志》后的感受，那就是："千百年来书幸就，此邦应重谢侯传。"谢侯者，谢钟龄也。

2013 年 8 月 28 日

注：

① 据《广西地方志提要·广西地方志佚书名录》（区通志馆编 1988 年版）第 435 页所载。

横州的旧诗集

清朝时，退休回横州居住的官员，以及没有出仕的举人、贡生、秀才（民国时期为大学、中专、高中毕业生），皆为横州街上的头面人物，俗称"士绅"。他们上受官府礼遇，下受百姓敬重，有的著书立传，有的设馆授徒，在当地具有相当高的知名度。清朝特别是咸丰以后，实行"地方自治"，新州官上任，大都召见地方上的士绅，以示尊师重道，有时还为士绅题匾，彰扬他们的品行，提高他们的声望，借此取得地方知识界的认同，获取知识界引领下的民意的支持。而地方士绅也很享受这样的礼遇，并以此为荣耀。而且礼尚往来，与州官同声相应，称州官为"父母官"，为州官立碑书传，成为州官的吹鼓手和帮闲。

官绅互相吹嘘之外，还常常吟诗作对，你唱我酬，并记录下来。此外，士绅之间也有唱酬。这些诗成为横州本土文化遗产的一部分。但遗憾的是，经多方搜寻，清朝民国诗集目前仅搜得5本。现将这5本诗集简介于下。介绍它们，并不是因为它们写得多好，也与编者的立场无关，而仅仅因为它们是诗。

清朝民国时期横县读书人比较多，许多诗文遗留民间。据李家琼先生所知还有两本，一是清同治九年（1870年）庚午科举人钟荣辉的《路程集》；二是《竹山集》。这两本诗集没有找到。人们应该花力气去搜集、整理民间遗作，以充实自身的历史文化，不然的话，时间一长，这些遗作烟消云散，能端得上横县历史文化台面的就只是被翻来覆去炒的那几碗老饭了。

清朝横州的诗集有两本，一曰《南山诗集》，一曰《区世瑚殉难诗集》。

南山诗集

清康熙年间，陈育璞偕几个文友到横州南山寺旅游，见寺内一悬匾，上有被谪廉州（治所在今合浦县）的明朝兵部侍郎郭巩所题之诗《万山第一》。陈育璞以为"是诗也，其黍离之咏耶，何为其悄然以悲也？"遂有感而发，援笔步其韵和诗。众人也纷纷跟进。回到横州城后呈知州柯宗仁审正。柯宗仁和诗一首。横州文坛前辈陈奎率众士绅又题诗相和，共得诗17首。编诗集曰《南山诗集》。陈奎为之作序。诗集与序皆刊载于清乾隆十一年（1746年）的《横州志》。

考虑到清《横州志》光绪己亥重刻本已无法查到，1983年重印内部发行的简体字本也不容易见到，且《南山诗集》诗篇不多，特将该诗集17首诗全部照录于下，作者身份除郭巩、柯宗仁、翁袁炳外，皆为编者所注。

郭巩诗：

万山第一

郭巩　兵侍谪廉

粤西横州之南山刹门题"万山第一"四字，建文皇帝御笔也。
州守何心，竟尔携去！塑像隅坐荒凉。臣巩瞻拜低徊，不胜怆然，
恭纪一绝。崇祯乙亥季秋六日。

> 万山第一圣人题，御笔星辉守吏携。
>
> 塑像长春称老佛，至尊隅坐冷蓁蓁。

前题和韵：

柯宗仁（知州）

> 遐陬何幸圣人题，一衲烟云自可携。
>
> 悟得衮衣终是幻，空山钟鼓不为凄。

翁袤炳（桂林通判）

> 远戍孤臣洒泪题，无穷感慨笔端携。
>
> 逃禅帝子风尘客，一片伤心字字凄。

徐鼎原

> 荒龛何事独留题，万里河山一杖携。
>
> 瘴岭至今犹有迹，金陵宫殿雨凄凄。

林裕隆（横州吏目）

> 禅关既辟且留题，秋色春光两袖携。
>
> 敝屣河山仁已得，晨钟夕磬复何凄。

殷端亮

> 诗为缁衣天子题，南山四字问谁携？
>
> 皇家自笃亲亲意，不教闲花野草凄。

陈奎（横州人、拔贡）

> 曾传御笔此留题，守吏何心忽暗携。
>
> 宸翰果怀珍重意，忍教隅坐冷凄凄。

陈 谟（育璞）

春朝逐队探遗题，欲觅真书恰被携。

谁致困龙终蠖屈？王孙芳草尚凄凄。

杨我纬

松风鸟语尽堪题，何问当年墨迹携？

自古琼楼歌舞地，许多衰草共凄凄。

林熙遇

款段当年跨月题，披缁混迹有谁携？

自从六御朝天后，惟剩山前钵雨凄。

陈世华

何有区区四字题，江山偌大尚然携？

帝王尽解兴亡事，宫殿而今草不凄。

王 夔

名山闻有圣人题，为访孤踪把杖携。

瞻拜漫思当日事，堪悲遗像独凄凄。

邓之桢（横州人、岁贡）

往事沧桑不忍题，南来破衲为谁携？

试看老佛荒山寺，胜似长陵草色凄。

陈 梭（横州人、岁贡）

闲叩禅关感旧题。谁将宸翰暗中携？

天工想是怀珍惜，不与寒山草共凄。

陈 庠（横州人、岁贡）

龙螭不复绕楱题，世外烟霞任取携。

靖难只今蕉覆鹿，何须凭吊草凄凄？

陈 澈（横州人、岁贡）

莫把当年旧事题，飘然一衲复何携？

钟敲落月红云远，鸦噪残林白露凄。

陈 璇

攀龙犹把隐龙题，忍把龙章暗地携。

想是北平勋旧裔，追除龙迹令人凄。

陈望喜（陈奎之子、举人）

蒙尘遗箧早封题，度牒髧缁到处携。

莫诵新蒲细柳句，泉添呜咽草添凄。

区世瑚殉难诗集

　　清咸丰七年（1857年）四月初，横州农民反清起义军首领李文彩率义军水陆夹攻横州城。四月三日，横州知州罗定霖弃城潜逃。四日城破。区世瑚及其一妻一妾、儿媳刘氏和三个小孩共七口投井死，其两个儿子因外出廉州（州治今合浦县）做生意得免大难。清光绪十二年（1886年），清光绪皇帝敕赠区世瑚为登仕郎。区世瑚的大儿子区品正（字子端）以布衣殉难事迹为题向官绅征诗。广州前知府冯端本、横州前知州龚启藩、在任知州文星昭、灵山前知县俞文莱（民国《横县志》误作"俞文菜"）以及横州秀才谭士龙、贡生邓儒珍等27人吟诗作赋，得诗46首，载于1943年《横县志》。时任横州训导周炳蔚为之作序，曰《区世瑚殉难诗集序》。

　　李文彩顺应农民的生存愿望，领导农民武装抗租，演变为反清斗争，纵横驰骋于广西南宁、横州以及广东灵山等地，前后十几年，后期加入太平天国石达开部，战至阵亡，有力地冲击了封建统治秩序。今天看来，区世瑚投井死是因为李文彩攻城，但被三从四德禁锢的妇女以及不知忠君报国为何物的小孩投井死，却与区世瑚有直接关系，与封建伦理的毒害有直接关系，不能以"忠君报国"来掩饰妇女和小孩的无辜。后人立场不同，对事件的评价就不同。《区世瑚殉难诗集》的作者都是那个时代的经历者，有的是咸丰时期的官员，有的是光绪年间的官员，有的是横州士绅，都直接或间接受到过李文彩的冲击，或亲眼看见战争的残酷无情，他们称李文彩是贼。民国《横县志》也视李文彩为贼。而中华人民共和国成立后的《横县县志》视李文彩为农民起义。这是阅读《区世瑚殉难诗集》时需要注意的。

《区世瑚殉难诗集》歌颂区世瑚，谴责李文彩，也有谴责罗定霖弃城潜逃的。以下摘录几首诗作，以窥一斑。诗中的注释为编者所作，谨供读者参考。

清咸丰七年四月寇陷横州城布衣区世瑚阖门殉难纪事

冯端本（广州知府）

两粤尘氛起，凶焰不可当。

孤城徒守望，阖室自流芳。

正气钟河岳，英风仰庙堂。

何期余阙后，同比有耿光。①

注：①余阙，元朝官员，元至正十八年（1358年）春守安庆，时红巾军攻破安庆城，余阙自沉于水。其妻妾、子女亦投井死。

作者简介：冯端本，清咸丰年间任广州知府。

前题四首

施彬文

甘蹈危机志不移，孤城无主绝扶持。

当年不少殉难者，惟有阖门尽节奇。

七命捐躯在井中，成仁不与众生同。

谁云当世无豪士，今日犹联古烈风。

年来年去岁月频，冤埋古井似沉沦。

一朝圣主旌忠义，愧杀当时失节人。

杜鹃历乱满山坡，啼彻更深泪血多。

青冢依然同一穴，后人凭吊起吟哦。

作者简介：施彬文，清同治七年（1868年）岁贡，横州人，咸丰七年（1857年）任横州团练总局局绅，横州城被李文彩攻破时，乘乱突围跑到杨彭村，后组织各乡团练配合官兵收复横州城。

前题二首
谭士龙

孤城坚守几经秋，久困无援肆贼谋。

万户凋残诚可悯，千门离散几多忧。

捐躯勇士书难悉，死难贤娟纪莫周。

唯有区家称尽美，男忠女节姓名留。

区君就义实英雄，志与城亡陷井中。

孙幼无知随母丧，妇贤不忍后翁终。

一家顷刻皆投水，三代须臾尽效忠。

幸有两男先客外，从兹受荫正无穷。

作者简介：谭士龙，横州义学街人，横州学官生员。

前　题
邓儒珍

忆昔起妖气，萑苻竞萌蘖。①

滋蔓遂难图，守御期无缺。

追捕疲民丁，猖狂逼城阙。

城等睢阳危，守无张许烈。②

民人失所依，待毙相鸣咽。

生掳驱牛羊，沉死侣鱼鳖。

正气在人寰，男妇多敦节。

区家更足多，开门投井穴。

屈指共七人，甘蹈忠义辙。

舍生以成仁，赴义何其热。

皇天俾后昌，游学留英哲。

据实请旌扬，同乡联切结。

表祀永馨香，芳微标绰楔。③

注：①"萑苻"，指贼巢。"蘖"同"蘗"，砍掉树干之后再生的枝芽。②"张许"指唐朝安禄山之乱时守睢阳城的主官张巡和许远，二人在城破后皆不屈而死。这里借张、许的壮烈谴责当时横州知州罗定霖弃城而逃。③"绰楔"，古代用来表彰孝义的木柱。

作者简介：邓儒珍，横州人，光绪十八年（1892年）岁贡。

前 题

俞文菜（灵山知县）

咸丰七年之四月，横州一隅寇纵逼。

黄云捲地风怒号，日光惨淡神鬼泣。

杀气军声遍野来，欲问援兵无消息。

张巡许远今安在，义士此时挺戈出。

区公豪杰与古俦，誓师不用茅君笔。①

杀敌何异草与蒿，手提贼头血浣刀。

城中妇孺助鼓角，城上土兵持旌旄。

连番逐北胆益壮，咤叱一声天为高。

粮尽援绝九重远，吾民愿死不愿逃。

阴风夜撼金汤北，朝来但见红巾贼。

牵爷负子情惨伤，密语叮咛肺腑裂。

相看屋角井泉香，甘拼一死身殉国。

预遣长孙出避难，徐偕妇女明节烈。

从容就义古所难，何期今日见余阙。

求仁得仁非为名，自有千秋光史册。

可怜哲嗣负土归，犹捧黄封慰泉穴。

我闻为善有余庆，佑启后人分炽而昌。

顽廉懦立公之力，匪独槎江庙享垂馨香。②

注：①茅君笔，明朝广东人陈献章用白茅制成的茅笔。陈献章系明朝心学大师，明万历十二年（1584年）从祀于孔庙，明清时横州孔

庙西庑供有其神主牌。②顽：贪婪的人。懦：懦弱的人。"顽廉懦立"：使动用法，使贪婪的人能廉洁，使怯弱的人能自立。

作者简介：俞文莱，同治十三年（1874年）任灵山知县。

民国时期的诗集共三本：《百鸟归巢唱和集》《南山唱和集》《琴舫先生重游泮水诗纪》。

百鸟归巢唱和集

莫遗贤，广西恭城人，1927年，由博白县知事调任横县知事。一天，莫遗贤带几个文人到横州街上巡视民情，回到县衙（今横州镇一中）已是傍晚。县衙后庭大榕树上百鸟归巢，叽叽喳喳喧闹不休。莫遗贤吟诗一首，以百鸟归巢为题，提出一个问题：横州人传说百鸟聚散能够预测吉凶，这到底是什么原因呢？

陪同的文人随即和诗，连同后来众多文人的和诗，共得和诗64首。作者大都借百鸟归巢来恭维莫遗贤，成为吹捧莫遗贤的"诗会"。后来辑成《百鸟归巢唱和集》。这本诗集原件目前没有找到，只找到1987年横县诗词学会翻印并作注的版本。该版本的诗有一些疑似错误，不知是原著错还是翻印时出错，某些注释也似有不当。现摘翻印本几首诗连同注释原文照登，对诗中用词或注释疑为不当之处皆提出辨正意见，供读者参考评判。

诗首：

莫遗贤

绿榕古树自纷披，百鸟雌雄竞唱词。

日暮归鸦争寄足，月明惊鹊未安枝。①

鹒鹒栖处容鸠拙，鸿鹄深心岂雀知。②

聚散相传休咎卜，飞翔到底是何司。③

注：①借用东坡翁次蒋颖叔诗句。②鹒鹒，属鸟类，俗名了哥，又称黄胆鸟。全身灰色，有斑，巢于深林，如黄雀等都属，啭啭歌喉。

③休咎卜：咎，过失，引以自责，既往不咎，休咎卜，以往之事就不再去稽考它的意思。

辨正：原注③似有未当。"休咎卜"即"卜休咎"，为协律而倒装。意思是可以卜吉凶。"休"，吉。"咎"，凶。

和韵：

林君配澄和章　横州人

辟径曾经枳棘披，剩余榕荫动吟词。

月明乌鹊环三巨，日暮鹪鹩借一枝。①

部署清闲莺自啭，琴堂喜庆鸟先知。

机灵未必关休咎，聚散都因好有司。

注：①巨音颇，这里作自由飞翔。

辨正：原注①似有未当。"巨"似应为"匝"。匝：周，环绕的意思。曹操《短歌行》："月明星稀，乌鹊南飞，绕树三匝，何枝可依。"

李君灼春和章　号芳甫　横州西门李，李克瀚之父

绿荫琴堂把卷披，斜阳鹊噪谱新词。

休征凤哕欣巢阁，待哺鸿嗷愿借枝。①

绩著鹰扬深我愧，才愧鹤举有谁知。

忘机聚散饶真趣，风雅修坛得主司。

注：①哕，飞声也。

辨正："才愧鹤举有谁知"，"愧"疑为别字。按平仄，"愧"这个位置为平声字才对。

作者简介：李灼春，号芳甫，横州街西门李人，曾任横州议事会第一届挨补参事员。其子李克瀚曾于1949年12月—1950年1月任横县中学校长。

谭君汝楫和章　号琴舫　槎江人

绿榕林里鸟巢披，采食归来噪晚词。

玉印幻成悬玉树，金钩化就挂金枝。

雉驯桑下呈三异，雀兆关西懔四知。①

羽族原来先得气，休征毕竟属贤司。

注：①雉，鸟名，鹑鸡类，雄者羽毛美丽，尾长，可作装饰品；雌者黄褐色，尾较短。汉人避吕后讳，称雉为"野鸡"，雉作理，平治。雉声近夷，雉训夷，夷为平，故以雉名工正之官。

辨正：原注似没有解释到位。

"雉驯桑下呈三异"，源于鲁恭主政中牟，推行德政，泽及禽鸟的典故。作者以之颂扬莫遗贤的政绩。

"雀兆关西懔四知"，化用杨震不受馈赠的故事来恭维莫遗贤的清廉。东汉时杨震赴任东莱郡太守，路经昌邑县，县令王密带着金子来送杨震，说："无人知道这件事。"杨震说："天知，神知，我知，你知，怎么说没人知道呢？"

南山唱和集

清朝时传说横州南山寺是明建文帝隐居之所，人们登临咏唱，怀古思幽，留下不少诗篇。1927 年，莫遗贤也带一帮文人登临南山寺，回州城后莫遗贤以"游南山"为题吟诗四首，得和诗 229 首，辑成《南山唱和集》。这本诗集原件目前也没有找到，现据横县诗词学会 1987 年翻印的版本摘录部分诗作原文照登供读者赏析。

诗首：

莫遗贤　莫倬云

久慕南山念未休，重阳佳节喜来游。

奇峰曲涧多幽径，八景诚哉第一不？①

注：①"不"在这里读"否"韵，同否字同解。

辨正：原编者将莫遗贤与莫倬云并列署名，并在《〈槎江唱和集〉与莫遗贤先生》一文中说"遗贤先生偕莫倬云先生"，是将莫遗贤与莫倬云认作两个人了。从古人名与字的关系看，我以为莫倬云就是莫遗贤，"倬云"为莫遗贤的字。

秋来游兴勃然增，为爱名山佛地登。

参谒隐龙神殿像，歔欷皇帝也为僧。

南山名产白毛茶，闻道红腰米更嘉。

细与老僧谈往事，才知手泽自皇家。

　　说明：这两首诗被后人刻于椅子靠背上，但没有署名，现收藏于
南山寺。

续咏七律一首

宝华山色带朝烟，时际中秋景最妍。

绿竹苍松皆蔚起，白茶红米自明传。

菊花毓秀东篱下，桂子飘香正殿前。

信是万山居第一，御书四字尚依然。

和韵：

梁君秉元和章

事得休来且便休，与君载酒宝华游。

帝皇已作披缁客，富贵浮云语信不。①

往事重谈感慨增，建文九五极曾登。

锦衣玉食皇天子，又作袈裟作野僧。

注：①缁乃黑色纱布，披缁是僧服，故出家人称为披缁客。

辨正：末句"又作"疑为"又着"。

作者简介：梁秉元，横州街人，毕业于广西法政学堂讲习科，曾
两任永淳县知事。

梁秉元这首诗也被刻于椅子靠背上，今收藏于南山寺。

廖仲仪兄和章

中秋邀作南山游，雾落山间犹未收。

古院清凉却暑气，徜徉不舍无人留。

自注：余游至隐龙殿后觉极清凉，因与邀游者共坐久矣。

说明：此诗被刻于椅子靠背上，今收藏于南山寺。

南山何以产名茶，为是削藩计可嘉。①

谁识人伦多变故，皇尊敝屣美僧家。②

注：①削藩，用篱笆草围成的茶园。②屣，履。这里指的是僧鞋。

辨正：原注似有不确。"削藩"，当指建文帝执政时为加强中央集权而削弱地方藩王的措施，并非是"用篱笆草围成的茶园"。又，"敝屣"，原义为"破鞋"，这里为名动化用法，意为把皇位像破鞋那样丢掉，并非指"僧鞋"。

吕君端燕和章

云护峰巅气味休，南山几度记重游。

幽林正合供禅寂，逊帝还参果证不。

直上云巅纪胜游，端峰钵岭望中收。①

逃禅帝子归何去，御笔空教四字留。

注：①横城西北山名钵岭山。

梵宫随谒觉情增，彼岸应知许诞登。

自昔参修原有侣，缅怀虎鹿两神僧。

晨炊稻米及名茶，水绕高山信可嘉。

会得松风岩月趣，不妨常作野人家。

宝华无雨亦笼烟，一路山花到处妍。

逊帝袈裟徒抱憾，神僧衣钵有谁传。

月光紫水归襟底，天窟空珑落眼前。

读书乐趣资岑寂，养气于兹证浩然。

作者简介：吕端燕，号贻斋，横州人，光绪二十年（1894年）甲午科举人，曾任山西寿阳县知事，广西同正县县长（查《扶绥县志》无载。民国时期同正县与扶南县绥渌县合称扶绥县），1913年任广西省议会议员，1933 年任《横县志》副总纂。

李君灼春和章

清香美味手栽茶，不啻甘棠世所嘉。

天下为轻伦纪重，视同为屣弃王家。

辨正："为屣"，疑为"敝屣"。

琴舫先生重游泮水诗纪

谭汝楫，字琴舫，号香溪小农，横州城内义学街人，生于清咸丰二年（1852 年），卒于 1938 年，享年 86 岁。谭汝楫于清光绪二年（1876 年）入泮（即考入学宫成为秀才），曾在州学宫考八股文考得全横州第一名（超等一名），名噪一时。其后被老师多次推举应乡试，但终未中式，光绪三十年（1904 年）举岁贡。第二年废科举，此后设文明书室招生讲学，创办槎浦吟社，灾荒时期参与筹设粥厂施舍饥民，曾参与管理横州育婴堂。

1936 年，谭汝楫 84 岁生日，恰为入泮 60 周年，明清时期称之为"重游泮水"，官府要邀请寿星回学宫参加新生入泮庆典，州官还要题匾颁给寿星。废科举后，这种庆典也同时废止，但民间仍然因袭"重游泮水"的说法。谭汝楫的门生及门生的朋友也发起吟咏活动，为谭汝楫祝寿。他们在《启文》中说："庆以锦帐绣帏，仍沾凡俗，不如征集诗咏为儒雅……倘荷珠玑纷贲，谨当梨枣同镌，以扬仁风，并彰雅谊。"

这个活动的发起人为蒙儒辉、莫适轩、谢金鉴、梁香山、甘乃麟、雷廷楷、谢东山、黄管初、韦大枢、王师文、梁启棠、施少林、李鉴平，他们有的是学生，有的是世交后辈，应该都是当时横州的知名人士。从作诗情况看，有好几个发起人没有诗作编入《琴舫先生重游泮水诗纪》，有的诗仍是"未定稿"，估计这个活动没有圆满，或者汇编者没能收集完全。现今所见的本子由横州举人、广西省议员吕端燕作序，共载诗51首，词2首，为手抄稿本。诗集收藏者为横州街人吴光先生。现摘录该诗集部分诗作略加注释刊载于下，供读者赏析，以臻"尝一脔肉而知一镬之味，一鼎之调"的效果。

谨献七律诗三首以介眉寿①

世侄谢东山敬祝　于海南

天许遗经伏胜传，精勤旧学尚依然。②

华堂祝嘏开今日，泮水重游纪念年。

泉石悠游娱晚景，功名得失付前缘。

由来家世宗诗礼，继述争辉有后贤。

其二

重游芹泮水生香，老兴犹浓意气扬。

一代材名齐李杜，两朝硕彦重邦乡。

鹿门归隐心情惬，马帐谈经道味长。

按剑海疆怀长者，还期南极永祥光。

其三

学富中西美茂才，济时硕画惠婴孩。

挥毫妙入羲之法，艺菊工侔靖节栽。③

令子传经成大雅，文孙许国展长材。④

遥知诗颂冈陵什，拟向华堂一举杯。⑤

注：① 诗题的大意是以七律诗三首为寿星祝寿。"以介眉寿"，祝寿语。"介"，帮助，可理解为祝贺。"眉寿"，长寿。"世侄"，世交之子。谢东山之父谢家树为光绪三十三年（1907年）岁贡，谭汝楫为光绪三十年（1904年）岁贡，谢家树谭汝楫二人当有交往，所以谢东山自称世侄。②"伏胜"，又称伏生，传说他撰《尚书大传》传世。③"羲之"，即晋书法家王羲之。"靖节"，世人称陶渊明为靖节先生。④ "令子"，指谭汝楫的儿子谭伯骕，字慎容，秀才出身，精医术，

曾任横县临时参议会第二、四届参议员。"文孙",指谭汝楫的孙子立仁、立义、立礼、立德,皆读书明理。"令""文"都是对别人孩子的美称。⑤"冈陵",用"寿比冈陵"之意。"什",指诗篇。

作者简介:谢东山,横县横州镇长寨白花村人,广东第二军讲武堂毕业,第170旅旅长升第八师副师长。当时驻守海南。1989年《横县县志》第672页载:1945年国民党横县县府开展大清乡,谢东山任"县戡乱建国委员会"副主任委员,"清剿"共产党游击队和实行清乡联保,实行三光政策,杀害无辜群众15人,解放初期勾结土匪叛乱,1951年被横县人民政府在县体育场(今迎宣门外龙池小学西头附近)执行枪决。

七绝诗八首(选二)

门人甘乃麟敬祝

其三

经师底事溯源流,百氏专门漫厌求。
牖世不因髦老倦,滋培桃李雪盈头。

其六

先生本为南极星,年高德劭老明经。
门墙久被莱台荫,回顾仙槎祝鹤龄。

作者简介:甘乃麟,横州街人,秀才出身,曾任横县、宾阳县县长。门人,即学生。

七律十首(选三)

谢凤训

其四

先生心里有灵犀,岂类钱公晚景迷。
翰墨闲摩王逸少,文章深得韩昌黎。①
才思老胜江郎笔,书校历燃太乙藜。②
回顾采芹游泮日,迄今藻采惜萋萋。

其五

美富宫墙绛帐开，士林群仰泰山来。

言行在我示观感，狂狷因人妙化裁。

时雨李桃收效果，春风拭朴悉成材。

羡公含笑传衣钵，门下多游泮水回。

其九

勿谓明经泥古风，九旬大老素开通。③

固非局地如吴犊，也不拘时等夏虫。④

道究源流迎老佛，才储体用贯西中。

小同首劝行新学，都是鲤庭教育功。

自注：谭公令郎伯骏，余办劝学所时渠任劝学员，勤导深资得力。

注：①"王逸少"，即晋书法家王羲之。"韩昌黎"，即唐朝文学家韩愈。②"江郎"，指南朝作家江淹。"燃太乙藜"，传说西汉经学家刘向深夜读书，有老人拄藜杖进来，吹杖端燃火照明，后人以"燃藜"喻勤学。"太乙"，传说中的神。③"明经"，对贡生的尊称。④"吴犊"，即"吴牛喘月"。传说吴地（江淮间）酷热，水牛很怕日头，见到月亮还以为是日头，怕得直喘气。"夏虫"，即夏天的虫，因生存期短，没到冬天就死了，所以有"夏虫不可以语于冰"的说法。作者引用这两个典故，是承首联"不泥古""开通"，赞扬寿星不惧怕新风尚，也不顽固守旧。

作者简介：谢凤训，字明皆，横县陶圩谢村人，秀才出身，广西简易师范学堂及广东讲武堂毕业，曾任横州劝学所总董、永福县知事、横县民团副司令、福建省团务处秘书、横县第一届参事会参事员、横县第二届议事会议员，1942年编写《横县志》时任总务股长兼编辑。

七绝四章（选二）

世伯高存仁恭颂

海屋频添八四筹，称觥上寿尽名流。①

知公具有长生术，泮水于今又再游。

其二

　　　　巍然犹在鲁灵光，德行文章两擅长。②

　　　　更喜儿孙能继武，一时佳话满槎城。

　　注:①"海屋",传说堆存记录岁月筹码的房屋;筹:筹码。海屋添筹,
旧时祝寿的常用语。②"鲁灵光",汉鲁灵光殿的简称,用以比喻硕
果仅存的人或事物。

　　作者简介:不详。

七律二首

蒙儒辉　未定稿

　　　　神仙清福佛陀心，惹得诗人好句吟。

　　　　芹藻飘香周甲子，莱斑戏彩庆壬林。①

　　　　当年桃李飞红紫，此日芝兰吐玉金。

　　　　同社耆英推最长，商山乐道有知音。②

其二

　　　　汪汪千顷渭源长，八四春秋岁月亡。

　　　　六十年前游泮水，两重膝下献桃觞。

　　　　传经不废岐黄术，济美追随霸遂光。③

　　　　翘首槎城同祝嘏，金风香送竹山庄。

　　注:①"莱斑戏彩庆壬林",用"老莱娱亲"故事,赞扬祝寿庆
典的隆重。"壬林",恭维的话,盛大的意思。《诗经·小雅·宾之
初筵》曰:"百礼既成,有壬有林。"朱熹注曰:"壬,大也;林,
盛也。言礼之盛大也。"②"商山",用秦末汉初"商山四皓"典故,
恭维寿星有古人之风。③"岐黄",指中医。谭汝楫在执教之余,还
钻研中医。"霸遂光",系"霸光遂"为协律而倒装。"霸"同"魄"。
"魄光",指人的精神。"遂",成就。

　　作者简介:蒙儒辉,字显阶,横县横州镇曹村人,秀才出身,曾
任横县、融县、思林县(后改平治县,与果德县合并为平果县)知事。
民国时期任横县第一届议事会议员、议长,1920年补广西省议员。

　　　　　　　　　　　　2016年10月

《横州古今》的硬伤

由横县地名集编纂委员会组织编纂，莫克贤主编、莫居雅副主编，横州众多知名人士参与写作的《横州古今》付印于 1984 年 3 月 16 日。该书共分八章，以横州地名为主线，引出横州八景、横州地名故事、地方特产、地名诗词，读来饶有趣味。记得当年读《横州古今》，几个人轮着读，每个人几乎都是一口气读完的。

横县地名集编纂委员会主任、县人民政府副县长王朝辉在"前言"中说："《横州古今》从采访、整理到编印成书，一直是在县、镇人民政府直接领导和关怀下进行的。"横县人民政府还于该书印发的同一天，以横政发〔1984〕21 号文件向全县发出《关于颁布〈横州古今〉的通知》："《横州古今》是《横县地名集》横州镇分卷，是一部有政治性、政策性、科学性的地名资料工具书。今后各单位或个人书写或使用横州城区的地名，应以《横州古今》中《横州政区、街、巷、路及自然村名称》和地名图为准，未经批准不得任意更改。"

30年后的今天，我再捧读《横州古今》，觉得有不少可商榷之处甚至错误。现举要如下，以就正于有识之士。

一、《横州古今》P17《槎亭秋眺》说："'槎亭'位于横州城内登高岭上，明嘉靖十年将'槎亭'改建成魁星楼。"

查清乾隆十一年（1746年）的《横州志》，在《横州城池图》里绘有魁星楼，没有标注修建时间，而在第136页《祠宇》一节所列的"官祀""民祀"庙词，却没有魁星楼的记载，不知据何得知魁星楼建于"明嘉靖十年"？而民国的《横县志》第五册P110却说："清嘉庆十二年（1807年），捐资建立魁星楼。"

从明嘉靖十年（1531年）到嘉庆十二年（1807年），《横州古今》足足多说了276年！

二、《横州古今》P47《秦少游在横州》说："在祝秀才的资助下，诗人在横州创立了第一间书院。校址就在现在横州西面的书院岭（即汽车站这个地方）。"

且不说秦少游作为被监视居住的罪犯能不能或敢不敢建书院聚徒讲学，也不论作为秀才的祝生敢不敢冒着被"黜革治罪"的风险去资助秦少游建书院，单从清《横州志》P207介绍秦少游的章节中，就没有办书院的记载。距秦少游年代最近的南宋嘉定九年（1216年）横州代理知州蔡光祖写的《怀古亭记》，淳祐年中横州知州刘受祖写的《海棠桥记》，明朝横州知州黄琮以及后来被贬到横州驯象卫的吴时来等人所写有关秦少游的碑记，都没有秦少游办书院的说法。据此，说秦少游在横州汽车站这个地方创立了横州第一间书院是没有史籍依据的。

不过，汽车站这个地方确实办过书院，只是这个书院不是秦少游办，而是明朝人吴时来办，叫"乌石书院"。乌石书院所在地称"乌石岭"，位于今横县汽车总站南端，山的一半在今横县公路局宿舍区。清《横州志》P23说，"乌石岭，在学宫西北，石色纯黑，故名。旧有悟斋书院，碑犹存"，说的就是这个地方。所谓"悟斋书院"，是后人为纪念吴时来而改的名称，因为"悟斋"就是吴时来的号。后来横州人据此又称乌石岭为书院岭，这个称谓与《横州古今》张冠李戴认定秦少游在此办书院而称"书院岭"不是同一内涵。

另外，要说清楚横州的"第一间书院"已不容易。比吴时来更早的明正德九年至十一年间（1514—1517年），横州知州黄琮在祝生旧址即今海棠桥旁建淮海书院，用于纪念秦少游，并"为诸生期讲之所"。黄琮写碑记，题目是《重修少游书院记》（载清《横州志》P224）。既然是"重修"，那之前就必有"少游书院"者。但黄琮并没有交代清楚或者无法交代清楚。

综上所述，不知《横州古今》凭什么断言秦少游办书院，而且是横州的"第一间书院"？

顺便说几句题外话：王济说"数年前"黄琮将"海棠亭""改为淮海书院"，清《横州志》P174介绍黄琮时也说其"创淮海书院"，不知碑记如何写成"重修"？是否后人伪作或篡改？存疑。

三、《横州古今》P49《话说横州黉学》说：

很久以前，黉学建于横州城北面偏西之处，即现在革命烈士纪念碑的地址上……据传说，大约到了明朝年间，外地来了一位州官，此人性贪而多诈，是个刮地皮的老手。他出任横州州官不久……大讲"风水"这类无稽之谈。胡说什么黉学位于城的北面，北者，败也。并引经据典地说，《韩非子·五蠹》云："令尹诛而楚奸不上闻，仲尼赏而鲁民易降北。"……竟不费吹灰之力，凭借几句谎言，就把好端端的一座黉学从北往南迁走，从中刮了一层地皮，贪污了成千两白银。这还不算，他要横州人承认他是大恩人，在原黉学的旧地址上，建了一座报恩寺。这座报恩寺一直保存到清末年间才拆毁。

而清《横州志》P117说："学宫在西门外崇儒坊，旧为宁浦郡学，建制无考……四十五年，知州刘子诚迁学于北郭报恩寺。崇祯八年，复建于旧址。"

又民国《横县志》第五册说："报恩寺，宋嘉定年间建……万历四十五年改寺为学宫……崇祯八年复迁学于旧址，仍为寺。"

学宫即黉学，它的迁移始末，《横州古今》的说法刚好与清《横州志》、民国《横县志》颠倒了。另外，横州报恩寺并非建在今革命烈士纪念碑地址上，而是在今横县体校后背的翠景华庭所在地。明人吴时来曾游横州报恩寺，他的诗《游报恩寺》（载清《横州志》P257）说，"高士花开三径里，将军树老独山前"，可以看出报恩寺不是在山顶而是在山前。"独山"就是今革命烈士纪念碑所在之山，清《横州志》称之为"北山"。当时北山顶上确实有寺，但不是报恩寺，而是"柏林寺"。吴时来写《游北山记》说："即山有寺曰柏林寺。"报恩寺既不在北山，而《横州古今》却注之为"报恩寺岭"，凭什么呢？

此外，文中所引韩非子的话其实与风水一点关系也没有，引得莫名其妙。"令尹诛而楚奸不上闻，仲尼赏而鲁民易降北"，说的是楚国的令尹杀了一个举报父亲偷羊的人，认为他虽然忠于国君却对父亲不孝，后来出了坏事就没人再报告官府了；孔子奖赏了一个担忧死后没人奉养父亲而从战场上逃跑的人，认为他尽管不忠于国君却孝顺父亲，后来鲁国人上战场就容易临阵逃跑。韩非子的话是批评孔子的"孝"，他说，"父之孝子，君之背臣也"，意思是父亲的孝子就是国君的叛臣。

四、《横州古今》P53的《万山第一在宝华》说："应天寺建于元朝末年（1355年）。"

这句话有两方面问题，一是元朝末年应是元至正二十八年，即1368年，而不是1355年。二是清《横州志》P59说"应天寺，在宝华山半，即寿佛寺，宋绍兴中建"；P232又载明朝横州举人邓士奇的《应天禅寺记》说"唐始创应天禅寺"。如果按清《横州志》建于绍兴中期的说法，姑且算 1146 年罢，《横州古今》少说了 222 年。如果按明人邓士奇的说法，即使以唐朝末年即 907 年计，《横州古今》也至少少说了 461 年！

五、《横州古今》P54 说："再沿山而上，便到'朝烟阁'旧址，据传此阁建于元朝文宗年间，距今已有六百年矣！"

而清《横州志》P59 说：山顶有朝烟阁，供观音像，明万历三十三年，州绅邓国材建。清《横州志》P232 有邓国材写的《朝烟阁记》，也明白说："请遂阁之。工肇于岁乙巳阳之朔，八阅月落成。"明万历三十三年就是乙巳年，即 1605 年。元朝文宗在位 4 年，以其最后一年即 1332 年计，《横州古今》多说了 273 年！

六、《横州古今》P74 的《横州古城墙被毁记》说：1939 年农历六月廿一日，日寇飞机轰炸横州，群众死伤多人，"当时横县县长黄法兴把敌机滥炸横州，归咎于因古城墙目标太大，而招致敌机轰炸。于是，便调来了全县五十四个乡（镇）民团，一夜之间便把古老城墙及位于紧连西边城墙的魁星楼全部拆毁。"

而民国《横县志》说：

二十一年（1932 年），县长徐矩饬建设局，将分司街中区区公所面前城基拆开一段，约七八丈，两边建筑小铺六间，中通一路。出西街之玉虚宫，辟为第二菜市。二十二年县长李鹞秋将迎宣门外月城拆平，建筑中校汽车路车站。二十三年，县长李鹞秋又将洪圣街永宁社背城基拆开作路，以便女学校员生往来。以后连年拆卸，城砖移作别用，靡有孑遗，仅存一城圈痕迹已耳。

1932 年就开始拆城墙，距 1939 年初黄法兴县长走马上任足足拆了 6 年之久，等到黄法兴上任，恐怕连城墙的地基石头也寻不到了。

又民国《横州志》第五册说："魁星楼在西隅城上登高岭，民国二十年改为菁莪小学图书馆，三十年（1941年）为军事上作用拆毁。"而1941年2月，黄法兴已经离职，接任者为王文效。

七、《横州古今》P77的《横县中学》说："横县中学……其渊源可追溯至晚清的秀林书院。"

而清乾隆四十年（1775年）横州举人蒙武赟在《宋牧伯恩增膏火碑记》（此碑现存横县中学）就提到秀林书院，他说："岁在乙未，节届灵辰，武以边末非才谬典秀林教事。"清兵于1644年入关，至1911年被辛亥革命推翻，入主中原共267年。乾隆四十年（1775年）属清中期，此时就有"秀林书院"，溯源只溯到"晚清的秀林书院"似乎不妥，更不要说秀林书院的前身、清康熙四十年（1701年）创建的"浮槎义学"了。

更有甚者，《横州古今》P6在解释"义学街"的得名时居然说"义学街……因街北面于清朝前建有秀林书院一所，街民子弟免费上学读书故名"，把秀林书院说成是建于"清朝前"，错得更是离谱。

八、有的行文逻辑混乱。如《话说横州黉学》，该文在提出"为什么横州还没有一个状元出现"的问题后，说：

我们从一条已经废弃的小街（笔者注：指充军街，今称中军街，并没有废弃）得到了启发……我们可以想象到在科举时代横州是一个很荒凉的地方，广大人民过着朝不保夕的生活，又有多少人能够上学读书呢？……只有解放后，在共产党的领导下，有优越的社会主义制度，广大人民才有条件上学读书，而且有好的教材学习，有好的老师谆谆教导。这样一来，多少年来横州人梦寐以求的"状元"就应运而生，上大学的或在大学任教的遍及全国。

这里，作者把好制度、好教材、好老师这个出状元的必要条件作为充分条件来使用了。而且偷换概念，用"上大学的或在大学任教的"充做"状元"。

九、有的表述悖于常理。如：

P17《槎亭秋眺》说，"登上槎亭，上面阳光垂照下来，下面浓雾滚涌上去，云蒸霞蔚，顿觉天高地阔，心旷神怡。"

浓雾滚滚云遮雾障之中居然能够看到或感觉到"天高地阔"，那是一种什么样的气象，或者什么样的心境呀？

又如P52《万山第一在宝华》说：

走到村前（笔者注：指米寺村），仰望对面山上，又是一番景象：满山茶树，畦畦叠上，绿油一遍（笔者注：原文如此），这是南山茶场茶园。采茶男女青年，时而窃窃私语，时而嘻哈大笑，好一幅农家乐彩画。

按此表述，这些男女好像不是在采茶。而且连对面山上男女青年的窃窃私语都望得一清二楚，这得有鹰隼的眼睛才行。

十、有的地方错得不可思议。如P91对明人郭巩的诗序断句：

粤西横州之南山刹门题："万山第一"四字，建文帝御笔也，州守何心竟尔携去。塑像隅坐荒凉，臣巩瞻拜，低徊不胜，怆然恭纪。

一绝　崇祯乙亥季秋六日

万山第一胜人题，御笔星辉守吏携。

塑像长春称老佛，至尊隅在冷蓁蓁。

这应该是引自清《横州志》的诗。编者显然认为1983年简体版的清《横州志》断句不对，弃而不用，自己重新标点，结果将序言里的"一绝"视作诗的体裁，把本是咏诗作序而且比序言印小一号的日期"崇祯乙亥季秋六日"硬生生地挪作了诗题！

清《横州志》的断句是：

粤西横州之南山刹门题万山第一四字，建文皇帝御笔也。州守何心？竟尔携去！塑像隅坐荒凉。臣巩瞻拜低徊，不胜怆然！恭纪一绝。崇祯乙亥季秋六日

万山第一圣人题，御笔星辉守吏携。

塑像长春称老佛，至尊隅坐冷蓁蓁。

P16 所引古诗也错得离奇：

钵岭春游

踏青直上钵岭巅，俯瞰槎城别一天。

南望棠桥停暮雨，远瞻鸳岭薄朝烟。

载阳日向腾川暖，求友莺从乔木迁。

眼底春光无限好，不妨题绩无云篇。

清《横州志》刊载的原诗是：

踏青直上钵峰巅，俯瞰槎城别一天。

西望棠桥停暮雨，南瞻鸳岭薄朝烟。

载阳日向晴川暖，求友莺从乔木迁。

眼底春光无限好，不妨题续舞雩篇。

如果说，编者把原诗颔联的"西""南""鸳"改成"南""远""鸳"，可以理解为对地理名称和方位的纠正（其实这种纠正是不应该的）；颈联的"晴"改为"腾"，还可以理解为排字出错；那么，把首联的平声"峰"改为仄声"岭"，撕裂了原诗的格律，只能说是编者对诗词格律不了解了。至于尾联的两个错字，我猜想是编者将"續"误作繁体"績"，"雩"误作繁体"雲"，然后写成简体"绩"和"云"。

又如 P18 说：昔时，横州古城墙小南门旁有月光楼一座，专为观赏这一美景而建。现楼已毁，但诗还存：

月光澄练

登楼远眺郁江景，月色江水明如镜。

彻底襟怀尘不染，激流无余别绪萦。

此诗有三大问题。一是诗题应是"月江澄练"，意思是弯弯的郁江像洁净的带子，说"月光澄练"不通，或者即使讲得通，也不是横州独有之景了。二是"江水明如镜"与"激流"；"尘不染"与"别绪萦"凑在一起，不知所云。三是不讲平仄粘对不讲韵。

有类似问题的诗还有：

宝华朝烟

宝华朝烟真胜景，万山第一建文称。

松苍柏翠茶又绿，白毛香茶早驰名。

海棠暮雨

郁水飞泻过西津，海棠暮雨碧沉沉。

瞬间雨过无觅处，劝君珍惜寸光阴。

天窟归云

窟寄乾坤熟点穿，轻系片片白云旋。

散飞清丽入奇境，云横虚灵一洞天。

这些以横州古八景为吟咏对象的诗，《海棠暮雨》一味劝世，《宝华朝烟》则大作白毛茶广告，心思全不在景点上，必非古人所作。而《天窟归云》则是抄明朝横州举人黄文黼的七律《天窟归云》，但不知为什么仅截取前四句，还错了几个字，弄得诗意不通，原本严谨的平仄粘对也一塌糊涂。黄文黼的原诗是：

窟寄乾坤埶点穿，轻绵片片白云旋。

散飞清丽入奇境，层锁虚灵一洞天。

出岫无心恒自若，腾空有势独油然。

几回适兴寻佳处，不尽风光驻足边。

以上列举的问题说明当年的编纂者与写作者都没有静下心来认真读一遍清《横州志》等志书，加上知识欠缺，最终造成这本小册子这么多的错误，实为憾事。

2014 年 12 月 5 日

《横州古今》的硬伤

应天禅林深几许

　　2013 年 3 月 11 日下午，我偶到横县博物馆一游，工作人员免费送给我以及其他参观者人手一本《应天禅林深——横县宝华山应天寺纪录》。此书由横县文物管理所所长孙冬梅任主编，副所长陆彩红任副主编，横县文物管理所原所长黎之江先生编写。文物管理所在《编者的话》说："唯祈抛砖引玉，希望各位有识之士提出宝贵意见。如条件成熟，再印另册，以资大家了解学习横县历史，促进横县文化经济的发展。"对文物管理所编书宣传横县悠久历史，我举双手双脚赞成：早就该如此了。所以回家后就认真翻读，发现竟有不少错漏，担忧再版时影响不好，于是一边遗憾着一边又认真地在书上把错漏标注出来，有四五十条（处）之多。第二天把书交回博物馆工作人员，以尽作为横县人的一份责任。

　　这件事过去了一两年，没见文物管理所回应我。就在我差不多忘记的时候，2015 年，黎健先生惠赠其大作《南乡集》，书中有一篇推介文章，题目叫《应天禅林深——推介一本详尽介绍宝华山和应天寺的读物》，说"其掌握的史料丰富，考据审慎，坚持依靠物证书证说话、著述严谨，逻辑起点准确，经得起学术推敲、辩驳和检验"。读后我隐生杞忧：如果无视此书的错漏一味叫好并推介再印另册发行，则不良影响恐怕有损其宣传横县的良好初心。因此，我得把自己的看法也摆上台面，以求教于编写者、主编者及推介者诸位先生，同时接受读者的评判。我希望这一声不叫好的"争鸣"能有助于把《应天禅林深——横县宝华山应天寺纪录》包括其他正面宣传横县的书改好写好，而不至于引起题外的另类解读。

我以为，横县文物管理所编的《应天禅林深——横县宝华山应天寺纪录》不过一本小册子罢了，讲的又是横州人都懂的建文帝故事，能深到哪里去？但是，一定要说深，就深在以下三个大的方面：

一、因误读而深。

所谓"误读"，就是误读史料。误读常常误导读者，使之误信乃至迷信，是谓深。读者如果以误传误，则谓之深且广也。

如把四川简州聚福寺靖迈误以为广西横县西南的聚福寺靖迈（横县西南有无聚福寺姑且不论）。下文所引见《应天禅林深——横县宝华山应天寺纪录》第6页，引文中省略号为笔者所加：

唐贞观十五年（645年）玄奘求法回国不久，在唐太宗的支持下，于长安弘福寺组织译坊。据《慈恩传》，参加译场的都是在全国各地选拔熟谙经论，透彻了解大小乘经义，颇有名望的僧人……

缀文组九人中有简州（今横县西南）聚福寺靖迈僧人参加……

在唐代横县有这样出名的寺庙，能有这样的高僧选送到译场工作，说明了当时横县佛教事业的兴旺发达。同时，也说明

应天禅林深几许

245

横县的寺庙及佛教高僧的人才在全国的知名度非常之高和横县佛教文化积淀的深厚。影响着周边县境内的佛教文化事业，促进了一方佛教事业的发展。

读来感觉很爽，很自豪。但一查资料，却不对了。横州曾经称过"简州"，这不假，且治所就在今横县西南。但那是在隋开皇十一年至十八年（591—598年）仅8年时间。又，唐武德四年（621年）再称简州，因四川已有简州在先，所以两年后又改横州的"简州"为南简州，11年后的唐贞观八年（634年），把南简州改为横州。也就是说，唐贞观十五年唐玄奘组织的译坊如果有简州聚福寺高僧靖迈的话，那必定是四川的简州，因为我们这里既不称简州，也不称南简州，而叫横州了！既称横州，我们有什么理由把人家四川的简州聚福寺连同它的僧人靖迈记入自己的名下攫为己有呢？

又如《重建隐龙殿碑记》曰："巩感仕途之善匿而潜易先帝之手迹也，有'万山第一圣人题，御笔星辉守吏携'之句；又悲帝遇之穷而伤浮屠之无识也，有'塑像长春传老佛，至尊隅坐冷凄凄'之句。"编写者误读为（见第22页，原文照录）：

此篇（指《重建隐龙殿碑记》）认为郭巩是携匾之人，根据郭巩诗的内容来看，郭巩谪廉路经横州，慕名宝华山应天寺之万山第一，他去查访，并留下"州守携去"。查1620年前里人施怡已建文帝手迹"万山第一"四字制匾立，1635年郭巩上宝华山应天寺，看见的应是施怡立有临摹建文帝手迹的匾，1637年徐霞客才到宝华山有记录，故此"万山第一"不是郭巩携去，而是郭巩当时听僧人说"州守"携去。又据邓士奇考证，建文帝在寺亲颜"万山第一"四字额于寺门。1591年州守钟大成新装建文帝像额隐龙殿，仍颜帝提四大字。1595年李南英任，1598年彭学夔任，1599年蒋立敬任，1601年柳国贞任，1606年王阶任。1595年前至1620年间，就是这几位州守先生，是谁州守携去，追查的范围就很小了。

此段文字有两处明显的误读。一是《重建隐龙殿碑记》并没有认为郭巩是携匾之人，恰恰相反，是认为郭巩遣责州守携去万山第一匾。误读的原因在于编写者把"巩感仕途之善匿而潜易先帝之手迹也"从"巩感……也，有……之句；悲……也，有……之句"中割裂出来。二是说"万山第一"被"1595 年前至 1620 年间"的州守携去。这是错的。最早说州守携去"万山第一"匾的是明朝横州人陆舜臣。清康熙年间的陈奎在《南山遗事记》就说得很清楚明白：建文帝"亲书寺门曰：万山第一。后为州守携去。今所悬者，乃摹仿遗迹也，事载州志。"陈奎所谓的"州志"，指的是明嘉靖三十九年（1560 年）陆舜臣编成的《横州志》，这是当时横州留存下来的唯一州志。也就是说，所谓州守携去"万山第一"的事发生于嘉靖三十九年（1560 年）前并且被陆舜臣记入其所编写的州志。而编写者误读为陆舜臣之后的州守携去，还一一列出了这段时间里几任州守的名字，告诉读者说"追查的范围就很小了"。读者如果误信，真的根据如此准确的"逻辑起点"去追查"是谁州守携去"，就算查到死也查不出结果，你说深与不深？

至于第 8 页把明朝人王济《君子堂日询手镜》（横县端书图书馆藏书，下面引文的省略号为笔者所加）说的"州城南门外渡江陆行数里有宝华山……余屡欲一登，终以事阻。人云其中径路岩洞萦纡幽回……闻昔尝居千僧，一巨锅炊可饷数百人者，尚漫沙土中，地出两耳，人行其中不碍。间尝有见浮出溪涧者，次日相率往观，居然在焉……"误读为第 86 页"州判王济闻人所说奇闻，不甚相信，次日带人前往察看，居然还在"；把第 8 页"中殿岿然仅存，旁舍存数野衲而已"，误读为"中殿岿然，仅存旁舍，存数野衲而已"；把第 8 页建文帝"行脚至横之南门寿佛寺"，误读为第 9 页建文帝"徒步来到南山寿佛寺"；把第 19 页《重建隐龙殿碑记》的"予亦初不知其托足于斯。庚辰秋，客游槎浦，耳食南山寺之名，因奔驰道路，羁困尘嚣，又不得涉崔嵬而探所为先帝遗址者"中的"客游槎浦"，误读为第22页"有两种解：本人不是横州人，是客；另一种是主人陪客人游宝华。按内容看，主人陪客人游槎浦更为恰当"，已属又小又浅的方面了。相信读者两相对照能辨出正误，为节省篇幅计，不再详释条陈于兹，尚祈鉴谅。

二、因逻辑混乱而深。

逻辑混乱，文章的论述就乱。或者论题、论据虚假，或者概念不清、前后矛盾，或者偷换概念，或者强词夺理，总之是云遮雾罩，使读者满头雾水，是谓深。

如王济的《君子堂日询手镜》云：

横人相传建文庶人靖难时，削发为佛徒遁至岭南，后行脚至横之南门寿佛寺，遂居焉十五年，人不之知。其徒归者千数。横人礼部郎中乐章父乐善广亦从授浮屠之学。恐事泄，一夕复遁往南宁陈步江一寺中。归者亦然。遂为人所觉，言诸官，达于朝，遣人迎去。此言亦无可据，今存其所书"寿佛禅寺"四大字在焉。

编写者在第11页分析说（文中省略号为笔者所加）：

文章重点介绍了两个史实：一是寿佛寺确实存在……二是建文帝手迹"寿佛禅寺"确有其事。作者写道"此言亦无可据，今存其所书'寿佛禅寺'四大字在焉"。传说不足信，但书证、物证不容置疑。

在《君子堂日询手镜》里，王济开宗明义就说建文帝在横州的故事系"横人相传"，所谓建文帝手迹"寿佛禅寺"当属相传的范畴。而编写者一开口，就变成了"史实""确有其事"，偷换概念一步到位，连"推敲"都省了。而且否定了传说，却又肯定了传说中的物证，你叫读者如何不头晕？

又如《论述》一章，编写者罗列了很多材料，但能够勉强被"论述"这个概念外延圈中的只有两三篇文章，其中以《建文帝隐居南山应天寺初探》相对符合规格，其余有的虽有论有述，但与横县南山应天寺没有关系，或者只有间接关系，如只论述建文帝是否出走，有的纯粹是记叙散文或故事、志书条目、对联甚至流水账式的记事，与"论述"八竿子打不着边。如此拉拉杂杂堆在"论述"这个篮子里，是否可以看出编写者学术推敲时有点"执得上篮就是菜"的草率和简陋？

兹以发表于《广西师院学报》1989年第4期的《建文帝隐居横县南山应天寺初探》（见第44页）为例来探探其是如何进行学术推敲的。

先看文章的逻辑结构。此文共分五部分。第一部分直接论述建文帝的下落，得出两个结论：一是"建文帝确实是出走了"；二是建文帝出走期间，"曾隐居广西横县南山应天寺"。这两个结论就是全文的论题，尤其是建文帝曾隐居广西横县南山应天寺更是文章论题中的论题，文章就是围绕其来展开论证的。第二部分引明朝名人徐霞客认定"万山第一"是建文帝手迹来论证，第三部分引建文帝的手迹、诗以及《横州志》的记载、南山白毛茶等传说来论证，第四部分从南山"应天禅寺"的得名来论证，第五部分用南山的地理位置来论证，并作总说以应论题。

文章如此布局，确是中规中矩，符合人们认知事物的思维规律，值得赞一个的。但第五部分的总说却违反了同一律的要求，得出了与文章论题不一致的结论来了：

以上所说可以看出，建文帝隐居广西横县南山应天寺是有很大的可能性，但要真正确认"隐横说"，关键还在于真凭实据，特别是相传建文帝亲笔题字"万山第一""寿佛禅林"匾额的实物考证。此匾真迹是明朝横州守携藏匿，真迹失落已无矣，至今也未能寻觅得到。而寺也历经沧桑，年久失修，再加上"十年浩劫"破坏，寺中遗迹所存不多。现在能见到的石碑数块和残旧的寺庙，还有相传建文帝手植茶树之根砧等，这对真正考出物证确是带来很大的困难……

也就是说，针对"建文帝曾隐居广西横县南山应天寺"这个肯定性的论题，编写者认认真真论证了半日，论着论着居然得出了可能性的结论，说是"建文帝隐居广西横县南山应天寺是有很大的可能性"。为什么如此前后不一致？原来，"坚持依靠物证书证说话"的编写者拿传说中"万山第一""寿佛禅林""白毛茶""茶树根砧"这些没有经过考证不具备确定性的东西来作"确认'隐横说'"的论据。因为论据的不确定性，注定其无法按同一律的规则推出合乎逻辑的结论。

那么，这前后不一致的逻辑问题，能不能如黎健先生那样轻轻松松解读为"在为读者提供了大量可供思索和考据的材料后，最后将判断和话语权交还读者，非常令人玩味"？答案是不能。因为编写者并不是将前人的有关著述原汁原味的摆上台面让读者自行判断，而是先入为主地梳理了这些材料，预设了论题，备足了论据，做足了论证，得出了结论，那还有什么能交还读者的？退一步说，就算能"交还"读者，这前后不一致的问题难不成就能玩消失？更何况"判断和话语权"是读者天生就有的，也从未被编写者剥夺去，哪来交与不交的说法？

回过头来，我们再看看编写者是如何"严谨"地推敲出"建文帝确实是出走了"这个结论的。第45页曰：

《新编中国史话》也称"郑和下西洋，据说还有个秘密使命，即寻找那个在靖难之役中逃亡了的建文帝。这个使命大概没有完成，史书也未留下任何记载，它只能作为一个历史悬案，难以深究了。"郑和七次下西洋是于永乐三年至宣德六年（1405年至1431年），这和建文帝出走云游时间相同。很明显，如果朱允炆已于朱棣攻占南京时被烧死，那么，明成祖及其继位者绝不会千方百计派人寻迹绝患。由此看来，明建文帝确实是出走了。

一段连明朝人清朝人包括编写《明史》的诸多被墨水灌大泡胀，杀过科举五关六将的巨擘宿儒都难以深究的"历史悬案"，被编写者仅仅根据郑和下西洋"和建文帝出走云游时间相同"，就推断"建文帝确实是出走了"，我总觉得这"学术推敲"似乎不地道。因为《新编中国史话》称郑和下西洋寻找建文帝是"据说"，而编写者却用来推敲并得出"建文帝确实是出走了"的结论，无形之中把人家的"据说"偷换成了"史载"。另外，根据形式逻辑三段论的推理规则，可以还原出编写者"学术推敲"时暗设的大前提：凡是出行时间与建文帝出走时间相同的，都是去寻找建文帝。这，不是很荒谬吗？

三、因错漏太多而深。

这里所说的"错漏"，单指别字、漏字、衍字、别句、悖于常识等，不包括可以商榷的问题。如果连误读、逻辑错误、语法错误都算上，全书共97页，至少有错漏100处。

所谓因错漏太多而深，这样的表述我自认还欠严谨。因为有的错漏很浅，一看就能看出来，如第2页"年封已久"、第33页"中华民国七十四（1963）年"、第48页"名符其实"；有的错漏甚至挺逗的，"扑哧"一笑就过去了，再多也不觉得深。如第38页"祖宗万历皇帝"，一看就知道是"神宗万历皇帝"之误；又如第43页"眼珠脱框而出"，一看也能知道是"眼珠脱眶而出"，等等。说深是因为有的错漏错得毫无学术，常常绞尽脑汁猜得死去活来，也不能保证弄得明白。这种错漏即使不多也噎得头昏脑涨。比如第8页介绍横州人乐章是"景泰元年庚午科经魁进士"，我就弄不明白那一年乡试，乐章怎么就能"一石两鸟"，既中了举人又中了进士？如第41页"阅罢楞严磬懒敲"，我也弄不明白和尚喃经时为什么不敲木鱼不撞钟，而敲大石头？又如第89页"建文帝授予乐为化中庸之道和长寿之法"，我更不明白为什么建文和尚不讲佛经而大谈儒教的"中庸之道"和道教的"长寿之法"。第41页的七绝"流落江湖四十秋，归来不觉雪盈头。无端入到烟雨中，忍泪吞声哭未休"，读后我很惊讶，享受最优质教育资源，受到最高等教育的建文帝写诗如此之不堪，不说章法，就连七绝的基本格律都弄不清楚，等等。

　　一段横州许多人都耳熟能详的建文帝在横州的故事，之所以越说越"深"，根源在于编写者和编者没有真正读懂前人的说法，又没有新的考古凭据，只靠一颗乡心就想把几百年前的传说证成史实，结果越说越糊涂。其实，宝华山应天寺建文帝的故事我们大可以再传说下去，甚至可以续编或改编，让前人留下的故事为我们的生活增添点乐趣，但前提是要圈定在"传说"或"故事"里面。

　　以上所述，仅是笔者一孔之见。虽然尽心尽力了，但我不敢保证自己所引所论一点错漏都没有，都经得起推敲、辩驳和检验。毕竟学海无涯而个人能力有限，诚挚欢迎读者批评指正。

2016 年 4 月 20 日

横县百合完全中学的一本老校刊

横县百合完全中学的前身是横县私立鳌山初级中学，建成于 1942 年 3 月 24 日。5 年后，学校举行建校 5 周年庆典，印发校刊《横县私立鳌山初级中学五周年纪念特刊》（见图 1）。这是横县目前所能见到的最老的校刊。

学校出校刊，本也寻常，如同横县校椅完全

图 1　老校刊复印件

中学的《白鸟衣》、横县中学的《太阳雨》、横县职中的《新荷》一样。但这本解放前的校刊却使我印象深刻。

首先，校刊的开头赫然有广西省政府主席黄旭初的题词，还有广西省政府委员、省参议会议员及全国国民大会代表黄朴心，广西省政府委员、横县东区①百合镇大炉村人陈寿民，时任横县县长侯甸，广西省政府委员、第四区专员公署保安司令部少将司令黄中廑，中央训练团少将团员、广西省保安司令部参议、横县东区嘉泰乡人黄季燊，南宁第四军官大队大队长、横县东区元福乡圩背村人莫蛟，留邕名誉校董、横县东区人陈民楚等八人的题词。这是我见所未见的。

其次，校刊刊载的文章多是老师所撰，内容涉及工业、农业、林业、教育、文学创作、外交等，这是我见所未见的。

最后，该校的教学活动和管理方式，也是我见所未见的。

其一，先说题词。

广西省政府主席黄旭初的题词是"学而致用"。

意思是说学习的目的是为了实际应用，而不是读死书，死读书。

黄旭初是广西容县人。先后在容县师范、广西陆军速成学校、北京陆军大学读书或习武，曾任国民革命军第七军旅长、师长，国民革命军第四集团军第十五军军长，广西省政府主席，是主政广西的李宗仁的得力助手。任省主席期间，聘请南宁人、祖籍横县的著名教育家雷沛鸿任教育厅厅长，大力普及基础教育，使广西教育成为全国"模范省"。1940年国民政府在全国推行广西普及基础教育的经验。黄旭初晚年定居香港，1975年11月病逝。

广西省政府委员黄朴心的题词是"树德务滋"。

这是出自《尚书·泰誓下》的一句话，意思是施行德政，应力求使百姓普遍受惠。用在5周年纪念特刊上，是说要面向民众把鳌山初中办好，使之普遍受益。

黄朴心是贺州市八步区莲塘镇新莲村人。曾在北京大学、法国巴黎大学、德国富来堡大学、苏联莫斯科东方大学就读。任过教授、第四区（南宁）行政专员兼保安司令、广西省政府委员兼教育厅厅长等职，是广西省参议会议员及全国国民大会代表，1988年12月在马来西亚逝世。

广西省政府委员陈寿民的题词是"提高地方文化之水准，树立科学建国之根基"。

把地方文化水准和建国根基联系起来，勉励地方和学校师生办好鳌山初中，立意很高。

陈寿民原名陈善祺，是横县东区大炉村（今属百合镇）人，生于1893年，毕业于日本东京法政大学法律科，中央训练团党政高级班二期毕业。1924年曾任横县教育局局长，此后历任容县、思恩（今环江毛南族自治县一部分）、平南、邕宁、桂平等县县长，广西第五区行政督察专员兼保安司令、中国国民党广西省党部执行委员及书记长、广西省政府委员兼秘书长、广西省政府顾问等职，1986年7月29日逝世。

广西省政府委员黄中廑的题词是"礼教兴行"。

这是勉励师生办好鳌中，促进地方文明的意思。

黄中廑是南宁人，毕业于清华大学，先后在美国斯坦福大学、威斯康辛大学读书，获政治硕士学位。回国后曾任广东中山纪念中学首任校长、国立中山大学法学院教授、第四区专员公署保安司令部少将参谋、广西省政府委员、秘书长等职务。

横县县长侯甸的题词是"作育英才，发展文化"。

"作育"就是"培育"。

侯甸是广西苍梧县人，中共地下党员，1945年12月至1947年3月任横县县长。新中国成立后曾任国务院文化部对外文化联络第四司司长，中国演出公司总经理，广东省文化局局长、党组书记等职，2005年6月逝世。

中央训练团少将团员、广西省保安司令部参议、鳌山初中第五任校长、横县东区嘉泰乡人黄季燊的题词是：

德育、知育、体育、群育为人生事业发展之原动力，是国运、家运永续无替长生不老之根源。吾人入校修训，即是修训此四大项目；吾人朝夕所教，即是教此四大项目。此四大修训是毕生必修科，永无结业期。要同样并重，平衡发展。

群育，就是指集体主义理念、精神与行为的养成。

中央军校第一分校（南宁）高级班毕业，南宁第四军官大队大队长、横县东区元福乡圩背村人莫蛟的题词是：

畏缩顾忌守旧乃劣等人种之生活行为，苟吾人不甘自弃，则当知人类与宇宙均具有无穷之生命，更当知吾民族正是美丽少年的黄金时代，不独可以克服目前一切困难而造成政治社会之新风气，以恢复我国之隆盛时代，抑且进而创造我中华民族之新生。

莫蛟题词后于 1947 年 11 月出任横县县长，1949 年 7 月调任南宁、邕宁行政督察专员，10 月任新编第十四军四十三师师长。任职期间组织扫荡队到各县竭力镇压革命群众。《横县县志》说他在横县杀害无辜群众 160 人，捕禁 416 人，焚烧民房 412 间。1949 年 12 月人民解放军解放南宁，莫蛟逃跑时被擒，1950 年 12 月 20 日被押回横县在旧体育场即今迎宣门外龙池小学西头附近公审枪决。

留邕名誉校董、横县东区人陈民楚的题词是：

鳌山耸后，鲈水环前。

作育斯地，英才蔚然。

休哉管训，缔造维艰。

五周纪念，邕管遥瞻。

"邕管"就是南宁。

如果撇开时代，撇开题词人的身份，撇开意识形态，这些题词放到现在同样站得住脚。如黄季燊的题词强调德育、知育（知同智）、体育、群育全面发展，平衡发展，强调终身学习，这与我们现在说的德智体全面发展活到老学到老能有多大的差别呢?

其二,说说校刊里的文章。

校刊里共载文章16篇,其中9篇是老师所写,如《本区教育的面面观》《改进本区农业刍议》《论中国今后的工业建设》《略谈文艺作品的产生》《暹罗排华计划扩大的危险性》等。

这些文章的论题又大又阔,大都超出一个教师力所能及的范围,因此所写内容不是空虚浮泛就是蜻蜓点水,比如《改进本区农业刍议》,只从作物、森林、肥料三方面提出改良意见,远远不能满足论题的要求,更不必说《论中国今后的工业建设》了。

同样的问题甚至也出现在学生的文章中,如一篇题为《新青年的新事业》的论文,全文分四部分:

第一,绪论——新时代的新青年。

第二,新青年的新事业第一是笃信实行三民主义。

第三,新青年的新事业第二是要发展科学。

第四,结论——新青年应该建立伟大的新中国。

这四部分,每一部分都是一篇大文章,这岂是初中学生所能胜任的呢?

我想,之所以如此,可能是学校想展示师生教学之外的学术水平而精心布置的。又或许纵论国内外大事是那个动荡时期的流风,正如莫蛟题词开口就是人种、人类、宇宙、中华民族一样。

如果要说有什么值得肯定的,那就是师生在教学之余能把视线转向课堂之外,关心国事,关注民生,这比两耳不闻窗外事,一心只读圣贤书要强得多。另外,老师写文章在校刊上发表,对学生是个很好的鼓励,对办好校刊是个很大的支持。反观现在,老师们似乎很不屑于这样做。

其三,学校的学生自我管理与课外活动,值得我们借鉴。

比如在管理上，学生组成管理委员会，参与学校图书、体育、卫生、实验用品的采购，实行财政公开。

成立学生膳食委员会和学生柴水费管理委员会，参与和监督学校的伙食采购工作，等等。

校长朱守正在《鳌中的纵剖面和横截面》（此文被辑入1990年《横县年鉴》）中，向参加校庆纪念活动的家长们介绍学校教学情况。他说：除了教学之外，学校特别重视课外书的阅读与训练，"精读、浏览、观察、写作、解答问题，尽量利用耳目手足和大脑，使其一步一步地前进，不特窥见'家室之好'，而且可看见'宗庙之美，百官之富'"。此外还开展国防训练，每学期定期举行野外行军、野炊、旅行……组织游泳、狩猎甚至骑马射箭等等。记得雷沛鸿曾批评有的学校尽量增加教学科目，使中学生"每天上课的时间，由五小时增加到六小时乃至于七小时，把活泼泼地青年，整日价的关闭在死板板地教室之中"。观照现在学校满堂灌的教学模式与所谓的封闭式管理，难道不觉得汗颜，不觉得有值得借鉴和改进之处吗？

70多年后的今天，我捧读这本老校刊，内心仍然为当时社会各界重视教育踊跃捐资办学所撼动。鳌山初中名曰私立，是相对县立中学（今横县中学）而言，实际上并非私人设立，而是当时的横县东区百合镇以鳌山北辰寺前面的县立高级小学为基础，增建校舍而成。东区其余9个乡嘉泰乡、公安乡、元福乡、长吉乡、克安乡、联平乡、平嘉乡、罗凤乡、均安乡各派捐国币500元。百合、联平、元福、克安、嘉泰、长吉、均安等7乡镇捐国币50元以上者共237人。横县时任县长王文效捐国币100元（民国三十二年即1943年王文效又促成西区、北区创立校椅西北中学）。曾任县立中学校长、桂平县人李破礁捐国币50元（横县中学校史说李破礁是平南县人，这是错的）。横州人施恒益、金明茂等16人各捐国币50元。平南县首富高仕佳捐国币5000元。黄季燊捐国币1000元。莫蛟捐国币1000

元。尤其是陈寿民，他除了捐国币 2300 元，并捐一大套《古今集成》全书，共 1900 册，折合国币 4000 元。此外，还与黄季燊、陈民楚连续担任 3 届学校董事会的校董。此次题词活动，必是陈寿民从中运作。因为陈寿民在黄旭初手下任过秘书长，又与黄朴心、黄中廑同是政府委员。侯甸曾在陈寿民任书记长的广西省党部供职，又任过横县县长。而黄季燊不仅是东区人，早期还是黄旭初的参谋长。于公于私，他们几个的关系应该很铁。当然也与黄旭初重视教育有关。一个万民仰视高高在上日理万机的省长，能俯下身段为农村一间只有区区 21 个教职员工、213 个学生的私立初中题词，从中可以看出当年广西教育享誉全国的"模范省"并非浪得虚名。

凭这一点，百合中学就应该把黄旭初的题词"学而致用"定为校训，就应该在校园里树一尊陈寿民的塑像，就应该把当年捐资者的芳名重新刻碑。

不过，这些题词应该是 5 周年纪念活动过后才收齐并补订成册的，如黄季燊的题词注明时间为民国三十六年（1947 年）四月，是纪念活动过后才题写。如果纪念活动之前收到，则董事长韦汝济或校长朱守正的文章理应对题词者表示感谢，而皆没有提及。但这并不能削弱这些题词本身传递出来的非同一般的意义。

2011 年 12 月 9 日

✠ 注：

①东区是横县民国时期划分的行政区域，包含了今天的百合镇和马山乡。

莲塘街有座『字纸库』

以前读书，曾见有"敬惜字纸"之类的说法，知道古人崇尚读书，把读书奉为最高境界，如老对联"世上数百年旧家无非积德，人间第一件好事还是读书"。还有童蒙教材《增广贤文》里的"万般皆下品，唯有读书高"等。清人成石金甚至说"惜字一千，延寿一纪"。一纪就是12年。他认为惜字就是"不以字纸抹桌拭污，不以字纸糊窗糊壁，不以字纸覆瓮，不以字纸包银裹物，不以字纸放口内乱嚼，不以字纸与妇女脱鞋剪样"。

把读书喻为第一件好事，还因为"书中自有千钟粟，书中自有黄金屋，书中自有颜如玉"，不过成石金没有说破。总而言之，我以为古人"敬惜字纸"无非是对事关前途命运的文化的敬仰，不随便作践或丢弃写有字的纸张。

读了1943年《横县志》刊载的《字纸库碑序》，觉得古人"敬惜字纸"源于对儒学的崇尚：

字纸库碑序

盖闻字为两间秀气，千古文章。洛出丹书，

启阴阳之秘钥；制始仓颉，洩宇宙之光华。析理道则深入显出，达心意则极远穷高。原天下之至宝，万物最当先者也。宜乎重若球图，不与落花而俱扫；何堪委彼尘土，至偕荒草而同埋哉？爰是会集同人，共襄美举，卜地圩南，作库社左。广收断简残篇，不遗片纸只字。统诸子百家之众，尽入包罗；括经天纬地之文，均归陶铸。愿吾侪金玉惜其音，不可弃也。须随在珠玑存乎念，拾而藏之。是为序。

其大意是说，文字是阴阳两间的精华，成就千古文章的载体，是我们认识阴阳和宇宙的钥匙，是天下万物最宝贵的东西，不应与落花与尘土埋在一起。所以会集同人，在圩南面社屋的左边，建字纸库，广收断简残篇，片纸只字，收归字纸库煅烧。希望大家要把字纸当作金玉明珠来爱惜，不要乱扔。

阴阳论是古人认识世界乃至宇宙的基本理论。阴阳的提法最早来自《周易》，它是专讲占卜的书。后来春秋时期的《老子》以"道"来解释宇宙万物的演变，也有阴阳的提法。老子说："道生一，一生二，二生三，三生万物，万物负阴而抱阳，冲气以为和。"既然"道"是万物之始，而万物又负阴而抱阳，那么所谓"道"者，就是阴阳统一体了。所以解释《周易》的《易传》说"一阴一阳之谓道"。

《周易》被儒家奉为五部经典之一，是因为后人解释《周易》时融进了儒家的尊卑伦理学说。如阳为尊，阴为卑，进而发展成三纲五常的等级伦理，为专制统治者奴役百姓维护社会秩序提供了系统的理论。汉武帝罢黜百家独尊儒术后，儒家学说一家独大。一千多年来，历代专制王朝开科取士，考的多是儒家学说。而当时所有读书应考的人，读的是《四书》《五经》，说的是子曰诗云，如鲁迅笔下的孔乙己，分豆子给小孩吃，分到最后没几颗了，他对小孩子们说"多乎哉？不多也"，这句话就是出自《论语》。这些人从肉体到灵魂，没有不拜孔夫子的，对记载儒家经典的字纸自然有一种崇敬的心理。

此外，科举考试要求应试者完全按照圣人的口气来写文章，不能自由发挥。《秀林书院学约》就说得明白："制艺代圣贤立言……学者必心圣贤之心，学圣贤之学。"所以，不论应试文章还是平时的习作草稿，所写所引所改，无不是圣人的语言或口吻，而写有圣人只言片语的字纸自然要被读书人敬若神明而不敢亵渎了。

文字与纸张都是文化的载体，在儒学一家独大的专制社会，字纸承载的无疑就是儒家文化。不过，崇尚儒学到了连只言片纸都不能乱丢的地步，甚至与人的寿命挂钩，就异化成唬民愚民之术了。在专制社会，读书识字是少数有钱有势者的专利。识字的人越是把文字渲染得神乎其神越能抬高自己，就越能愚弄与震慑百姓。而大字不识一个的草民只能匍匐在读书人的脚下，连头都不敢抬起来了，无怪乎孔乙己老穿着象征读书人身份的蓝长衫。

舍此，还能有什么呢？

当然，儒家文化是我国古代文明的一部分，需要我们继承和弘扬，但必须经过甄别，有取有舍，为时所用，与时俱进。所以，我认为即使在今天也应提倡"敬惜字纸"，除了对文字、纸张乃至文化要有敬仰之心，不乱写乱画外，还出于节约能源和环境清洁的考虑，没有一味代圣贤立言，更没有鄙视妇女的意思了。

《字纸库碑序》写于清光绪八年（1882年），由横州举人钟荣辉执笔。全文不到两百字，骈散并用，以骈为主，是一篇言简意赅文气贯畅的好文章。其文末注曰：知州徐炳文建于莲塘圩。可知这个位于"圩南社左"的字纸库，乃在莲塘圩的南面社坛左边。光绪八年即1882年，距今已有131年之久，不知遗迹尚存否？

2013年11月3日

乌蛮滩的前世今生

　　乌蛮滩是乌蛮山脚横亘于郁江的滩头，滩岸有伏波庙。

　　乌蛮山之所以叫乌蛮山，旧志说："昔有乌蛮人居此，故名。"但任粹说，乌蛮山并非原名，它的原名叫乌岩山。

　　任粹于宋庆历丙戌年（1046 年）出任横州知州，他说：

　　我将要到横州任职时，奉常二卿刘公写诗送我，诗里有"乌岩积翠贯州图"之句。我到横州后就去找乌岩山，但找不到。当地父老知情者告诉我说："现在的乌蛮山原叫乌岩山，五代时期刘岩称帝，因避其名讳改称乌蛮山，直到现在。"刘岩一时的僭窃，却使名贤千古庙貌，误用这个"蛮"字，应该改用其原来的"岩"字。大家一致赞成，于是修庙建碑，用来更正这个错误。

　　任粹说的"蛮人"指"乌浒蛮"。据清《横

州志》载，其国在交趾西，其人顽冥不化。人称"啖人国"。汉朝时郁林太守谷永曾招降十多万人，安置于内地，其中一部分安置于乌岩山一带居住。

刘岩就是五代时期的南汉高祖皇帝。他的父亲刘隐于唐天祐二年（905年）任清海军节度使，辖岭南两广地区。刘岩于南汉乾亨元年（917年）称帝，传三世至北宋开宝五年（972年）被北宋灭亡。所以北宋州官任粹认为刘岩称帝是"僭窃"，避其名讳改乌岩山为乌蛮山，有损于伏波将军的威名。但刘氏统治岭南达七十余年，其影响不可谓不大。任粹修庙建碑后，当地民众仍言必称乌蛮山、乌蛮滩。

明嘉靖二十九年（1550年），明朝南宁府知府王贞吉也许认为"蛮"字对伏波将军有所不敬，干脆下令将乌蛮滩改为起敬滩，勒石立碑，上刻"起敬滩"三个大字，题款曰："此滩昔名乌蛮，今更起敬，往来士民请再勿呼旧名。"

明崇祯十年（1637年），明朝人徐霞客游横州谒伏波庙，见到任粹当年修庙之碑和王知府所立之碑。他将任粹的话和王贞吉的碑文摘入游记中，但他记录王知府的碑文却是："乌蛮非可以渎前古名贤之祠，易名起敬滩。"

徐霞客游记被后人誉为"世间真文字、大文字、奇文字"，却为何错记了王知府的碑文？

王知府的碑碑文深刻，至今仍清晰可辨。它倚墙而立，阅尽沧桑，漠然默对我的迷茫。

乌蛮滩在当地老人眼里非同一般。据老人说，乌蛮滩是"八宿"地。八宿者，蜈蚣也。蜈蚣在民间文学中是神异之物。又说这一带山地有"福如东海寿比南山"8块吉地，而伏波庙正处于"寿"地上。这些说法使乌蛮滩陡然增添神秘色彩，再加上伏波将军神灵的传说，人们敬而畏之，不敢轻易砍伐山上的树木，不敢在附近取土、垒坟，客观上维护了乌蛮滩的自然景观。所以，乌蛮山自古以来树木重叠掩映，氤氲幽谧。在各州县都拼凑"八景"的年代，乌蛮山自然成为横州八景之一，称为"乌蛮积翠"。文人墨士为之咏诗赋词，但没有谁说得很明白，这个景点如何的"翠"。

明人陆嘉鲤《乌蛮积翠》诗曰：

> 遥指烟蛮翠色重，微茫一径湿云封。
>
> 妆描不假丹青手，秀丽都归造化工。

他只是远远地瞄一眼，云遮雾罩什么也看不清。

清人陈奎写《乌蛮积翠》：

> 乌岩形胜久称殊，积翠分明列画图。
>
> 倒挂枝头啼杜宇，长流水面戏鸥雏。
>
> 悬崖叠叠开青障，危石层层长绿蒲。
>
> 大地桃源三百界，更于何处访蓬壶。

诗人看清了，首联即说"积翠分明"，但颔联却"王顾左右而言他"，颈联回到了"翠"字上，然只见石头不见林，仿佛一堆层层叠叠长满绿蒲的石头山，尾联却又说翠得像仙境。可又有谁见过"蓬壶"？

也难怪，要以区区几十字来写出乌蛮山的翠，委实苛求诗人了。

乌蛮山确实秀出群峦，但它的神韵只有身心清寂时才能心领神会，而我们往往身坠欲海心惹凡尘无法清寂。

实际上，乌蛮山最值大书一笔的是乌蛮滩。

乌蛮滩长6公里余，其间礁石星罗棋布，犬牙交错，水流湍急，骇浪千重。舟行其间，险象环生，或毁或沉，吞噬人财无数。

东汉建武十七年（41年），交趾（今越南北部）女子征侧反汉，占领岭南数十个郡县。光武帝命马援为伏波将军平叛。传说马援率军乘战船受阻于乌蛮滩，命将士凿礁疏流。大军逆江而上，所向披靡。马援立铜柱为汉界，奏凯回朝。

乌蛮滩成就了马援的威名。

从此以后，当地百姓把马援奉为能降伏波涛保舟楫平安的神灵，在乌蛮滩建庙祭祀。凡过滩者必焚香祈祷，往来帆樯燃放鞭炮示以崇敬，成为乌蛮滩人文一景。

虽然如此，1900多年来，乌蛮滩仍奇险无比，声名远震。清康熙六十年（1721年），横州官府还在乌蛮滩设置救生艇，专事抢救遇险船只。

明末清初诗人屈大均曾渡乌蛮滩，读他的记载，仍感觉到四百年前他的余悸。他写道：

乌蛮滩……为西南湍险之最……滩有四：曰雷霆，曰龙门，曰虎跳，曰挂舵。每滩四折，折必五六里，出入乱石丛中，势如箭激，数有破溺之患。

清人蔡廷兰的《海南杂著》记载他路过横州乌蛮滩的情景：

是午下敬滩，流疾如箭，湍激不能直行；夹水乱石巉巉，犬牙相错，中间一线，左右斜穿，舟与水争路……

浮生如梦，一眨眼就过去了。但是，当你把身家性命托付于一叶扁舟，任由它鼓荡漂摇于非生即死的畏途时，这是何等的魂飞魄散啊！

蝼蚁尚且惜命，何况人呢？

如今放眼十里长滩，却是礁石遁迹，波澜不兴，千帆浮水，歘然往来。乌蛮滩的险峻，永远成为过去。

但这并非伏波将军的神力。

1957年10月，珠江航运管理局航道工程处第八炸礁队进驻乌蛮滩，全体队员不畏天冷水冻潜水挖坑装炮。随着一声声惊天地泣鬼神的炮响，江面激起数十米高的水柱，炸开的大石飞掷至伏波庙和龙门堂村，惊险异常。

这一炸，历时两月余，共耗炸药九吨，炸除水下礁石五千多立方米。从此湖海波平，天水一色。

在记录这次旷世之炸的壮举时，他们在石碑上刻下如此简朴的文字：

在共产党的英明领导下，为了发展航运，该滩之疏浚首先列入第一个五年计划……

中国第一个五年计划的制订时间是 1952 年，实施时间从
1953 年到 1957 年，也就是说，横县解放不久，百废待兴之时，
党和政府就把事关横县民生大计的乌蛮滩疏浚工作列入计划并按
时完成。

自从盘古开天地，三皇五帝到于今，哪朝哪代有谁如此把
治理乌蛮滩放在心上？

来去匆匆的人们啊，读一读这些朴实的碑文吧，你能感受
到字里行间传递出来的信仰与力量，心灵也会受到一次全新的
洗礼。

马援将军其人其神

伏波大殿正中，竖着马援将军的塑像，他身披战袍，双手
握剑，怒目圆睁。

祭坛上供品琳琅，朝拜者井然有序，虔诚而又肃穆。

知道并了解伏波将军马援的故事，是读他的《戒兄子严敦书》
后。总的感觉，马援是个忠于国事，敦厚谨慎的人。

马援在远征交趾戎马倥偬之际，写信告诫他的两个侄子说：

好论议人长短，妄是非正法，此吾所大恶也，宁死，不愿
闻子孙有此行也。汝曹知吾恶之甚矣，所以复言者，施衿结缡，

图 1 伏
波庙马援坐像
（本文图片皆
摄 于 2012 年
5 月）

申父母之戒，欲使汝曹不忘之耳……效伯高不得，犹为谨敕之士，所谓刻鹄不成尚类鹜者也。效季良不得，陷为天下轻薄子，所谓画虎不成反类狗者也。

其大意是说：喜欢议论别人的长处和短处，胡乱评论朝廷正常的法度，这些都是我最深恶痛绝的。我宁可死，也不希望自己的子孙有这种行为……你们学谦虚廉洁厚重的龙伯高，即使学不好，仍不失为谨慎的人，就是俗话所讲的画天鹅不成好歹还像只野鸭；而学什么事都管，什么人都结交的杜季良，如果学不好，就会成为轻薄子弟，就如俗话所说的画老虎画成了狗。

这些话穿越一千九百年，到于今仍掷地有声，如道目前。

宋人曾丰在《伏波庙》一诗中称赞马援曰：

> 古庙秋深栗叶红，绿沉金镞尚英风。
> 鹄书示子今来少，谁似当年矍铄翁。

"矍铄翁"是光武帝赏识马援的话。就因为这句话，为东汉开国立下汗马功劳的马援年逾花甲再度披挂上马，率军出征武陵。他说："男儿要当死于边野，以马革裹尸还葬耳！何能卧床上在儿女子手中邪？"他最终病死在战场上，马革裹尸以还。

"出师未捷身先死，长使英雄泪满襟"，马援的遭遇同诸葛亮一样，令后世万千豪杰为之扼腕浩叹，更以之砥砺其气。明末抗清英雄张家玉写《军中夜感》引马援以自励：

> 惨淡天昏与地荒，西风残月冷沙场。
> 裹尸马革英雄事，纵死终令汗竹香。

清顺治四年（1647年），张家玉被清兵围困，身负重伤，他临难不苟，毅然投水自尽，壮烈殉国。

能使天下英雄折腰的马援同时又是惊世骇俗，独行特立的侠义之士。他早年经营农牧业发了财，有数以千计的马牛羊，有谷物几万斛，算得是百万富豪了。但他居然把所有财产都分给别人，自己过着淡泊的生活。建武十一年（35年），马援驻扎陇西时，光武帝赏给马援牛羊几千头，而马援转手就将这些牛羊全部分给将士。他说："金钱财产的可贵，在于可以用来救济帮助别人，不然，人就变成守钱奴了。"

放眼现在，滚滚红尘又有谁敢与马援相比呢？

马援的故事与豪言壮语"老当益壮""穷且益坚""马革裹尸"等流传至今，激励着一代又一代的中国人。

古贤有"人生三不朽"之说，即立德、立功、立言。大意是说，人欲死而不朽，须有高尚的道德，有大功于当代，有真知灼见传世。对照这三条，马援将军已然不朽。

但在专制社会，马援只是皇帝棋局中随意处置的卒子。他平定交趾有功，光武帝封他为新息侯，食邑三千户。文臣武将纷纷前来祝贺。马援却说："以前伏波将军路博德开置七郡，才封数百户，今我小小的功劳，不应该享受大县，功薄赏厚，哪里能长久呢？"

功成不居，马援清醒得很，清醒得一言成谶！

当年平定交趾凯旋时，马援拉回一车薏苡（一种植物的种子，别称薏米），死后尸骨未寒即被人说是珍珠，诬为搜刮民间所得。曾对马援称颂有加的光武帝突然变脸，怒而剥夺马援的新息侯封号和赏赐。马援的家人不敢把马援的尸体运回家族墓地安葬，在洛阳城外买了一块地草草掩埋。东汉永平年间，马援的女婿汉明帝追感前世功臣，图画开国元勋二十八将于南宫云台，却又偏偏漏下马援。

此后，为马援鸣不平者代有其人。唐朝人胡曾的《铜柱》诗颇有代表性：

> 一柱高标险塞垣，南蛮不敢犯中原。
>
> 功成自合分茅土，何事翻衔薏苡冤？

清朝人卢之美对马援有功却不能云台画像抱不平，他写《谒伏波庙》云：

> 薏苡疑珠久自明，云台无像意难平。
>
> 而今始信丹青拙，一柱分茅画不成。

胡曾和卢之美都是书呆子气，他们认为有功就应受赏，就应该云台画像，为何用薏苡来说事？

而明朝军事家王守仁却认为，功劳从来都是归功于皇上，个人是羞于说功劳的。王守仁非常崇拜马援，年甫15岁就曾梦见自己去拜伏波庙，还写了一首诗。嘉靖七年（1528年），时任南京兵部尚书兼都察院左都御史、新建伯，总制两广、湖广、江西四省军务的王守仁抱病率兵镇压了广西桂平、永福等地民乱，之后逆郁江而上南宁。路过乌蛮滩慕名登岸拜谒伏波庙，见庙堂残破，便命南宁知府和横州知州维修。想起年轻时的梦，王守仁感慨万千，他挥笔写《谒伏波庙》云：

> 四十年前梦里诗，此行天定岂人为。
>
> 徂征敢倚风云阵，所过如同时雨师。
>
> 尚喜远人知向望，却惭无术救疮痍。
>
> 从来胜算归廊庙，耻说干戈定四夷。

这是深谙皇权政治的人对马援的解读。英雄相惜，源于心有灵犀。

王守仁的最终结局与马援惊人的相似。一个月后他病死于任上，灵柩还在归乡途中，嘉靖皇帝就听信谗言怒而剥夺王守仁"新建伯"的封号。

"四十年前梦里诗，此行天定岂人为"，读来令人唏嘘不已！

自古至今，不知多少人为马援之冤寻求答案。封建时代人们怕皇帝甚于怕老虎，不敢质疑皇帝，只从马援身上找原因。如明末清初人王夫之的说法就比较典型，他找不出马援的过失，却认为马援不知"功成名遂身退"，光武帝知马援不自贵也，"不自贵者，明主之所厌也"。批评马援的同时，顺带把皇帝的马屁拍得嘭嘭响！现代人也许不知皇权为何物，不怕皇帝，动辄拿皇帝说事，有的批评光武帝偏听偏信，有的说汉明帝为了避嫌。

其实，要查清是否珍珠，算不得难事，况马援已死，又何至于因不知进退而废去封赏？再说光武帝南征北战倚重马援多年，阅人无数，不会不知道马援的为人。而汉明帝更没有那么高的思想境界，皇权至上，何嫌可避？说穿了，剥夺死人的封赏是做给生人看的，"杀鸡儆猴"而已。

而在横县，山野草民却不管皇帝怎么想，别人如何说，尊马援为大神，把马援抬上了他们所能想象到的最高神坛，只因为马援做了一件有利于百姓的好事——疏浚了伏波滩。

民心向背往往如此简单，简单到不需要任何说教！

明朝曾在广西任学督的黄佐由衷地赞叹曰：

> 高滩危石锁崔嵬，长夏风烟午未开。
>
> 南海楼船从此去，中原冠冕至今来。
>
> 武陵一曲风尘静，铜柱孤标日月回。
>
> 千载伏波祠宇在，汉朝何处有云台。

是啊，当年云台二十八将如今在哪呢？千百年来，人们只记得马援将军！

每年的农历四月十四日，成千上万的人们从南宁、贵港、灵山，从四村八垌不约而同汇聚伏波庙祭拜马援将军，虔诚之至，天日可鉴！

这一天车水马龙，热闹非凡。

庙门前，爆竹喧天，炮屑扑地。殿堂里，烟霭缭绕，人头攒动。寄托着无数愿景的香烛纸钱在喃喃的祝颂声中燃烧，化为青烟万缕，灰烬大堆。

面对把自己推上神坛，然后又三跪九拜匍匐于膝下的芸芸众生，马援将军神勇有灵，该作何感想？

我们，又做何感想呢？

伏波庙壁画解读

横县伏波庙壁画是以道教为主，儒、佛兼而有之的多元壁画。

马援将军是庙的主神，土地公以及佛教中的观音菩萨等位属配享。

道教是中国本土的宗教，它的核心是神仙信仰。人生的最高境界就是通过修炼得道成仙，这是我们的先人思索人生与社会、自然乃至宇宙的关系，寻觅人类精神家园的结果。尽管其中某些结论与现代科学不尽符合甚至荒诞，但这种探索足以令我们肃然起敬。

伏波庙始建何时？至今众说不一。有说在东汉建初三年（78年），有说在明朝。横县土木建筑学会说是"建于东汉建宁三年即公元170年左右"，因为"通过计算发现，庙宇主体建筑的砖墙结构长度、通面宽、进添、明间、次间的内空尺寸，刚好与东汉建宁年间使用的长度单位数值整合"（见《横县县志》1989年版，横县端书图书馆藏书）。这个说法似失严谨。须知道教的庙祠建筑，宗教程式乃至服饰设计，都崇尚古制，不排除后人仿古而建庙祠的可能，这如同现代人写《沁园春》，不能因为词的音韵格律符合古制而说是写于宋代。

尽管没有确凿的证据揭示伏波庙如何的久远，但伏波庙庙貌沧桑，古韵深蕴。走近伏波庙，一股超凡脱俗的气息扑面而来。

伏波庙踞滩而立，南临郁水，北倚乌蛮。大殿气韵端庄，殿顶碧瓦彩甍四檐翘首，殿脊画梁雕栋双龙腾云。殿前祭坛、前殿、牌楼、钟鼓楼次第排开，左右设配殿与回廊，殿后设后殿。众殿拱卫，九九归一。

前殿大门头赫然悬匾一块，上书"伏波庙"三个大字。

初看这块破旧的门匾有点突兀，一是三个字描有边框，不像古格；二是匾太大，把门额上的壁画遮住了一大截，明显不匹配。

匾上的行款不知何故已被铲掉，看上去满目沧桑。费力劳神连猜带蒙看了半天，终于看出个大概。匾上题款是：共和岁次己巳年公元一九八九重塑将军金身吉旦。落款是：横县修复伏波庙理事会站圩分会立，□□□□宁飞云书。宁飞云，横县云表镇河塘村村民，当年维修伏波庙的艺术指导。

图 2　横县伏波庙大殿门

　　前殿大门两边各镂刻一个蝙蝠。蝙蝠因"蝠"与"福"谐音而在民间被推许为吉祥之物。但在道教看来，"蝙蝠"有着非同一般的意义。东晋时期的道教领袖葛洪的《抱朴子》云："千岁蝙蝠……此物得而阴干末服之，令人寿万岁。"《水经》载："交州丹水亭下有石穴……穴中蝙蝠大者如鸟……得而服之使人神仙。"吃蝙蝠就能长寿万岁甚至成仙，在以成仙为最终价值诉求的道教徒眼里，这是何等的神异！

　　前殿朝南的六幅壁画大都清晰可辨，也是道教津津乐道的题材，这是借神仙而警人世。

　　如《龙女牧羊》。说的是洞庭龙君之女在泾河受辱放羊，书生柳毅同情她为她历尽艰辛传书给其父老龙王，最后龙女得救，与柳毅喜结连理。这个故事也称《柳毅传书》，是越剧传统剧目，20 世纪 60 年代还拍成电影广为放映。

　　这是"好心得好报"的注脚。

　　《圯桥进履》则是说张良在圯桥偶遇黄石公，得黄石公授予《太公兵法》。张良最终辅助刘邦逐鹿中原肇建西汉，功成名就之后退而修道，终免杀身之祸。

《叱石成羊》《烂柯图》，都是说修炼成仙的故事。

《□果老回庄》，不知是否《张果老回庄》？可惜此画的大部被门匾遮住了。

《咒钵生莲》则是佛教的故事。高僧佛图澄去劝阻石勒要善待百姓不要滥杀无辜。石勒问他：你有什么灵验的佛法让我相信你的话？澄即取钵盛水，烧香咒之，不一会钵中生出莲花，石勒终于信服。佛教原始教义中本无神灵之说，它东渐中国以后，也借助道教神灵来收服千百年来信神信鬼的百姓以弘扬佛法。《咒钵生莲》被古人编在《幼学琼林》，成为明清两代以及民国时期的启蒙教材，至今仍为老一辈读书人所熟知。

如果说前殿壁画的神仙很玄虚，大殿则现实得多。毕竟做人不易，成仙更难，看壁画就算沾沾仙气吧。于是，跨过前殿高高的门槛，感觉是从仙界坠入凡尘。

前殿朝北的墙壁有画有诗，回廊有浮雕，左右配殿及大殿内皆有壁画。说的都是人间实实在在的事。

浮雕有雕花鸟的，有雕人物的。如《房州府》《五代荣》雕的就是人物。《五代荣》寓意代代为官，荣华富贵，光宗耀祖，这是封建时代读书人追求的人生最高理想。

壁画有劝学的，也有励志的，似乎告诉人们要实现人生最高理想应该如何做。

如画中出现《诗经》《周易》等儒家经典，这令我想起孔子的话："你怎么不学诗呢？诗可以激发情志，可以观察社会，可以结交朋友，可以讽刺不平。在家可以侍奉

图3　伏波庙殿脊上的雕塑

父母，在外可以侍奉君王……"

孔子时代以及此后很长时间，士大夫乃至各诸侯国使者，社交场合和外交场合如果不会吟几句诗，就被讥笑为没文化。最经典的话就是孔子说的："不学诗，无以言。"孔子的话对后世影响至深至巨。唐朝以诗赋取士，造就了无数的官员诗人和布衣诗人，成就了中国文学史上无与伦比乃至空前绝后的唐诗。

朱熹、白居易的诗出现在同一幅画，似隐喻读书做官的意思。

朱熹的诗是《观书有感》，单说读书的妙处：

> 半亩方塘一鉴开，天光云影共徘徊。
>
> 问渠那得清如许，为有源头活水来。

白居易的诗是《直中书省》。唐代的中书省也称紫薇省，是奉诏发号施令的中枢机构。白居易是唐代大诗人，曾任中书侍郎，相当于今天的副部级领导，官高位重。他写在中书省值班时的寂寞和对官场氛围的不满：

> 丝纶阁下文书静，钟鼓楼中刻漏长。
>
> 独坐黄昏谁是伴？紫薇花对紫微郎。

又如《鹿鸣嘉燕》。"燕"通"宴"，鹿鸣宴是古代为科举及第的读书人庆功的宴会。这是激励人们读书考取功名的意思。有一首壁诗说得更明白：

> 龙图春暖肇三元，华国文章瑞日暄。
>
> 兰桂皆前花吐馥，九重雨露庆新恩。

"三元"，指科举时代乡试的第一名解元，会试的第一名会元，殿试的第一名殿元（又称状元）。考中状元，已属不易，连中三元，更是万难。整个科举时代，历朝共有654人考取状元，其中只有区区15人蝉联三元，而清朝仅占两人。清嘉庆二十五年（1820年）桂林人陈继昌三元及第，嘉庆皇帝为之挥毫题诗曰：

> 大清八百载，景运两三元。
>
> 旧相留遗泽，新英进正篇。

真可谓雨露九重，专宠三元魁首；天街软绣，争看此日郎君。

人生荣耀，莫此为甚。

壁画中还有一幅关于书法的文字，是明朝著名书法家董其昌论陆机书法作品《平复帖》的一段话。《平复帖》是中国书法史上第一件法帖真迹，素为书家推崇：

陆机平复帖作于晋武初年，前王右军兰亭燕集序大约百有余岁，今世张、锺书法都非两贤真迹，此帖当属古也。

这里为什么要提书法呢？原来清朝殿试评卷有两个标准，一是答卷内容要"条对精详"，二是字体要"楷法庄雅"。由于历代殿试所考题材都局限于四书五经之内，至清代已经考穷考绝，再也翻不出新意来，被时人喻为"甘蔗渣嚼了又嚼"。而应试文章循规蹈矩，了无创意，内容与结构几近千篇一律，难分妍蚩。殿试的读卷官只好在答卷楷书的笔画短长，结体肥瘦上寻瑕索垢评优定劣，最后录楷法端秀者为上等呈给皇帝钦定名次。迨至清道光朝，殿试评卷"专尚楷法"已是公开的秘密，殿试如同书法比赛，考生的楷书越写越精致。清同治七年（1868年）殿试，同治皇帝从读卷官呈上来的十份考卷中，钦点楷书写得出神入化的湖南人黄自元为榜眼，召入宫中书写《神道碑》，并赐以"字圣"称号。皇帝的喜好就是科举考试的指挥棒。摘录董其昌的评论，意在告诫读书人认真练好字以应科举并博取皇帝的青睐。

有了上述铺排与点化，我们就不难理解《引子食禄图》《静听佳音》《雄鸡报喜图》等壁画的寓意。

还有几幅人物山水画，表现尚老庄而崇放达的主题。如《写道得经》《□□□□醉乐图》《江湖蒲地一鱼翁》《携琴访友》等。其中《竹林七贤》中以嵇康为首的七位名士，被道教隐宗（妙真道，崇尚返璞归真，回归自然）奉祀为宗师。

《香山九老》画的是白居易晚年与八位老年朋友退身事佛隐居于香山的故事，与竹林七贤，与张良退而修道、明哲保身相呼应，是做人的另一种境界。

这些浮雕壁画，都在劝诫和激励来到这里的人们：读书明道，修身养性，进则兼济天下，退则独善其身。

所有这一切，都由马援将军这尊神灵统摄于一庙之中，与马援将军尽善尽美的人格和无所不能的神灵形成严谨而突出的主题，以启迪智慧唤醒沉沦指点迷津砥砺上进。

毕竟，神是人造出来的，要成仙首先学会做人！

令我不解的是，大殿左边的壁画相当艳丽甚至暧昧，如《春色桃花》画的是两只鸟关关相应，站在花枝招展的桃树上。

另一幅山水人物图，画的是一个帅哥临窗远眺，似有所待；一个美女正迎着帅哥走去。题联曰"雪满山中寻处士，月明林外见西施"。我只记得明朝人高启有咏梅花之句曰"雪满山中高士卧，月明林下美人来"，那是诗人用高士和美人来比拟梅花的清高品格和绰约风姿。而"寻处士""见西施"，含意就暧昧起来，况且画中没有梅花。不知此画有何来头，还望有识者见教。

这两幅壁画连同前殿北向壁画《□□会友图》的落款时间皆为道光戊申岁，前殿的殿脊浮雕上也清楚标示着"道光戊申岁造"的字样，而大殿殿脊上的浮雕标识却是"光绪廿三年"，可以推知现在伏波庙前殿与大殿的构建格局是清道光二十八年（1848年）重修或维修而成，大殿在清光绪二十三年（1897年）再次维修，并非人们常说的最后重修时间在清道光朝之前的嘉庆年间，更非横县土木建筑学会莫衷一是的"宋元明清重修的建筑物"云云。

观音居于右配殿。观音在古印度称为观世音，本为男性，来到中国后碰到自称是道教祖宗李耳（即老子）后裔的唐朝皇帝李世民，立即去掉"世"字以避讳，性别不知何时也被改为女性，专司送子之职，大受老百姓喜爱。可谓佛教融入中国最为成功的形象。

伏波将军夫人塑像原居左配殿，后来移居于加建的后殿。"文革"时据说曾拆后殿去建学校。现在的后殿是 20 世纪 90 年代新建的，没有壁画，一片空白。

遗憾还不仅仅如此。

如 1989 年制作并高悬于前殿门额的《伏波庙》匾大得太夸张，遮住了本应重点突出的《□果老回庄》和《圯桥进履》这两幅壁画的大部分。

同年，用颜料往花鸟浮雕上色，并在图中题联，如"石灰草纸堆成江山千古秀，红黄黑白画出花木四时春"，落款似为"玉林□□"；"竹□如花青且雅，兰虽似草秀而香"。落款似是"玉林□□，共和□□□□□□"。这些空泛的题联与整个文化氛围极不协调。

往梁格上涂漆时任由油漆滴到壁画上。

清理壁画上的蛛网和灰尘，用扫帚连同壁画的线条一刮而光。

大殿屋脊上双龙拱珠以及人物塑像被破坏得七零八落。这些一百多年前由广东佛山石湾镇"如璧店""奇玉店"制作的举止生动顾盼有神的塑像，如今却以残缺的身躯"现身说法"，诉说着不堪回首的伤心往事，令人欲哭无泪，欲悲无声。

那些明清时期有关伏波庙的记事碑，是伏波庙的"身份证"，被杂乱无章地摆放路旁或堆叠起来，任凭日晒雨淋，驳蚀漫漶。至于清朝光绪皇帝御书并于光绪十七年（1891 年）正月颁发给乌蛮滩伏波庙的"铜柱勋留"匾额，清末两广总督陆荣廷、民国代总统李宗仁等重要人物的重要碑刻皆无从寻觅，据说已被抛入江中，或者被毁掉。

唉，有朝一日那些碑记灰飞烟灭，我们凭什么来说伏波庙？

从纷纷扰扰香烟弥漫的伏波庙出来，站在高台上放眼远眺，天阔地迥，白日高悬。

记得我们的远祖曾经在无遮无拦的广袤大地上追赶过这个日头，渴极而死。他的拐杖被尸体的血肉浸润，长成无数桃林。

图 4　伏波庙殿脊上的双龙戏珠残塑

此后大地才万紫千红，鸟语花香。

站在先人用血肉滋养的热土上，我们思接千载，视通万里。回望古代文明渐行渐远黯淡的身影，聆听历史长廊那头依稀传来的空谷足音，我们慨然而叹，又惕然而警：古人已矣，然人们对人生意义与灵魂有无的探索，还远没有止境。而马援崇拜之所以薪火相传，必有其体现时代精神合乎民生需求的内核，犹如前仆者用生命化成的桃林，庇后继者以遮阴解乏。我们要做的就是"运用脑髓，放出眼光"（鲁迅语），呵护它，弘扬它，循着前人的足迹，追逐光明，不懈前行。

但是，我们有这个眼光吗？

后记：2012年5月5日，余游横县伏波庙，有感而作此文。5月19日再到伏波庙考察，采访当地老人和退休老教师。本文定稿于9月9日教师节。

镇龙黄氏家祠诰命匾

盛夏时节，我们到镇龙乡马兰村委小学督查教学工作。

汽车一早从横州出发，向北经校椅过东圩越罗村约 30 分钟就到横县最大的景色旖旎的六蓝水库。向东越过巍峨的坝首，依山傍水逶迤穿行于崇山峻岭中约 20 分钟，在山清水秀的白面村口停下。不远处的楼房国旗飘扬书声琅琅，那就是马兰村委小学。

马兰村委小学有学生 69 人，教师 8 人。学生开朗大方，文明礼貌，很有教养。教师爱生敬业，熟悉乡情民风。听课评课检查结束后，李校长告诉我们，马兰是个风景秀丽、耕读文化积淀深厚的一方宝地，多年来年年有人考上大学。其辖下的下白面村建于清光绪五年（1879 年）的"黄氏祠堂"，有清朝皇帝钦赐诰命匾，可以领略"悍勇巴图鲁"黄才贵将军的风采。

在李校长和老师们的热情引导下，我们进入了白面村。白面村分上、下白面，两村在蓊蓊郁郁的两山之脚比邻而立，面南而居，鸡犬相闻，声气互通。北面群山高耸，山涧泉水蜿蜒流淌于两村之间，自北向南淙淙而流。置身于这个仿佛世外桃源的胜地，我忽觉灵感袭来，吟咏一联道，"三面青山环抱钟灵毓秀，一湾绿水中分福地洞天"，引起大家一阵激赏。

说话间，我们来到了黄氏家祠。灼热的阳光照耀下，祠堂显得憔悴而颓唐。一百多年的风吹雨打，销折着它的肌肤和精气神。只有高耸的门楼墙体，使人依稀想象它昔日与众不同的气派与威严。祠堂缘于地势，规模不是很大。进了大门就是天井，两边回廊。祠东头建有闲房。祠堂内的墙体木雕陈旧残损，四壁壁画因年代久远加上人为损坏，多数已剥落殆尽，唯有《静听佳音》《祝寿图》和类似《携琴访友》等三幅壁画隐约可辨。最引人注目的是厅堂前悬挂的三幅诰命匾。诰命匾红底金字，正文竖排阳刻，楷体端庄，虽历经沧桑铅华褪尽字体仍清晰易读。匾的边框雕以龙云纹饰，显然是仿照诰命原件格式放大刻制，用于悬挂展示，以增荣门庭夸耀乡里（见图2）。当年鸣锣开道颁旨所用的清道牌，如"奉旨赏换戴花翎""奉天诰命""恭颂威宣绝域"等仍在黄氏家祠堂壁上摆放着（见图1），可以想见当年诰命降临这个偏

图1 当年颁旨时使用的牌子

远而宁静的山村时，那种隆重，那种轰动。

诰命封赠给黄才贵的父母、祖父母、曾祖父母。黄才贵何许人也？竟能名动天听，邀宠如许？他，就是广西横县镇龙乡马兰村委下白面村人，时任总兵衔、尽先补用副将、广东罗定协都司。也就是说，黄才贵在广东罗定担任协都司，相当于现在军队的副营长；如果副将（从二品，相当于副师长）有空缺，朝廷承诺优先提拔为副将以补缺。黄才贵的官衔高列二品，为总兵衔。总兵是一省最高武官，相当于现在的省军区司令，少将军衔。按此比对，黄才贵是以少将军衔出任副营长。这种畸形是朝廷滥封的结果，也是朝廷激励武将的手段。僧多粥少，只能遥指梅林望空画饼，让赳赳武夫们望梅止渴画饼充饥为皇帝卖命。

在祠堂的正面，供有黄才贵的神主牌，上面写着："本村名人学荣公号才贵暨妣张、林、杨、李氏婆坐位。"可知黄才贵原名黄学荣，才贵是他的号。诰命上称黄才贵，应该是黄学荣逃离家乡后出于某种考虑改号为名的结果。

据《田东县志》载，黄才贵年轻时因事被土司通缉。为避开土司的追捕，他逃离镇龙而投军。黄才贵体态魁梧，脸面黝黑，力大过人，机智沉着，临敌不惧，冲锋掠阵，屡立战功，被敕封为"巴图鲁"。"巴图鲁"为满语，与汉语"悍勇"同义，意即勇士。

诰命匾折射着黄才贵早年一段刀光剑影的经历。早在明朝，为加强中央集权，朝廷在西南少数民族地区实行政治体制改革，曰"改土归流"。"土"就是土司，是少数民族的世袭首领；"流"就是流官，是朝廷委派任职期限不固定的官员。"改土归流"就是取消土司世袭制度，设立府、厅、州、县，由朝廷任命官员。清代继续实行改土归流，这自然激起部分土司的不满与反抗。清光绪元年（1875年）十一月间，土官岑耀青、岑瀚青等分别在田东平马、田阳百育、平乐二塘、那坡等地同时举兵，围攻田阳奉议、田东平马等处。军情紧急，恩隆（后改为田东县，县治在平马）知县袁宝篆火速派人到南宁报信求援，并率部死守平马两昼夜。黄才贵接报迅即随永靖营游击姚大瑛一起率兵驰援，先后击退围攻平马、奉议之叛军。旋即又率部剿灭恩隆、百色、靖西等地的叛乱势力。转战那坡击溃叛兵擒拿岑耀青。第二年盘踞在江州、百瓦（今田东县那拔镇）的岑瀚青也被官兵剿灭。

鉴于黄才贵的不凡表现，皇帝特颁诰命予以表彰。清代封典制度规定，凡一品至五品官员之妻、父母等直系可授予诰命，六品至七品授予敕命。授予在世者叫封，死者叫赠。皆属荣誉称号，没有俸禄。一品官员之妻封为一品夫人，二品妻封夫人，三品官员以上可以追溯三代而封赠。黄才贵领总兵衔，所以朝廷封赠他的曾祖父母、祖父母、父母三代。

诰命用汉满文字书写。汉文行文从右至左，满义从左至右，皆竖写。行文亦骈亦散，以骈为主，对仗严谨整齐，读起来抑扬顿挫，朗朗上口：

奉天承运皇帝制曰：宠绥国爵，式嘉阀阅之劳；蔚起门风，用表庭闱之训。尔黄宏培，乃总兵衔尽先补用副将广东罗定协都司捍勇巴图鲁黄才贵之父，义方启后，縠似光前。积善在躬，树良型于弓冶；克家有子，拓令绪于韬铃。兹以覃恩，封尔为武功将军，锡之诰命。於戏！锡策府之徽章，浡承恩泽；荷天家之麻命，增耀门间。

制曰：怙恃同恩，人子勤思于将母；赳桓著绩，王朝锡类以荣亲。尔谢氏，乃总兵衔尽先补用副将广东罗定协都司捍勇巴图鲁黄才贵之母，七诫娴明，三迁勤笃。令仪不忒，早流珩瑀之声；慈教有成，果见干城之器。兹以覃恩，封尔为夫人。於戏！锡龙纶而焕采，用答勋劳；被象服以承麻，允膺光宠。

用今天的话说，就是：

遵奉上天的意旨皇帝发布诏令：

颁予爵位，用以嘉奖功臣劳苦；兴隆门风，用以表彰家教有方。你黄宏培，是总兵衔尽先补用副将广东罗定协都司勇士黄才贵的父亲，道义育后人，功业超前辈。积善以身作则，为发展家业树立榜样；持家有子为继，能弘扬武略拓展功业。现朝廷施恩，封你为武功将军，并赏赐诰命。啊！赐给朝廷嘉奖的诰命，接受皇家的恩惠；承受皇家赐予的美名，增加荣耀于门庭。

皇帝诏令说：父母同恩，儿子勤劳而报答父母；儿子立功，朝廷赐誉以荣耀双亲。你谢氏，是总兵衔尽先补用副将广东罗定协都司勇士黄才贵的母亲，遵妇女七诫之规文雅明理，像孟母三迁那样专心教子。风范不改，早传美好声誉；育儿有成，终成护国干材。现在朝廷施恩，封你为夫人。啊！赐给诰命焕发光彩，以酬答育子的功劳；穿戴华丽享受庇荫，以承受赐予的荣耀。

另外两幅诰命赠予黄才贵的祖父母和曾祖父母，其内容大同小异都是褒奖之辞。

黄才贵不仅作战勇敢，而且热心公益事业。战后黄才贵驻防定居在田东县平马镇。有一天雨后出行，发现地势低洼的三祸桥被大水淹没，许多行人被阻于两岸。黄才贵便与百色厅同知陈如金、田东知县袁宝箓、提督陈朝纲商量，大家一同捐资，将三祸桥抬高一倍，砌石路十余丈。大大方便当地人过往。该桥至今尚存，成为百姓的口碑。黄才贵死后葬在平马镇小龙村的后山。

走出黄氏家祠，太阳已经偏移，阳光投射到对面高耸的大山上，看上去仿佛一块硕大无比的翡翠。满目绿色，青翠得似乎可以用手捧出来。滩岸巨石密布，水质优良清澈的涧流，卵石铺巷古韵深蕴的村落，这一切，既是千百年来历史的见证者，更是孕育英才的一方宝地。

村口那边学校，传来歌声阵阵，嘹亮而悠扬。

2012 年 12 月 14 日

后记：为保存资料，录出其余两幅诰命的原文，并加上标点，保留其基本格式，改原文的竖排为横排，繁体改为简体，译成现代文，文中的"□"表示模糊不清。限于水平，句读与译文不免有误，还望读者指正。

其二：

奉天承运皇帝制曰：策勋疆圉，昭大父之恩勤；锡赉丝纶，表皇朝之需泽。尔黄宝祥，乃总兵衔尽先补用副将广东罗定协都司捍勇巴图鲁黄才贵之祖父，敬以持躬，忠能启后。威宣阃外，家传韬略之书；泽沛天边，国有旂常之典。兹以覃恩，赠尔为武功将军，锡之诰命。于戏！我武维扬，特起孙枝之秀；赏延于世，益启遗绪之长。

制曰：树丰功于行阵，业著闻孙；锡介福于庭帏，恩推大母。尔何氏，乃总兵衔尽先补用副将广东罗定协都司捍勇巴图鲁黄才贵之祖母。壶仪足式，令问攸昭。表剑珮之家声，辉流奕世；播丝纶之国典，庆衍再传，兹以覃恩，赠尔为夫人。于戏！翟茀用光，膺宏庥于天；阃龙章载焕，被大惠于重泉。

皇帝

□□□□□□

光绪伍年闰叁月初叁日

悍勇巴图鲁黄才贵之祖父母

之宝

译文：

遵奉上天的意旨皇帝发布诏令：

孙儿保疆立功，昭示祖父恩深勤劳；皇帝赐给诏书，体现皇朝恩义浩荡。你黄宝祥，是总兵衔尽先补用副将广东罗定协都司勇士黄才贵的祖父，恭敬以修身，忠厚以育人。家传韬略之书，威名闻于内外；国有表彰盛典，皇恩充满天地。现朝廷施恩，赠你为武功将军，并赐以诰命。啊！威武奋发，能激励子孙而成材；奖赏先世，更弘扬功业于长久。

皇帝诏令说：立大功于战场，功业昭著光耀孙儿；赐大福于家庭，劳苦功高当推祖母。你何氏，是总兵衔尽先补用副将广东罗定协都司勇士黄才贵的祖母。人品模范，名声显著。体现尚武的家声，辉煌累世；传扬诏令的国典，庆贺再传。现朝廷施恩，赠你为夫人。啊，车舆因而增光，承受荫庇于上天；诏书又再焕彩，蒙受恩惠于九泉。

其三：

奉天承运皇帝制曰：宣畅国威，统三军而奏绩；乘甄世德，溯四世以推恩。积庆有余，流光自远。尔黄廷汉，乃总兵衔尽先补用副将广东罗定协都司捍勇巴图鲁黄才贵之曾祖父，淳心抱质，善气储祥。丕建乃家，允肇弓裘于奕业；克昌厥后，诞膺节钺于高门。爰贲徽章，俾扬令问。兹以覃恩，貤赠尔为武功将军，锡之诰命。于戏，簪缨赫奕，式隆一品之殊荣；纶诰辉煊，用慰九泉之宿志。祗承宠命，长播休声。

制曰：德门积善，衍余庆于后人；慕府策勋，锡殊恩于先世。家声克大，闺范攸彰。尔梁氏，乃总兵衔尽先补用副将广东罗定协都司捍勇巴图鲁黄才贵之曾祖母。佩服女箴，娴明母道。惠风肆好，留懿训于闺中；令绪三传，毓奇才于阃外。爰颁茂典，俾阐徽音。兹以覃恩，貤赠尔为夫人。于戏，渔汗诞敷，用播深遐之泽；湛恩徧溉，益扬贤叔之名。显命丕承，幽光允贲。

皇帝

□□□□□□□

光绪伍年闰叁月初叁日

捍勇巴图鲁黄才贵之曾祖父母

之宝

译文：

遵奉上天的意旨皇帝发布诏令：

宣耀国家的威仪，莫如统率三军而奏凯；表彰先世的品德，直须上溯四世而施恩。积善之家庆有余，美名流传自久远。你黄廷汉，是总兵衔尽先补用副将广东罗定协都司勇士黄才贵的曾祖父，心地淳朴，和气纳祥。大建家庭，始创世代相传的功业；又昌后代，承受显贵之家的威名。因此颁发诰命，使声名远播。现朝廷施恩，移赠你为武功将军，赐予诰命。啊，官阶显赫，能彰显一品特别的宠荣；皇命辉耀，以抚慰九泉之下的夙愿。承受恩赐的诰命，长传美好的名声。

皇帝诏令说：有德行的家庭多积善行，会有余庆遗给后人；在出征的战场建立功勋，会有殊恩给予先世。家声振，榜样彰。你梁氏，是总兵衔尽先补用副将广东罗定协都司勇士黄才贵的曾祖母。遵循妇人风规，传扬为母道德。仁风极好，留榜样在家中；业绩三传，育奇才于关外。因此举行盛大的仪式，以彰显你美好的名声。现朝廷施恩，移赠你为夫人。啊，劳苦遍布，以传扬深远的恩泽；大恩遍施，更弘扬贤美的名声。承受朝廷的诰命，弘扬良好的品行。

图 2 光绪五年（1879 年）皇帝封黄才贵之父为武功将军的诰命匾（局部，汉文部分。横县教育局黄东摄于 2012 年 10 月）

校椅南街大庙

《鼎建校椅圩庙碑记》是横州人陈翌熹为校椅街南街大庙撰写的一篇碑记，收录于清乾隆十一年（1746年）横州官府编写的《横州志》。这篇碑记刻在一块大青石板上，连同三四块乐捐者的芳名碑立在南街大庙前殿里左边墙壁上。1968年拆南街大庙，石碑被抬到水井边作洗衣台，至今还在，但很多字已被洗磨掉了，只有石碑的四个角残留些许文字。

南街大庙是校椅街最大又最古老的庙堂，占地比一个篮球场还要大。大庙四周是四块大青砖并砌而成的厚墙，从地面到殿顶高约十米。大庙门口正面向南，门前两条石柱分立两边，构成一个两三米宽的走廊。过走廊就是大门，门伏是一整块大青石头凿成，共有两级，高高的很显眼。大门由拖笼门和厚厚的木板门组成，关门时轧轧地响。进入大门就是前殿，两边分别立着两根大青石柱子，撑起前殿北向的殿檐。殿檐下边的护板雕花刻鸟，十分精致。殿脊高高立起，南北两面都画有精美的图案，塑有仙人像或狮子、龙等等动物。一米多长的翘檐像象牙一样向上斜挑出瓦檐之外，装扮得整个庙堂庄严肃穆。前殿之后是正殿和后殿。正殿之前辟有天井，立有祭坛供人们烧香拜神。据《鼎建校椅圩庙碑记》说，神殿里供着北极真武玄天上帝、中天太子民主三官大帝、游天得道三界圣爷以及都长暨尖岋山神。民国时期，政府曾下令破除迷信，除了南山寺和伏波庙被列为县级保护对象外，其余庙寺的神像菩萨全部毁掉，连横州娘娘山上的大铁钟也砸碎。南街大庙的神像就是那时被破坏殆尽的。正殿和后殿也被拆毁，庙内西边辟作乡公所，东边作高等小学堂。20世纪60年代，除了前殿，庙内只剩下一块空荡荡的地坪，后殿的位置上堆着残砖碎瓦，已经看不出殿堂原来的基本格局了。有一段时间，大庙里还住进韦清泉老中医一家。

　　我的家与大庙隔壁，小时候常常到庙里边玩。夏天中午天气炎热，躺在门伏上凉爽得不得了。还久不久就攀上前殿的殿顶，爬到翘檐上去掏鸟蛋。翘檐是用石灰混着少量葛麻稻草之类的东西做成的，几根铁丝包在里面做筋骨，因为前端伸出瓦檐外，为减轻重量翘檐做成空心。年长日久，前端不知什么原因折断，里面的空间成了鸟雀们卜居筑巢的理想之所。

　　爬到翘檐上去掏鸟蛋，绝对是个很危险的壮举。两手紧紧抱着翘檐，半个身子探出瓦檐外，最后还得腾出一只手伸到檐洞里面摸鸟蛋。那个情景现在回想起来都后怕。但那时伙伴们谁也不想被耻笑说是胆小鬼，成为不入粽的绿豆壳，无论如何也要爬上去一次证明自己的胆同瓷缸那样大。[1]

　　南街大庙是校椅街文化娱乐的场所。久不久有外地的戏班佬来大庙搭台演戏，戏班做后勤的往往请我家为他们烧开水，给几张票作补偿。这是我很乐意做的交易。

　　校椅中心小学的师生常常来大庙唱戏。有一场戏我记不得名字了，是由镇东哥扮演一个活泼调皮的小学生，一个女老师

校椅南街大庙

扮演班主任。镇东哥的父母是南下干部，原籍辽宁省，当时下放到生产队当社员。镇东哥身穿一套北方学生的校服，讲一口卷舌的北方话，一个翻身从窗口跳进教室里，那个形象，那个灵巧，简直酷毙了。

校椅公社的放映队也经常来大庙放电影。看闸的人如果提前放我们入场，我们就很高兴，向他伸出大拇指。也有横着脸把守庙门口的，我们就站在他的身旁冲着他学狗吠"偶偶偶"，说他是"看门狗"。他扭头看过来时，我们就跑开。待到他不厌其烦转身驱赶我们的时候，其他伙伴就闪进大庙里面去。再不成，就在大庙外听电影，听到将要结束时放闸才进去。

当然也做过蠢事。有一次，一个比我大几岁的老表告诉我邻居陈叔家里有鱼钩，叫我去偷出来，他坐在大庙大门假装乘凉给我放风，约定有人回来就哼一声。当时穷，百姓没有什么值钱东西，一般的生活用具也成为偷窃目标，民谣曰：贼佬"入门三想，冇是菜刀就是镬铲"，所以许多人家大白天外出也不关门。我进去后刚在箱子里找到鱼钩，就听到老表"哼"的一声，慌忙躲在大门门扇后。回来的是陈叔，他也许感觉到异常，径直走到房子里。我赶紧闪出来拐过大庙跑到戴姐家躲起来。老表不跑或者跑不及，把我供了出来；又或许是脚步声惊动了陈叔，陈叔循迹而至，终至人赃两擒，还当着戴姐家人的面在屁股上赏给我一巴掌。

南街大庙是我们的习惯称呼，《鼎建校椅圩庙碑记》里没有说它叫什么名，只是说庙里供奉的主神叫"北极真武玄天上帝"，而人们习惯以庙的主神来作为庙的名称。清《横州志》说：真武庙"一在城北四十里交椅圩"，指的就是南街大庙。由此可知，南街大庙就叫真武庙，它还是校椅街最古老的庙堂，因为在清《横州志》罗列出来的 14 座官府认可的民祀庙堂中，校椅圩除真武庙外再也没有别的庙堂。大庙后来不知何时改称"列圣宫"②，民国初年又改"列圣宫"为上北区自治会，不久改为北区民团局，

1933年改为北区区公所，1943年改为校椅乡公所和中心校，直至1949年校椅街解放。

据《鼎建校椅圩庙碑记》记载，大庙建成于清雍正戊申孟春，即清雍正六年（1728年）农历一月。1959年搬高等小学到今校椅中心校处，拆掉大庙内两边厢房以及其他闲房，1968年，把大庙完全拆去在中心小学西头建两排瓦房（即今校园西头的幼儿园）作附设初中的教室。至此，大庙存在时间足足240个春秋。

拆掉大庙建学校是一种佑民善举，它改写了校椅街没有初中的历史（校椅中学属县级学校），使当年100多名小学毕业生能读上初中，也使此后的小学毕业生能读上初中，善莫大焉。如果大庙真的有神灵，必能理解并引以为荣。毕竟校椅街百姓立庙祭神，就是希望神灵保佑。而拆庙建学校，培育校椅子弟，正是保佑校椅街百姓的百年大计，千秋伟业。

读《鼎建校椅圩庙碑记》有两个收获：

一是它证明校椅圩建圩时间并非1989年横县县志编纂委员会编写的《横县县志》所说，是清嘉庆十一年即1806年所建（见《横县县志》P35），而是建于雍正六年（1728年）之前。这提醒我们，地方志是历史的真实记录，要本着对历史、对后人负责的态度，编写时尽可能广泛收集资料，然后细细披阅，沙里淘金，写成的志书才能符合或接近历史真实。

二是最重要的，是作者对立庙祭神的看法。陈翌熹认为，鬼神也是聪明正直是非分明的，并不像庸俗的人常说的那么狰狞可怕；也不会因为坏人供给牛、猪、鸡、鸭等丰盛的祭品而保护他。要想得到鬼神的保佑，只有洗心革面，多做善事，不做坏事。这种看法对迷信鬼神的人是正本清源的教育。如果信神信鬼的人们都明白这个道理，就会敬畏鬼神，不敢做亏心事，社会风气自然淳朴起来。从这点上说，陈翌熹的说法即使放在今天也有积极的意义。当然，有神论并非科学时代的主流，但生活在280多年前封建社会的人能有如此见识，这不能不令我肃然起敬。

陈翌熹是清康熙五十二年（1713年）举人，他写《鼎建校椅圩庙碑记》，从建庙说到祭神，从祭神说到人心，探赜索隐，深入浅出，不愧是文章高手。现全文抄录如下，加标点并译成白话文，供读者参考和鉴赏。

鼎建校椅圩庙碑记

陈翌熹

州北三十五里曰校椅圩。其地居从化乡之中，东连怀城，西接峦州，北通宾柳，南由州城以达于钦灵，亦商贾往来辐辏之地也。③乡人即其地建庙，崇奉北极真武玄天上帝、中天太子民主三官大帝、游天得道三界圣爷以及都长暨尖岿山神。④非独凭借神灵坐镇圩里，亦所以佑我四民，邀嘉惠于无穷也。庙成，来请余记其事。

余思夫天生民而立之君，使司牧之，勿使失性。是故喜则有赏，犹天之和风甘雨也；怒则有刑，犹天之雷电霜雪也。至于庆赏刑威之所不及者，于是圣人又借神道设教之意以范围之。盖欲藉鬼神之灵爽以收摄一世之人心，凡皆使之迁善去恶，狉狉獉獉⑤，咸臻上理。非如世俗所传虚幻诞妄，可惊可愕之状也。古称瓯越间好事鬼，山陬水滨多淫祠，一切氄孺畜牧栗栗然，疾病死丧，悉归之于神。大者椎牛，次者击豕，小不下犬、鸡、鱼、菽之荐，意谓虔祷如是，神必转祸而为福也。呜呼，何其惑甚耶？夫神，聪明正直而一者也，岂不知其人之善恶，徒恳祷之诚，仪物之盛，辄阴佑之哉？盖亦返其本可也。先正云：一念之善，则天地神祇，祥风和气应之；一念之恶，凶荒札瘥，亦随以至。是则人心者，修德之地，获福之基也。此乡之人，崇奉诸神，诚能洗心涤虑，积善厥躬，行见丰稔绥和，诸神共异之；寇盗奸宄，诸神共殛之；水旱疾疫，诸神齐祛之；孝子悌弟，忠厚良善，诸神齐保护之。岂独镇兹聚集之地云尔哉？不然，而为阳鱎之鱼⑥，而为负嵎之虎，为凭陵之狐兔，则神且殄灭之不暇，而何有于邀福？《书》曰：黍稷非馨，明德为馨。《易》曰：积善之家，必有余庆；积不善之家，必有余殃。余敢以是为奉祀者警云。

是举也，财出于捐，不待募而集；工出于倩，不待劝而勤。经始于丁未之冬，落成于戊申之春。首其事者某某，盖乡之望也；副其事者某某，盖乡之良也；襄其事者某某，皆乡之好善乐施者也，例得备书。

雍正戊申孟春

译文：

横州北面三十五里处叫校椅圩。其地位于从化乡中部，东面连接贵州，西面连接峦州，北面通往宾阳柳州，南面由横州到达钦州灵山，也是商家往来做生意的集中地。乡里人在这个地方建庙，崇奉北极真武玄天上帝、中天太子民主三官大帝、游天得道三界圣爷以及都长暨尖岽山神。不单是想借着神灵坐镇在校椅圩里，也是用来保佑四方的民众，希求得到神灵给予无穷的好处啊。庙建成后，来请我记录这件事。

我想，上天生百姓而立君主，使君主专职管理百姓，不使他们失去善良的本性。因此君主高兴时就奖赏，就好比上天的和风甘雨；发怒时就处罚，好像上天的雷电霜雪。至于那些奖赏和刑罚不能到达的地方，圣人又借助神灵来教导百姓，想用鬼神的灵验来收拾世上的人心，使他们向善去恶，僻野未开化的人们所作所为，都符合天理。（鬼神）不像庸俗的人所传说的那样虚幻怪诞，惊悸可怕。古书说瓯越那里的民众喜欢侍奉鬼神，偏僻的山角落和水边有很多不合礼规的祠庙，所有的老人孩子甚至牲畜对鬼神都很害怕，疾病死丧，全部归因于神灵。

供神的祭品大到杀牛，次到杀猪，最小的也有狗、鸡、鱼、豆子等，意思是说如此诚心诚意拜祭，神灵一定会把祸转变为福了。唉，为什么那样糊涂呢？那些神灵都是聪明正直的啊，难道不知道那些人做善事，那些人做坏事，单单靠诚心祈祷，祭品丰盛，就暗中保佑他们吗？还是回到本质上来说吧。前贤说：一个善良的念头，天地神灵就用祥风和气来回应它；一个恶毒的念头，则荒灾疾病也随之而至。那么人心就是修养德行的地方，获得幸福的基础啊。这个乡里的人们，崇奉诸神，真能彻底改变不好的念头，亲身多做善事，表现出富足安和，诸神就会赏识他；偷鸡摸狗伤天害理的，诸神就会击杀他；水灾旱灾疾病瘟疫，诸神就会制止它；孝敬父母爱护兄弟，忠厚良善的，诸神就会保护他。哪里仅仅坐镇在这个人口集聚的地方呢？否则，如果成为贪婪的阳鲚鱼，背靠山脚顽抗的恶虎，依仗山岭而猖獗的狐狸野兔，那么神灵灭绝他们还来不及，哪有时间去施行好处呢？《书经》说：五谷不香，好品德才香。《易经》说：多做善事的家庭，一定有吉祥传给后人；多做坏事的家庭，必定有祸害遗传后人。我敢用这句话来警示祭拜神灵的人。

建庙的钱是民众自愿捐献，不用募集；人工是请人做的，不用督促而努力去做。工程开始于丁未年（1727 年）的冬天，落成于戊申年（1728 年）的春天。负责策划的人某某，是乡里有名望的人；协助策划的人某某，是乡里的好人；协助办事的人某某，都是乡里好善乐施的人。按照例规都要记上名字。

雍正戊申年（1728 年）一月

注：

① 不入粽的绿豆壳：本地话，原话是“绿豆壳不入粽”。校椅人过年喜欢包糯米粽，粽心里的绿豆必须去掉外壳，否则很难吃。文中的“粽”是“众”的谐音，“不入粽”就是不受伙伴们的认可。

② 列圣宫：据民国《横县志》载，“列圣宫”一在校椅圩，一在青桐街。青桐街的“列圣宫”于民国初年改为青桐团局附设小学校，民国二十二年（1933 年）改为青桐乡公所附设中心学校。

③ 怀城：贵州，后来称贵县，今称贵港市，古代贵县曾称怀泽郡，其郡治称怀城。峦州：永淳县的前称，治今横州市峦城街；宾柳：今宾阳和柳州；钦灵：今钦州和灵山。

④ 北极真武玄天上帝：又称北极镇天真武玄天上帝，简称玄天上帝。传说还是明太祖朱元璋封的。说朱元璋为摆脱追兵躲入武当山一座蛛网尘封的真武庙内。那些被朱元璋撞破的蜘蛛网即行愈合，使朱元璋转危为安。朱元璋一当皇帝，即加封真武大神为玄天上帝。现在校椅街信真武大帝的还大有人在，如新屋入伙请神镇宅，贴的符咒就是“北极镇武大帝”。“镇武”是“镇天真武”的省称？抑或“真武”的笔误？

尖岾山：又称瞻顾山、尖固山。清《横州志》载：尖岾山，在州北四十五里，俗名尖谷山。极高而顶平。上起尖峰，峰顶有石块，方长，浮地面，石心开小窝，宽深数寸，常注清水，不干不溢。山下有龙潭，深不可测。

⑤ 狉狉獉獉：指野兽在草木丛中出没的景象。这里指未开化的人及其言行举止。

⑥ 阳鲚之鱼：春秋时期，鲁国的宓子贱即将到单父（今山东省单县南）做官，他向渔人请教用人之术，渔人说：钓鱼的时候。有些鱼见到鱼饵就咬，这种鱼叫阳鲚鱼，肉薄味淡；有些鱼见到鱼饵，就像没看到一样，想吃又不贪吃，这种鱼叫鲂鱼，肉厚味美。后人以“阳鲚鱼”喻贪婪而又无才学的人。

2013 年 12 月 5 日

校椅街解放的烽火记忆

2013 年 11 月 17 日（农历十月十五），是校椅街解放 64 周年纪念日。这一天，街民在北街文化活动中心举行隆重的祭拜烈士仪式，以及庆祝校椅街解放的活动。四村八峒的群众也汇聚一起，舞龙舞狮，载歌载舞，热闹非凡。

为解放校椅街，人民子弟兵牺牲了四位官兵。北街文笔岭上的烈士纪念碑所在地就是他们的安息之所。纪念碑巍然屹立朝向烈士们为之抛头颅

图 1　校椅街革命烈士纪念碑（摄于 2013 年 12 月）

洒热血的校椅街，上面与背面都写着"革命烈士永垂不朽"，碑的左面写着"功垂青史浩气长存"，右面写着"继往开来振兴中华"。

纪念碑的顶部设计成毛笔的笔头，寄寓着化武为文向往和平的理念。站在纪念碑基座朝上仰望，纪念碑就如同一把利剑刺向天穹，把我的思绪一下子带回 64 年前那刀光剑影的峥嵘岁月。

1949 年 12 月 4 日即农历十月十五，中国人民解放军第四野战军第四十五军第一三三师兵不血刃就占领了贵县（今贵港市），接着兵不卸甲马不停蹄从贵县追击国民党溃军经云表至校椅街。

校椅街为横县县城北部边陲最大的门户重镇，坐落在贵县，宾阳县，横县陶圩、云表以及永淳县的石塘、灵竹、镇龙通向横县县城横州街的交通要道上，战略位置十分重要。又是校椅乡公所所在地，郁江北区四村八峒商品集散中心。整个圩街四围皆筑围墙或挖水塘围起来，东南西北街各留一条路供人们出入。每条入街路口旁筑一座两层的炮楼看守。路口建大闸门一个，门板用铁皮包裹以防火攻。东街闸门在现在东街社屋木（即榕树）向东不远处；南街闸门的炮楼又叫"南楼"，在现在南街经联社办公处；西街闸门在西街社屋木西头不远处；北街闸

图 2　南街大禾塘闸门，这是校椅街五个闸门中唯一保留下来且基本完好的闸门（摄于 2013 年 12 月）

门在现在百货大楼处。在四条街的交会处建有一座四层的炮楼，叫清平楼。圩内民居参差杂处，街巷曲折迂回，纵横交错。

当时的校椅街已是山雨欲来风满楼，共产党游击队的劝降信甚至送到街、村有关负责人的家里。4日，正是校椅街圩日。一早校椅街就戒严，不许人们入内趁圩，圩场改到北街顶上的望圩岭。九点多钟解放军由东向西经校椅中学大门前的公路逼近校椅街。已成惊弓之鸟的民团一听说解放军来到，慌忙关闭闸门。也许解放军的战斗目标是县城横州，并没有攻击校椅街的计划与准备；也许驻守县城的国民党部队令民团在校椅街打掩护，让部队有时间撤退。总之，解放军兵锋逼近校椅街北闸门的时候，遭到北闸门守敌的突然打击，即有两个战士牺牲在望圩岭与文笔岭交界处。攻入大街后，又遭到三角坪清平楼的枪击。解放军喊话要守敌缴械无果，于是在正诚杂货店取火油欲烧清平楼的大门，结果被守敌击中，引燃火油并烧塌正诚杂货店门面，又牺牲了两个战士。后来解放军用迫击炮轰破清平楼，把清平楼炸开几个大洞，引燃楼内木楼板，冒出滚滚浓烟，躲在楼里的守敌停止抵抗，整个战斗约两个小时。解放军留下部分官兵搜索残敌，其余匆匆奔袭横州。下午大约一点钟，解放军逼近县城横州，国民党守军已向江南方向落荒而逃。横州民众燃放鞭炮欢迎人民解放军，横州宣告解放。此时校椅街还未打扫战场。

在清平楼指挥民团负隅顽抗的头目叫陆英，校椅六蓝人，横县扫荡队某队队长。他从清平楼逃了出来，潜入镇龙。1950年4月国民党溃退时潜伏下来的军官和党、团骨干分子纠集国民党军散兵游勇一千多人，号称"反共救国别动军第五师"，勾结地主恶霸地痞暴乱，攻陷云表、邓圩、龙来等乡政府，杀害干部群众。陆英是这次暴乱的一个头目，被解放军一三三剿匪部队和民兵打败后，溃逃入镇龙山区继续组织"暗杀队"，杀害共产党员干部、家属，勒索、抢劫群众财物。10月，剿匪部队和民兵进剿镇龙山区，用分片切割零敲碎打的战术，把土匪打得落花流水。陆英慌不择路钻进一座废弃的炭窑里，被云表邓圩六旺村民兵何佩荣生擒。何佩荣当年被广西军区授予"民兵战斗英雄"称号，并获奖一支半自动步枪。

校椅街解放后，街民把牺牲在街上的两具烈士遗骸葬在南街农械厂处，那里原是一片乱坟岗。另两具遗骸就近葬于望圩岭南边，面向校椅街。后来这个地方改成牛行，即耕牛买卖市场。校椅街人民又把四烈士忠骨移葬于文笔岭，并将烈士神主牌奉入望圩岭关公庙内供奉。每年农历十月十五，全街民众在校椅街解放纪念日举行隆重庆典，祭拜四烈士。

1989年冬，中共横县校椅镇党委、校椅镇人民政府在文笔岭修建一座雄伟的纪念碑，1993年4月18日补撰碑文，全文如下：

四九年秋天大军挟威南下，纵横决荡。是年冬兵临校椅，困敌于清平楼。攻楼我军晓以大义，令守镇民团缴械投降。然敌负隅顽抗，大军旋即挥师巷战。其时火光冲天弹雨横飞。我军虎威龙奋勇猛进击，至傍晚守敌溃败，十二月三日告校椅解放。是役我军将士浴血街头捐四忠魂。

此碑落成于八九年冬，系墓碑建筑。筑碑过程曾得各界人士鼎力支持。落成之日八方民众偕老带幼聚于碑前，盈泪鞠拜，又者香火缭绕，花团锦簇，冥钱遍地，道鼓低鸣，足可慰血溅疆场客卧他乡之英魂矣。然牺牲英雄曾经多方查询，皆因年代久远以致烈士英名几觅未果者，深为愧憾。

今值此改革开放国泰民安百业俱兴经济繁荣之际，瞻碑凭吊，饮水思源，不禁肃然起敬。是故，为表对开国造福先烈悼念之情，特撰此文，使之流芳百世，激励众志共图国强。

人民英雄永垂不朽。

2013年12月15日

校椅街解放的烽火记忆

299

印象校椅街

2012 年中秋初夜，圆月东升，光华满盈。家家户户在门前或楼顶摆出饼台香案祭月赏月，满街满市弥漫着这个传统节气所特有的味道。电视荧屏上一个光鲜亮丽的女子正在咏唱苏东坡"明月几时有，把酒问青天，不知天上宫阙，今夕是何年"，声色温软，催人昏然欲睡。

忽然想起杜甫的诗句"露从今夜白，月是故乡明"，久不返故乡了，不知故乡今夜能与我共婵娟否？想着，不尽乡思竟风生水起纷至沓来。于是，关掉电视，钻进书房，我要趁这饼香月圆之夜，好好整理这段时间来关于故乡纷乱无序的思绪。

我的故乡是校椅街。从小到大，从小学到高中，直至读大学，我都不曾远离过她。她的呼吸，她的心跳，她的一颦一笑，在我的灵魂深处是那么的鲜活灵动，提起她，我豪情陡增，神清气爽。

可是，当我拎笔要描述她的时候，却发现我无法擦起记忆中那凌乱而又温馨甚至滚烫的文字，故乡的过去是那么的遥远陌生，故乡的现在又是那么的不可捉摸。

这并非我矫情，故乡的诞生和发展就是个谁也讲不清道不明的谜。清代的某一年，她脱胎于一个小小的校椅村，也不见有什么传世的招商引资秘诀，居然舟车辐辏，商贾云集。两百多年间，财聚三江，惠通四海，竟至后来居上，超越明嘉靖元年（1522年）前就建圩并成为大圩的陶圩、明崇祯十五年（1642年）建圩的云表，甚至超越北宋时曾设县的灵竹圩，摆成一个颇具规模的圩市，大咧咧地高踞于县城北部小平原之上，成为横县四大圩市之一。

故乡的名字，自我咿呀学语时，就一直读"校（jiāo）椅"。读书以后，老师教我们普通话念"校（xiào）椅"，心想老师不会错，照读不误。后来有同学与我争辩说土语应该叫"咬椅"，气得我头顶煲粥，真想狠狠咬他一口。为驳倒他的谬论，我猛查资料。原来，校（jiāo）椅，是指一种可折叠的轻便椅子，也写作"交椅"。在土话中，"校"也有读"交"者，现在横县峦城、石塘等地方的人讲土话，称"学校"为"学校（jiāo）"。成书于清代的《横州志》里，有的地方写成"交椅"，有的地方又写成"校椅"，说明作为专用地名，"校"与"交"的读音是一样的，都读"交（jiāo）"。

1985年，我考入广西教育学院中文系读书，受同学之托，找到政教系主任莫济杰副教授索要资料。我自报家门是"横县校（xiào）椅"。满头银发的莫老是贵县人，说的是普通话，他听了，似有所悟说："哦？校（jiāo）椅！"那一刻，我就认定，即使普通话，也应该读"校（jiāo）椅"！唯有如此，才能表达出地名的特有韵味。

校椅街上的人来自五湖四海，有讲白话、普通话、客家话、壮话的，还有一种话，我不知道语言学界把它归入何种语系，姑且叫校椅街话吧。你想想，一群南腔北调的人聚在一起，年长日久，这个语音能不杂交吗？但是，却有一个音居然坐怀不乱，出淤泥而不染，那就是入声。入声在古汉语中属仄声，它大约消失于明代。但入声字还在，常用的有近千个之多。只是在普通话里，入声字的读音变了，变为上声去声的，仍属仄声，变为阴平阳平的，分辨古诗词平仄就得费心了。而校椅街话还保留着千百年前古人的发音方法，它的特点是，发音到最后，双唇闭合或舌根后缩阻塞口鼻气流而成音。比如"闸""月""黑"等等，这不能不说是一个奇迹！相对普通话而言，校椅街话才是我们的传统文化，它使我们对唐诗宋词有一种天然的亲和力，用校椅话读老体诗词比普通话更有韵味。不信？读一读岳飞的《满江红》，注意入声韵脚：

> 怒发冲冠，凭栏处、潇潇雨歇。抬望眼、仰天长啸，壮怀激烈。三十功名尘与土，八千里路云和月。莫等闲，白了少年头，空悲切。　　靖康耻，犹未雪；臣子恨，何时灭？驾长车，踏破贺兰山缺。壮志饥餐胡虏肉，笑谈渴饮匈奴血。待从头、收拾旧山河，朝天阙！

韵脚的气息收束得咬牙切齿斩钉截铁，极适宜宣泄心中的愤恨。所以，教语文，不论教小学、初中还是高中，我素来主张并坚持校椅街话与普通话双语教学，这曾一度引起领导的高度"重视"，给过我拐弯抹角的批评。但批评接受，思想照旧。乡音不改，实在是因为乡心难改。

校椅街话最好听。她的韵味，只有校椅街人才能到心到胆味出来。但也只限于意会，难以言传，犹如身处异国他域突然听到乡音的那种感觉。记得读小学的时候，校椅中心小学的老师们自编自导自演的节目，不论对白或唱词，大都是用校椅街话表演。那些看得眼直直颈长长，听得摇头晃脑如痴如醉，又笑得前俯后仰鼻横嘴斜的人，就是"正斗"的校椅街人！

校椅街人彬彬有礼，文明话不是钉在墙头印在纸上而是刻在心里挂在嘴边。见面就问"吃未"，回答是"吃了"或"未吃"。

至于吃什么或未吃什么，不必较真，大家高度一致，心有灵犀。或者问"去哪"，回答是"去腻处"。也不见有人打破砂锅刨根挖底。习惯成自然。读大学时，有一次在宿舍楼一角碰到班主任苏庆科老师，他正帮学生拎一个沉沉的笼箱。我礼貌地打招呼说："苏老师，去哪？"说话间拐弯就过去了。苏老师却不依不饶，追上来拉住我，问："你有什么事？"

校椅街人自由民主，没有大家族式的做派。生产队开会那日，晚饭后大人们散坐在宽阔的禾塘上消受那无价的清风明月，大家七嘴八舌，东家长西家短，海阔天空扯大炮。而我们一帮小伙伴常常绕着人群你追我逐，嘻嘻哈哈，旁若无人。伙伴们玩得高兴时，队长来了，大喊：停落来停落来，开会啦！我们极不情愿地坐下来，大人们也收了声。队长往前一站，就着月光木桩似的戳在禾塘中央向着月亮喊话。我们都恨他啰唆，东拉西扯地说个没完，刚说要抢在台风来前割禾，不知何时又讲要积肥攒牛屎，有时还夹带几句不咸不湿的话，引得大人们哈哈大笑。

校椅街人古道热肠，不管红白喜丧，能帮即帮。古时候国有大事，举狼烟而召诸侯。校椅街家有大事，鸣鞭炮以做广告。鞭炮声长而热烈的，准是喜事；短而稀疏的，大抵是丧事。办喜事的自不用说，大家同心协力，报喜分糖的，买鸡杀鸭的，洗菜煮饭的，当煮席做伙猫的，个个当仁不让，舍我其谁。办丧事也不含糊。几个人商量好，然后由话事者分工，贴告示一张，上书：巡城者大狗二狗；挖长壕者张三李四陈五黄六；扛大炮者赵七钱八孙九李十。仿佛沙场点兵火烧眉眉！巡城，就是沿街将讣告通报周知；挖长壕，就是挖坟坑；扛大炮，就是抬棺材。

校椅街人讲义气，至今仍盛行结拜"十友"的古风。十个年龄相仿的年轻人结成异姓兄弟，歃血盟誓，誓同生死。当年主持我们盟誓的人是大春哥。记不全誓词了，但"有福同享，有难同当"实实在在刻在了我的心上。崇义与尚武一体，所以十友们也习武，当时赵四叔教长凳搏双刀，老愣叔教单刀削棍。

为了这个义气，校椅街人勇于任事，敢于担当。1945年1月初，日本鬼调兵遣将进攻横县。为阻击日本鬼，保住县城横州，校椅街人做出了决绝的牺牲：毅然炸毁西街独生桥和石井新桥，挖断通向龙头的邓塘至山口一段路，挖断通向青桐、云表的大路。切断由陶圩龙头经校椅街通往横州街的交通要道，也断绝了校椅街人撤往县城的退路，断绝了一切后援。校椅街孤悬一隅而又首当要冲。1月4日，三百多名日伪军从永淳县（县城在今峦城镇）的石塘攻入横县的陶圩龙头。5日，校椅街陷落。6日，横县抗日自卫队四千多人阻敌于四排岭。10日，日本鬼从宾阳抽调七百多名步兵、六十名骑兵经陶圩龙头驰援被阻于四排岭的日伪军。11日，敌军突破四排岭防线，横县县城惨遭日本鬼铁蹄蹂躏。廖祖为，校椅北街人，上等兵，壮烈牺牲在横县抗日战场上……

为了这个义气，校椅街人在抗美援朝、援越抗美和自卫反击战的正义战争中义无反顾，积极开展援朝募捐活动，与全县人民一道，完成了两架"横县号"飞机的捐献任务。二十三名青年民兵参加自卫反击战前线支前队，三十多名青年参加后方支前队。志愿军战士、东街人黄宝山，解放军战士、南街人黄世华先后牺牲在朝鲜战场、越南战场。他们是中华民族大义的化身，是校椅街人的骄傲！

如今校椅街也同我为之打工的城市一样，灯红酒绿，歌舞升平。我知道，不是我眼拙看不清故乡的容颜，而是故乡变得太快了。当我从历史的时空隧道回眸寻觅，蓦然间故乡已然美轮美奂，仪态万方了。

这就是我的故乡。一个从故纸堆里，从尘封累累与血迹斑斑的记忆中站起来的校椅街；一个历经磨难而又浴火重生，令我倍感温馨素朴而又荡气回肠的校椅街！

2012年10月1日

我的老师我的书

——作者自传

因为个头太瘦小，尽管我的右手弯过头顶可以摸着左耳，报读小学一年级时仍屡被老师拒绝，等到 1964 年秋季得入学时，已经九岁了。称体重时，除去藤笠才 36 斤，连抓吊秤的张重甫老师都吃惊，他看着我，眼神满是怜悯。

读一年级是在大冚钟，地点在南街大庙对面，与南街大闸门炮楼（俗称南楼）连在一起，民国时期南街大庙辟为校椅乡公所。大冚钟曾是乡卫生所，新中国成立后作校椅中心小学初级部。书桌凳子是学生自己从家里扛来的。我家没有桌子，只能用一张三脚圆面独凳替代。小小的凳面只够放一本书，其余的书本、作业簿、小黑板等等都放在地上，写作业时也要把书本放到地上。没有棉衣，寒冬腊月只穿着两三件破单衣赤脚上学。那时候冷得难受，就用一个废油漆罐子穿上铁丝吊着，里面放两三块燃着的木炭，两手罩着取暖上学。下课后大家都跑出教室晒日头。没有日头的时候，一帮人就紧挨着墙壁你挤我、我顶你，以把对方挤离墙壁为胜者，我们称为"挤暖"。有时跑到晒场边上踩着厚厚的冒着白气的禾稿翻跟头，或者两人一组，一个骑在另一个肩膀上，叫"骑独马"，两组独马互相推拉，以把对方推下马为胜。有一次，西街伍永标同学被扯下马触了手腕，肿得又黑又紫，痛得龇牙咧嘴涕泗横流，也不见家长闹到学校告上法庭。

因为没有鞋子穿，冬天我常常一放学就跑着回家，先把麻木的双脚烤出痛觉来再吃饭。我的语文老师、班主任李美庆把她的小孩穿过的旧鞋给了我几双。李老师人特好，她对我的关心超过了其他的同学。比如当时一年级的学费是每期一块钱，三年级是一块五，我常常不能按时交，李老师总允许我欠着。而且印象里她从未批评过我。有一次上语文课，我的一块粗糙的小黑板被北街梁庆珍同学无意中踩坏了，一气之下我把她的小黑板摔烂，然后跑出教室。李老师放下教本把我劝回来。

上算术的吴国香老师是汕头人，"文革"前曾任横县保育院院长，为人善良和蔼，写得一笔端庄秀气的楷书，很多人都来请她写字。

1967年的秋季学期，本应上四年级读书，但学校"停课闹革命"，课上不了。我除了替体弱多病的父亲放生产队的牛，最喜欢到街上看大字报，或到隔壁老李家看小人书，如配有画图的《成语故事》和连环画《山乡巨变》。看完了小人书又看大人书，比如《野火春风斗古城》《战火中的青春》《苦菜花》《敌后武工队》《朝阳花》，还有一本头尾都撕去了的《西游记》。不认得的字就问碧林姐或秋哥。老李家教很严，五个孩子有读中学的，有读小学的，不上课的时候都在家里读书。我是等他们看过了再接着看，或者交换着看。看得入神的时候连他们吃饭也不走，赖在那里埋头看书旁若无人。

看大人的书使我第一次感受到文字的神奇魅力，全面而彻底地无可救药地坠入文字铺排编织出来的精致笼子里不能出来。

别林斯基说，美都是从灵魂深处发出来的；美隐藏在创造者或观察者的灵魂里。回想起来，不知道那时隐藏在我灵魂深处的是不是美。因为读那些描写爱情的章节，我常常野马脱缰般胡思乱想，懵懂而愉悦；性的描写又使我好奇而羞涩，很多时候做贼似的躲起来看或者有人走近就匆匆翻过那一页。只有那些惊险万分而又变化莫测的情节像《西游记》里银角大王的幌金绳那样紧紧缠绕我，让我从早看到黑不用遮遮掩掩。只要是书，一卷在手，看得忘了煮饭忘了喂猪。我那仅认得自己名字的母亲有时做工累了，回到家中一边劈柴煮吃一边数落我说："睇书睇得饱呀？"

看书入迷甚至差点酿成事故。那是我在校椅中心小学当民办教师时，有一次在房间里看书，外面舞台那头几个老师在检修电路。隐约听见似乎有人喊我打电闸，我想也没想，随手就把房间里本已打开的闸刀合上，结果立竿见影把正在工作的电工老师电麻了！

1968年秋季学期，全县学校"复课闹革命"，在学业荒废整整一年后，我得以直升五年级读书。头个学期的班主任是卫志愿老师。他上语文，第一课就是《毛主席论教育革命》："学制要缩短，教育要革命，资产阶级统治学校的现象再也不能继续下去了……"卫老师善画画，常常画彩色巨幅的毛主席像让人们抬去做游行队伍的前导。我很佩服卫老师，也是从那个时候起，我喜欢画毛主席像。有一次我把好不容易才画好的毛主席头像亮给碧林姐看，她看

图1 笔者的石膏像素描作品

了说:"快收起来,别让人看见了!"

但我画画的兴趣并不因此而稍有减损。当民办老师时,常去听横县文化馆张明老师到校椅文化站举办的绘画讲座,为学校的街头宣传墙报作报头画。读师范时,学校举办绘画比赛,我临摹的《毛主席在抗大》获得优秀奖。在校椅中学教语文,有三年还兼教初中美术课。读大学期间,每逢广西博物馆或展览馆举行画展,我都去看,还自费参加广西工人文化宫举办的业余国画班,跟盘福林老师学画梅花、竹子、石头。

五年级第二个学期的班主任是雷士令老师。他是第一个把我的作文当范文读给同学们听的语文老师,这给我很大的鼓励。雷老师后来任过校椅中心小学校长。

1969年秋季学期,我被推荐上校椅中学读初中,校椅中学是县级学校,在读期间每月得粮食补助14斤,还有助学金。这个待遇大约就相当于清朝时的"秀才"了。在校椅中学,第一学年的班主任是黄家光老师。他教语文,第一课就用白话讲解毛主席的《为人民服务》,许多讲壮话的同学少见多怪,直呼"伊箩"(壮话,意为不懂)。有一次他和工宣队的指导员到我家家访。家里很窄又没有凳子,只好搬两只用禾稿绳捆成的稻草墩摆在门前请他俩坐。黄老师是老革命,曾任武鸣高中校长、横县中学副校长,1964年由横中调到校椅中学任校长,1968年受冲击降为教师。好像在1972年秋得到平反,那时他已调返横县中学,而我正在校中读高中,是由任过横县人民法院院长的学校革命委员会主任马焕海向全体师生宣读的文件,说是恢复原有行政级别云云。黄老师的夫人高辉干事在校椅中学图书馆管理图书,为我借书提供不少方便。当时最爱看的是《十万个为什么》。我参加工作后,先后买了三个版本的《十万个为什么》给小孩看,也给自己看。引起我看《十万个为什么》兴趣的是苏联人写的《趣味物理学》,里面有《西瓜为什么变炸弹》一文,配图是一幅钢笔画,在一辆快速奔驰的汽车上,两个人惊恐万分地弯腰摁头企图避开从路边抛过来的一只西瓜。还有奥斯特洛夫斯基的《钢铁是怎样炼成的》、高尔基的《我的大学》、浩然的《金光大道》和《鲁迅杂文选》等。

第二个班主任是上体育课的廖振铎老师。廖老师个头高挑干练利落，打篮球很出名，单双杠上的功夫也很了得，他的示范动作是力量与美的展示，给我一种莫名的震撼。廖老师后来调到横县体委工作。

教数学是李丹民老师。她特认真。有一次，班干在小黑板批评栏里写"这种现象值得批评"，她入门一看，说："是'应该'批评，而不是'值得'批评！"李老师上课时久不久就噘嘴吹开垂下来的额发，引得我们课后也竞相模仿着吹来吹去。李老师后来调去横县中学任教，后来又去广州。

教地理的是吕士伯老师。他在黑板上画中国地图从不看书，三下两二就画好了，轮廓跟课本的差不多。吕老师当时大约是被监督使用的对象，有一次他正在认真画地图，学校工宣队指导员带一个队员不声不响地从后门进教室坐在后排上听课。吕老师转身一看，汗就出来了。

教英语是廖汉东老师，高中时他也上我的英语课。廖老师很严格，要求背诵课文，每学期举行一次默写单词比赛；教课文之外，还教我们唱英语歌。我高中毕业后在校椅附中教英语，常常回校椅中学请益于他。廖老师后来调回他家乡的中学任教。

教工业基础知识的是陆庭熙老师，高中教我物理。他常常点名叫同学回答问题，或者上台演示和解说电动机、发动机工作原理，我是时不时被点名的其中一个，这使我不敢稍有松懈。1978年县政府把横县中学定为县级重点中学，第二年陆老师被调去横县中学。

教化学的是方达民老师。他讲着一口浓重的武鸣方音。我经常模仿他的口音逗同伴们乐，结果乐极生悲，我的化学学得一塌糊涂。

教农业基础知识和生理卫生的是李春暄老师，后来调去横县师范学校又教我心理学、教育学。

教我们音乐的是高中化学老师梁裕善，他个头高大不苟言笑。有一次音乐课，梁老师在上面埋头踩脚踏风琴教同学们唱歌，我在地上抓起一撮泥尘捏在手心里，伸出食指去压住同桌国华的鼻梁，声称他的舌头已经伸不出来了。国华知道我的手里暗藏玄机，但可能不知道手里有泥沙或者以为我不敢放开手。他把舌头"倏"地伸出来，又"倏"地缩入去。看看我没有反应，又伸出……我手一抖，"哗"撒了他满嘴泥尘。梁老师抬头一看，瞪起眼大声批评我："你睇你睇，手真蠢！"高中时梁老师教我化学，他第一课就认出我，但他只是朝我笑了笑。梁老师还扮演过《红灯记》里的鸠山队长，陆济汉老师扮李玉和，他俩的精彩表演博得全校师生长时间的热烈掌声。恢复高考后，梁老师调回他的家乡贵县，在贵县中学任教。

美术书法是商永伦干事兼上，他第一课教我们写黑体字：团结起来，争取更大的胜利。

商干事主要是管理物理化学实验室，印象里他什么都会做，特别是他的毛笔字、美术字都写得很好，学校的大小标语、学生的毕业证都是他写的。他还会摄影，冲洗底片。

高中第一年的班主任是谢万镇老师。谢老师上语文课有条有理，板书的字很大很整齐，每写完一段话，就用粉笔重重地在黑板上碾一下，所以他写的逗号常常是一个立体的点，极像掉尾巴的木头鱼儿粘在黑板上。

第二个语文老师叫陆济汉。第一节课因为课本没到，陆老师就先上鲁迅先生的小说《祝福》。他绘声绘色地讲，我们以前所未有的安静聆听着。那种听课的感受有点奇妙，几十年以后，所有语文课的"中心思想"被时间的激流荡涤得落花流水片甲无存，唯独听来的祥林嫂故事砥柱中流，成为我脑海里抹不去的记忆。后来我经常收听广西广播电台播放的故事，如单田芳的评书《说岳全传》，陆地的长篇小说《瀑布》。陆老师还推荐小说给我们看，如李云德的《沸腾的群山》《鲁迅小说选》等。陆老师后来调任横县峦城完全中学校长。

第二年的班主任是教物理的杨安桓老师。杨老师是广州人，据说他的父亲是中山大学的教授。杨老师是多面手，无论物理数学化学，他都辅导我们。后来他调去横县师范，不久调回广州，再后来听说去了美国留学。杨老师的夫人叫关其珍，上我们政治课。她是北京大学毕业，到地方锻炼分到我们学校任教。她口才很好，讲话比较急。讲课时为了强调重要内容，常常边说边用粉笔往黑板上点点戳戳。杨老师夫妇并非"举案齐眉琴瑟和谐"，有一次杨老师叫班干到其住处开会，关老师从外面进来，三言两语就顶上了，弄得我们坐也不是走也不是，你看我我看你，最后都低头假装看笔记本，仿佛挨骂的是我们。

在校椅中学读初中、高中的四年间，我是外膳外宿生，晚上自修课结束回到家就点起煤油灯看书。看完李家钦的《拍案惊奇》《三侠五义》《薛仁贵征西》，又向医生韦清泉老人借来家藏的线装本繁体字竖排版《三国志通俗演义》《聊斋志异》《幼学故事琼林》《增广贤文》《三字经》《千字文》看。许多字认不得，起先常往返请教于韦老先生，不久就不去了。韦老先生还以为我悟性高，多次对我父亲夸我。其实我是嫌麻烦，碰到生字词就想当然地猜着读，囫囵吞枣而已。读书求多图爽而不求甚解的习惯，也许就是从这个时候开始形成的。那时我还自作主张把《聊斋志异》其中一卷转借给谢少俊同学给弄丢了，韦清泉老人的儿子金旺耿耿不能释怀，我亦不知如何补偿而负疚至今。

1977年高考，我报考英语专业。不知是教育辅导站漏报还是别的原因，开考时竟没有印我考号的英语考卷。1978年高考，考的是全国卷。我报考的第一志愿是广西师范学院（桂林）英语专业，英语科卷面28分，口试成绩及格，语文63分。因英语卷面考分低而语文考分高，填报志愿时又改为中文专业，不知是否因为这个原因，结果落选了，以269.6分的本科成绩（不计数学分）和"服从分配"的志愿为横县师范录取。我的姓黄的同学以265分被广西民族学院录取。

横县师范原称横县五七大学，成立于1976年9月，地处马岭镇，距县城二十多公里。校址原是劳改场，远离村屯人烟，四望多是高树修篁，荒茅莽灌。教室是旧监狱改造而成，墙体厚达60厘米，足以扛住八级地震。一座三层的监控岗楼鹤立鸡群似的突兀而抢眼。没有图书馆，只有各为二十多平方米的图书室和阅览室，办学条件十分简陋。入学的时候，正是当年的冬月末，开学典礼就在一个三面通透的大草棚里举行。朔风吹过，茅梢咝咝呜呜地叫，间或有树叶瑟瑟的坠落，翻滚，籁籁的声音仿佛在我的心头响起。罗丹说，生活中并不缺少美，而是缺少发现美的眼睛。这句话似乎是批评我的，因为此情此景，在我的眼里就一个字：凉。

为了甩掉那些时不时冒出来的沮丧，曙光初现我就爬起床到林荫道上狂跑，放学后打篮球，不论春夏秋冬，傍晚都和滕家连同学到水塘里游泳。夏天没课的时候常躺在满是八宿草的地上，呼吸着湿润的地气和浓郁的草青气，望着白云悠悠天宇蓝蓝，什么都不想，又什么都想，让时间在明了和混沌之间流水般溜去。或者到学校周围游逛散心，或者到果园里大声读诗唱歌，有时干脆咧开喉咙高声狂啸。秋天的果园萧瑟而零落，我的声音苍凉如狼嚎。

在横县师范，我们近乎桃源中人，绝少感受到世俗的喧嚣，埋起头来读书既是我的初衷也是我无可奈何的选择。一切似乎都自然而然。我们班是文史专业班，读书风气很浓。其他班的同学也没闲着，大家都在找书读，你追我赶读书不辍。77级赖国福同学读《新华字典》还得到陈克水老师的表扬。实在没有多少可挑拣的书，我就把初中语文三个年级的课文和玉林师范

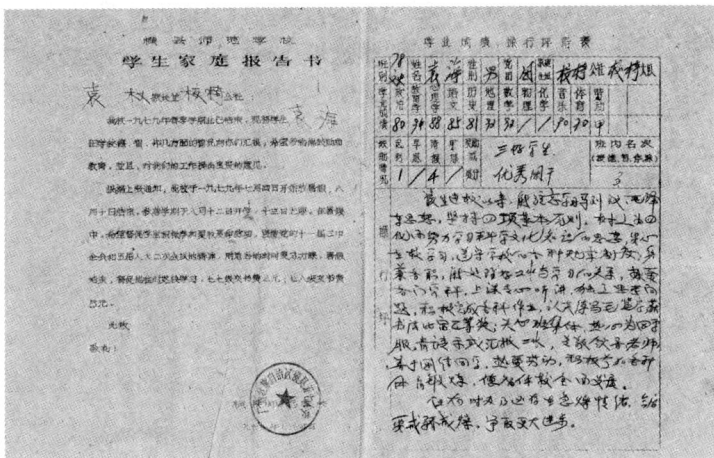

图2　1979年春季学期笔者的"学生家庭报告书"。

学校编写的《初中语文教学参考资料》全部读遍。通过黄振奋
同学购回胡裕树主编的《现代汉语》来自学。向校椅附中雷士
春老师借来广西编的函授课本《中学语文教学语法》择要抄了
两万多字。学习一兵编著的《逻辑学基础知识》，抄了一万多字。
古文、文学和写作的书也杂七杂八抄了几万字。抄书是等日后
慢慢读，因为书不能借太久。但抄书很费时间，所以更多的是
买书，只要觉得有用或可能有用就买。如1979年再版的《语法
修辞讲话》（吕叔湘、朱德熙），1980年出版的《资治通鉴选》、
再版的《诗词例话》（周振甫）、《逻辑与写作》（倪正茂），
1981年再版的《何典》（张南庄），1982年出版的《宋诗选注》
（钱钟书）、《文章与逻辑》（王聘兴等），1982年再版的《唐
诗三百首详释》（喻守真），1983年出版的《金元明清词选》
（夏承焘、张璋）、内部发行的清乾隆版《横州志》简体字本，
1984年出版的《古文笔法百篇》（胡怀琛），1985年出版的《词
与音乐关系研究》（施议对），1987年出版的《文字学四种》（吕
思勉），1988年出版的《中国文化史导论》（钱穆）等。除《横
州志》和《金元明清词选》外，这些书都是在校椅新华书店购买、
预购或者在校椅邮电局邮购的。买来的书有的读得细点，有的

读得粗点，有的仅翻翻而已，一切视需要与兴趣而定，如清《横州志》直至前年才认真读。

横县师范 1982 年撤回县城，原址不复当年景象。30 年后苏培彦、廖朝盛两同学寄来几首诗，回忆当年的读书生活。苏培彦有句云：

> 绿树鸟惊晨练早
>
> 读书人歇夕阳迟

廖朝盛则很动情地说：

> 校园里的荔枝园和梨树园啊
>
> 是我放飞思绪驰骋想象的地方
>
> 我把快乐与憧憬捎给
>
> 南来北往的大雁
>
> 让歌声与豪情在空中翱翔

他俩的诗触动我的情怀，感觉很美很美。这时，我才猛然醒悟，原来我一直怀着对那段时光深深的念想与仰望。

回望那段岁月，我心存感激。

我的班主任农世群老师毕业于广西艺术学院，他管理班级张弛有度宽容随和，很受同学们欢迎。后来调任县文化局局长、县委宣传部副部长。他教我们唱《蝴蝶泉》《十送红军》《在希望的田野上》《祝酒歌》《我们的生活充满阳光》《红梅花儿开》《青春圆舞曲》，歌声振林樾，那是一种怎样的美的意境！

语文老师何吉怀是民俗礼仪专家，他写得一笔端庄的楷书，擅长对联，许多所谓的绝对他都能对出来。他教我们语法、对联和书法，讲授民俗礼仪知识。

教数学的张德霖老师古文根基厚实，当着我们的面常与教古汉语的高纲奎老师比赛背古文。他教数学喜欢套用文言句式来表达，如用"何其多也"表示计算的得数超标，用"多乎哉？不多也"表示答案正确，听起来别有一番趣味。张老师课余喜欢讲横县的历史和故事，如建文帝在横县、马援过伏波滩等，还把横县八景诗抄给我们。

陈克水老师教我们语文和教学法。有一次布置作业，要求我们写学习宾阳"四通教学法"的心得。我偏不写，却写了一篇颇为偏激的评论，认为千法万法，语文教学都应根植于传统的启发式教学法。陈老师认为言之成理，给了87分。陈老师后来任横县师范学校副校长、横县教研室主任、校椅完全中学校长。

陈奕全老师教数学，他讲课逻辑性很强，条理清晰，后来任横县师范学校校长。

梁永喜老师教政治，他是学校筹备会主任，主持学校工作。人比较严肃，对学生要求也很严格。入学初我为了弄清大学落选的原因找过他查我的档案，他没有二话，问了我的名字就帮我查。

施月仙老师教我们政治，她毕业于广西师院，后来调去广西警官学校任班队长。

万朝玉老师教美术，他的美术字写得特别好，尤长于写魏体。

沈永达老师教历史。

还有成绩优秀毕业留校工作的年轻老师，如莫大成、韦华川、方景成、蒲清言，他们或多或少上过我们的课，彼此很是融洽。

回首往事，感慨有加，我写《水龙吟·马大遥想》曰：

满山遍地葱茏，当年尽是凌云气。五湖四海，龙门高跃，男儿气势。笔走龙蛇，诗吟风月，纵横恣肆。笑文章谁是，巴人白雪，论兴废、千般事。　　萧瑟茅棚石砌，见斜阳断枝残卉。平川细草，高堤弱柳，参差曾识。劳燕天涯，可怜漂泊，为黄粱计。倩何人撷取，故园烟月，与君长忆？

1985年，我以超过录取线7分的成绩考入广西教育学院。

苏庆科老师是我第一学年的班主任。新生入学时，他不辞劳苦领我从宿舍楼的一楼爬到四楼414房间。苏老师非常健谈，平时他经常与同学们聊天，嘘寒问暖。我毕业回横县后他到横县办事大都联系我。去年，他大病初愈，第一次出远门就来寻我并在月江宾馆邀我吃饭，说是庆祝其大难不死。

教《现代文学史》的是崔柳生老师和李启瑞老师。崔老师是我第二学年的班主任，他关心学生，平易和蔼，在同学中口碑很好。李启瑞老师讲文学作品，讲到精彩之处常常说：绝了。以至我们414室六丁友聊天，聊得高兴，也不约而同地说"绝了"。李启瑞老师后来调任广西区党委宣传部副部长、广西日报社社长、总编辑。

教《中国通史》的是广西社科院副研究员张老师和本学院政教系主任莫济杰副教授。莫老师是广西桂系军阀著名的研究专家，著有《新桂系史》。入学初我曾找莫老师索要资料。莫老师问我是哪里人，我说是横县"校（xiào）椅"。他听了说："哦，校（jiāo）椅。"

教《外国文学》的是广西大学副教授、广西外国文学研究会会长黄世荣。黄老师很熟悉教材，讲课旁征博引条理清晰详略得当，得到同学们的一致好评。还有广西农学院的王海吟老师，南宁市教院的陶老师。

教《语言学概论》的是广西大学副教授、广西语文学会副会长梁振仕。梁老师约六十岁，从一楼走到六楼大教室，他已经有点气喘了。他说话声音不大，上课时需在衣襟上夹着一个纽扣式麦克风。同学们很崇拜梁老师，说梁老师曾师从我国当代著名语言学家周殿福先生。而梁老师教我们国际音标时，放的就是周殿福的教学录音。所以每逢语言学的课，大家早早就到教室恭候。梁老师讲课深入浅出，几句话就讲清楚入声的发音音位，使我明白如何分辨入声字，再也不用按古四声平上去入排序的"东董冻笃、中肿种竹"来死记硬背了。

教《中学语文教材教法》的是广西艺术学院党委书记王世堪副教授和班主任苏庆科老师。王老师是四川成都人，50岁左右，原是广西教育学院语文教学法的副教授、中国语文教学法研究会理事，主编有大学教材《中学语文教学法》，曾任广西教育厅副厅长，1990年后调回广西教育学院任党委书记兼院长。他讲"语文教师的修养""语文课的特征""关于备课上课"等，每一课都留出时间给我们提问。他成竹在胸，讲话从容不迫，准确而精炼，我在日记里记下当时的感受："不愧为大家风范。"

　　教"中国古代文学批评史""古代文论"的教师是学院中文系主任张业敏老师。教"中国文学史"的老师有何瑞澄、黄珍珠、刘振娅、肖依新等。何瑞澄老师还开设选修课"古典诗词格律与欣赏"。教"当代文学""台港文学"是施修蓉老师。教"哲学"课程的是朱叙培老师。教"教育学"课程的是魏俊民老师和郑鸿鑫老师。上"文学基本原理"课程的是刘志兴老师。教"写作"是阳昇老师。教"古代汉语""训诂学"课程的是郭珑老师。教"现代汉语"课程的是沈祥和老师。教"普通逻辑"课程的是林志萍老师。教"教育心理学"课程的是张宗英老师。在我的眼里，他们都是饱学之士，我从始至终都怀着敬仰和虔诚听他们讲课。

　　广西教育学院是个读书的好去处。学院有图书馆，还有中文系阅览室。每星期的课大都安排在上午，星期一下午安排看电影或专业教学录像。如电影《暴风雨》《罗密欧与朱丽叶》《红与黑》，武汉师大中文系副教授罗大同主讲的"中学语文教学法"、教学实况"琵琶行"。星期六下午扫地。其余基本是空的，最多安排一节体育课，晚上也没排课，对我而言是再好不过的了。两年时间，我按《中国文学史》《外国文学史》的线索找书读。起初读沈从文的《边城》、郁达夫的《沉沦》、老舍的《四世同堂》时还勉力做些简要的人物分析或读后笔记，后来感觉费时费力兴味索然，不如乘兴而读，兴阑则止来得痛快。于是率性读去，如同一个饥肠辘辘的乞丐扑到面包上狼吞虎咽，两年时间共读了长篇小说75部。如巴金的激流三部曲、姚雪垠的《李自成》、柳青的《创业史》、张贤亮的《男人的一半是女人》、大仲马的《基督山伯爵》、巴尔扎克的《欧也妮·葛朗台》和《驴皮记》、雨果的《巴黎圣母院》和《悲惨世界》、托尔斯泰的《安娜·卡列尼娜》、乔治·桑的《印典娜》、肖洛霍夫的《静静的顿河》等，还读了许多中短篇小说、报告文学、散文、杂文、诗歌、文学评论。时至今天，我还记得一些作品的只鳞片甲。如《茶花女》里玛格丽特与阿尔芒坎坷而凄美的爱情，电影《这里的黎明静悄悄》里一个女兵陷没在沼泽地里壮烈牺牲的画面，以及一群女兵跑向江中游泳的唯美镜头，还有读琼瑶《彩云飞》时的愉悦。使我激动不已的是台湾电影《汪洋中的一条破船》里的画外音：努力是什么？努力就是被别人欺负时不哭，跌倒了再爬起来。

之所以如此读书，不是为了争名次，而是这样读感觉很爽，也为了跟上课程，跟上同学们。他们都是大专毕业，读本科许多知识不过是复习而已。而我是中专底子，自学电大中文课程才两年，文学史里面选析的作品原著大多没有读过，上课很多时候犹如听天书。当年我学填词，填有一阕《诉衷情》，载在学院中文系的《烛光》上，表达的就是这种心情，而非全是"为赋新词强说愁"：

十年寒夜伴孤灯，几度梦难成。金凤玉露今见，转眼又三更。

酬壮志，慰平生，鬓霜增。此身谁料，眉画无深，难入诸生。

时至今日，回想这段近乎疯狂的粗线条的读书生涯，我半

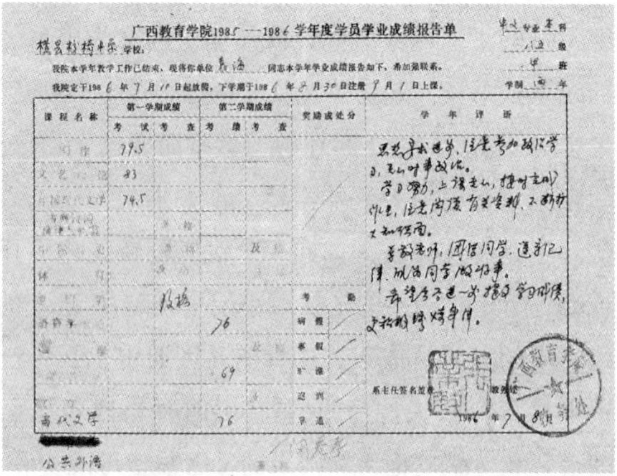

图3　笔者的"广西教育学院1985—1986学年度学员学业成绩报告单"。

感欣慰半自怜。欣慰的是，有那么好的读书环境，有那么多的好老师好同学指导我帮助我，使我得以徜徉在知识海洋的浅滩一隅，翘首远望壮阔浩渺的水光山色。怜的是自己贪多图爽，囫囵吞枣，就如同清人陆陇所批评的那样：苦刻刻欲速，则刻刻在做潦草功夫。

尽管如此，我仍无怨无悔，因为我从没有想到要做学问家专门家。读书于我就像饥了吃饭，渴了喝水。读书有时感觉极像荒野里一个匆匆过客，突然闯入一座花团锦簇嫣红姹紫的大花园，在鲜花香草编织的氤氲里陶醉流连，然后揣着渴望继续寻觅那万里行程里的又一座花园。

1991年，经过多次写作试用，我得以调入横县教育委员会（1997年改为横县教育局）农村教育综合改革办公室，参与我县承担的广西重点课题农村教育综合改革的实验研究。1993年至1996年又参与广西、河南、黑龙江三省（自治区）共同承担的国家哲学、社会科学"八五"重点研究课题"农村教育综合改革与社会全面进步"第七子课题的实验研究。广西横县、河南省长葛县、黑龙江省讷河市是这个子课题的实验研究定点合作单位。广西壮族自治区教育委员会（1997年改为广西壮族自治区教育厅）主任助理、广西教育科学研究所所长、研究员梁全进是第七子课题组组长和广西课题组学术研究的总负责人。

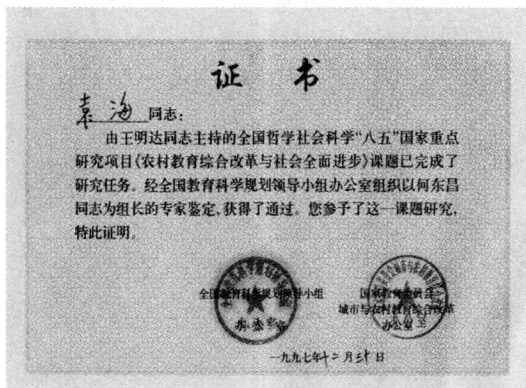

证　书

秦海同志：
　由王明达同志主持的全国哲学社会科学"八五"国家重点研究项目《农村教育综合改革与社会全面进步》课题已完成了研究任务，经全国教育科学规划领导小组办公室组织以何东昌同志为组长的专家鉴定，获得了通过。您参予了这一课题研究，特此证明。

一九九七年二月二十四日

图4　全国教育规划领导小组办公室、国家教委城市和农村教育综合改革办公室联合颁发的证书。

我的主要工作是读书写材料，或者到乡镇和学校调查情况积累素材，或者参加课题研讨会。几年时间或粗或细地看了许许多多材料，如国家的法律法规有关教育的著作如《中国农村教育发展的新趋势》《教育泛论》《雷沛鸿教育论著选》以及中央和省地各级教育工作会议的文件汇编等等，也写了包括我县课题实验研究报告在内的许多材料。写材料最辛苦的是7月、8月，几个人闷在县教研室招待所一写就是几天，又没有空调。有时是在广西区教委招生考试中心招待所。写材料最急的是临开大会时说有领导讲话，需要提供参考的讲话稿。我们连夜赶写，写出一页纸就交给打字员打印，边写边打边改，天亮交差。课题研究的重要材料如何写，梁助理往往先拟出提纲，然后召集区教委有关处室和教科所的专家学者同我们一起讨论研究，他笑称大家都是笔友。

读书读惯了也许是一种毛病，因为常常不理解为什么有人不读书不看报居然也过得一日。有一次，读中学的内侄到我家住，整天上网。我很不高兴。问他课外读了什么书，他支支吾吾；问他语文老师是谁他也答不上。我居然恼火起来：连语文老师的名字都不懂，可知读书好不到哪里去！想教训内侄说，课外书是通向知识高峰的阶梯，只有多读书，多积累，一步一个台阶，才能登峰造极领略无限风光。但想到自己并非成功者，说这些干吗？踌躇间，内侄开口了，说，老师不让读课外书。噎得我半日说不出话来。古人说，"在我者既尽，在人者也不必深责"，现在自己还没"既尽"，就想"深责"于人，这不是很可笑吗？就遵鲁迅先生所说，"躲进小楼成一统，管他冬夏与春秋"，读我的书去吧！

谨以此文纪念我的老师，也纪念我的读书岁月。

写于2013年教师节

义学训学记①

谢钟龄　进士 知州

在横日，试横士观士风，谋所以振风化。乃葺讲堂，乃治生舍，乃增书田，乃延学师，乃虑其久而斁也②，更为记勒诸石，俾肄习者得以时持循而自考焉。记曰：横之士不患无材，患无学；不患无学，患无教。余弗材弗善学也，而忝教之。何以教之？不必别立教旨，则请以弗材之学，平昔所闻于教而颇有得力者教之，可乎？先儒之教详矣，就其亲切明著，简约精要，并非郛言③。必如是而后为学，而后风化起、多士兴之，训以为诸生训。南轩张子④曰："学无所为而为也，凡有所为而为者，皆人欲之私，而非天理之所存，此义利之辩也。学然后知不足。平时未觉吾利欲之多也，灼然有见于义利之辨，将日救过不暇，由是而不舍，则趣益深、理益明矣。"西山真子曰："利欲之风深入肺腑，理义之习目为迂阔。自汉以经术求士，士为青紫⑤而明经。唐以辞艺取士，士掇科目而业文。其去圣人之意远矣。今之学者，其果为己而学欤？其亦以为有所利而学也。则苟能操觚吮墨，媒爵秩而贸轩裳，斯为足也。驵侩其心弗顾也，涩洄其行弗耻也，⑥此学者邪？正之歧途也。"北溪陈子曰："学者有二病：一病于安常习故，而不能奋然立志以求自拔；一病于偏执私主，而不能豁然虚心以求实见。既能立志而不肯自弃，又能虚心而不敢自是，则循序渐进，日有维新之益矣。"河南程子曰："君子莫进于学，莫止于画，莫病于自足，莫罪于自弃。学莫贵于自得，学者所期不可不远且大，而行之量力有渐。古之人自能食能言而教之，故大学之法以'豫'为先。古人左右起居，盘盂几杖，有铭有箴，动息皆有所养。今悉废此，独有理义之养心耳。养心莫大于理义，进学莫大于致知。惟静者可以为学，学始于不欺暗室，遇事无巨细，一于'敬'而已。执事敬，而又不可矜持，太过严威俨恪⑦，非敬之道，特敬自此入耳。"紫阳朱子曰："学之功惟在居敬穷理。居敬乃穷理之本，穷得理明又为养心之助。敬者，圣门之纲领，存养之要法。飞扬浮躁，那有沉潜入理工夫？静坐乃能收敛，非必断绝思虑。但收敛比心，湛然无事，自然专一。及其有事，则随事而应，事已复湛然矣。平时收敛定，遇事自有精神。故为学大要，惟在求放心。自人心而收之，即为道心；自道心而放之，即为人心。人心如卒徒，道心如将帅。道体随在发见，不待别求，能于日用之间，事事求得一是，即是道。道者，文之本根；文者，道之枝叶。圣贤文章，皆从心写出，文即是道。"西山真子曰："百圣相传，敬之一言，实其心法。盖天下之理，唯中为至正，惟诚为至极，然敬所以中，不敬则无中也。敬而后能诚，不敬则无以为诚也。气之决骤，轶于奔驷，敬则其衔辔也。情之横放，甚于溃川，敬则其堤防也。"列稽先儒至言要旨，诸生能佩服不忘，平生得益不浅矣，是学之本也。若夫所学之业，虽复多端，亦必务得其要,乃不至空疏无术。如《格物致知》之要:道术何以明?人材何以辨?治体何以审?民情何以察?《诚意正心》之要:何以审几微?何以崇敬畏?何以戒逸欲?《修身齐家》之要:何以谨言行、正威仪?何以重妃匹、严内治?何以定国本、教戚属?《治国平天下》之要:何以正朝廷、正百官?何以固邦本、制国用?何以明礼乐、秩祭祀?何以崇教化、备规制?何以慎刑宪、严武备?何以绥边远、成功化?此皆一一所当预研者。先儒提契纂辑,具有成书,并宜与经书悉心考究。是在掌训课者为之分类立程,讲习讨论,而有得焉。庶乎"经义""治事",学成有体有用,而非但区区八股之为也。即以八股论,无此亦不成八股学。横州邈在峤南,因循故习,狃于疏浅。⑧然士之材质,视中州近厚。以近厚之质,迪以至正之学,将必有俯焉致力而奋兴者。人决不以地限也。苟其轻于自待,只于名之幸,而匪实之求,是岂掌教之意哉?又岂兴教者之所望于横士哉?

乾隆十一年

✿ 注释:

本文摘自清乾隆十一年(1746年)编纂的《横州志》,标点符号为译者所加。

①义学:即横州浮槎义学,秀林书院前身,1701年横州知州柯宗仁创建。

②斁(yì):厌倦;懈怠。

③郛(fú):古代主城外的城墙,起拱卫主城的作用。郛言,比喻不实之语。

④南轩张子:张栻,字毅夫,号南轩,南宋理学家。宋景定二年(1261年)从祀,在横州学宫里立有神主牌。下文提到的还有四人,皆在横州学宫里立有神主牌,这里一并介绍于下

西山真子:真德秀,字景元,后更为景希,号西山,福建浦城人,南宋理学家。

北溪陈子：陈淳，字安卿，称北溪先生。漳州龙溪（福建龙海）人，南宋理学家。

河南程子：程颐，字正叔，人称伊川先生，河南洛阳人，北宋理学家。

紫阳朱子：朱熹，徽州婺源人（今江西婺源），字元晦，号晦庵，又称紫阳先生，南宋理学家，人尊为朱子。

⑤青紫：古时公卿佩戴的绶带，借指高官显爵。

⑥驵侩：旧时马匹交易时撮合买卖的中间人。

涊淟（niǎn tiǎn）：涊，形容出汗；淟，污浊。

⑦严威：严肃而威重。

俨恪：庄严恭敬。

⑧邈：远。

峤：高山。

狃：因袭，拘泥。

译文：

在横州任职的时候，（我）考核横州的读书人，观察读书人的风气，谋划振兴教化的办法。于是修葺教室，建学生宿舍，增加书田，延聘教师，又担忧学生们读书时间一长而厌倦，又写记刻于石碑，使学生得以时常对照检查自己的学业。记文说：横州的读书人不愁没有材质，愁没有地方学习；不愁没有地方学习，愁没有人教。（有人说）我没有材质，又不善于学习，而当了教师，用什么来教学生呢？（我说）不用另外设立教义，就请凭一般材质学来的，平时受老师教育而感受深刻的知识来教学生，可以吗？（因为）先儒的教义已经很详细了，用先儒那些亲切，简洁精炼的知识来教，这并不是虚言。一定如此教然后去学习，然后读书风气就兴起，就会出现众多读书人，用这个道理来教育学生。南轩张子说："学习是为寻求天理，此外没有什么目的了，凡有其他目的而学习的，都是人的私欲，而不是天理所包含的东西，这是义与利的分辨。学习然后知道自己的不足。平时未察觉我的利欲多，（现在）明显地分辨出义与利，将整日改错都没有空闲。从此不断地学习探究，那么兴趣就能更深，道理更加明白了。"西山真子说："追求利欲的风气深入人心，（人们）都把理义的学习视为迂阔。自从汉朝以经术来选拔读书人，读书人为求得高官厚爵而读经。唐朝以辞艺选拔读书人，读书人即舍弃科目而习文。这些做法距离圣人的本意远多了。现在的学者，果真是为自己追求圣人之道而学习的吗？还是为私欲而学习呢？如果说能够写诗作文，用来谋取官职和俸禄，这就知足的话，那么，（像驵侩那样）唯利是图而不忌畏，污浊其行而不耻辱，这是读书人吗？这是读书人的歪门邪道啊。"北溪陈子说："读书人有二病：一病安于现状习以为常，而不能奋然立志以求自我超越；一病在于偏执一己之私见，而不能豁然虚心以求得真知灼见。既能立志而不肯自我放弃，又能虚心而不敢自以为是，那么每天循序渐进，就天天能收获新的好处了。"河南程子说："君子没有什么比读书进步更快的，没有什么比懒惰更有害的，没有什么比自满更坏的，没有什么比自己放弃更糟糕的。学习没有什么比自己实践体会所得更可贵，所以读书人的目标不能不远大，而践行目标就要量力而行循序渐进。古时的人从能吃东西能说话的时候就教育他，所以大学的教学方法以'豫'（同'预'，预防）为先。古人居室的前后左右，盘子、桌子、拐杖，有座右铭，有箴言，一动一静都有助于养心。现在的人都废弃这些，只有用理义来养心了。养心没有比用理义更大的了，进学没有比致知更大的了。只有宁静的人才可以学习，学习是从人所不见的地方开始的，遇事无论大小，只是'敬'罢了。办事恭敬，而又不可拘谨，太过威严恭敬，并不是'敬'之道，不过，'敬'却是从这里开始的。"紫阳朱子说："学习的功夫，只在恭恭敬敬学习圣人之道。恭恭敬敬是学习天理的本源，明白了天理又用来养心。恭敬，是进入圣人境界的纲领，存气养心的大法。飞扬浮躁，哪里有深入学习的工夫？静坐才能收敛，并不是一定要断绝一切思虑。只是收敛此心，清净无事，自然专一。一旦有事，就随事而应对，事情就平静人就清了。平时收心敛气，遇事自有精神应对。所以学习的关键，就在寻找偏离了天道的心。从人心收敛来的，即为道心；自道心逸散去的，即是人心。人心就如同卒徒，道心如同将帅。天道随处可见，不用另外去追求，能够在日常生活中，事事寻找出一个道理，即是道。道，是文章的本根；文章，是道的枝叶。圣贤的文章，都是从心里写出来的，圣人的文章即是道。"西山真子说："圣人们口口相传，所谓敬，实在是他们的心法。大约天下之理，只有中为最正，只有诚为最高，但敬也是中，是因为不敬就不中啊；敬而后能诚，不敬则无所谓诚啊。气的逸散，就像拉着车子狂奔的四匹马，敬就是那马的衔辔；情之横行放肆，比江河溃决还厉害，敬就是那江河的堤防。"罗列、考究先儒的重要说法，学生们能记在心里，平生得益不浅，这是学习的本源啊。至于所学的东西，即使头绪复杂，也一定要掌握其中的要点，才不至于空疏无术。如《格物致知》的要点是：道术用什么来辨明？人才用什么来分辨？治体用什么来审视？民情用什么来考察？《诚意正心》的要点是：用什么来审视隐微的东西？用什么来崇尚敬畏？用什么来戒绝逸欲？《修身齐家》的要点是：用什么来谨慎言行、端正威仪？用什么来严明夫妻关系、整治家庭？用什么来确定立国的根本、教育亲戚？《治国平天下》的要点是：用什么来匡正朝廷、整治百官？用什么来巩固国家的根本、制定国家的费用？用什么来弘扬礼乐、使祭祀有秩序？用什么来推崇教化、完善制度？用什么来审慎刑罚、整治武备？用什么来安定边境、推行教化？这些都应该逐一预先研究。先儒已经编纂成书，应该与经书一并悉心考究，这取决于教师把这些知识分类立课程，讲授学习讨论而有收获啊。这近似于学"经义""治事"，学成后有理论有实践，而不仅仅用来写八股文而已。就算写八股文，没有这些知识也写不成八股文。横州远在岭南，人们因循守旧，见识疏浅。但是读书人的材质，与中州人的厚重近似。以近厚的材质，用最正确的学问教他们，则一定有埋头学习而发奋振兴的。人决不能以地域限制啊。如果自己看不起自己，只在乎侥幸考得功名，而不求实实在在的知识，这难道是学校管理者的意思吗？又难道是振兴教育的人用来期待横州读书人的吗？

书院义田碑记 [①]

国家培育人才建首善[②]，自京师始推而至于省郡州县。或各立书院请山长招生徒以助辟雍庠序之化，典至重也。[③]自汉唐以降，最重书院者莫如宋代。当时有四大书院之名，则应天、嵩阳、岳麓、鹿洞是也。以故成就人才最盛，至今炳耀书策。横州处西南边徼之地，在粤西州县中，人文郁起，宿有庸中矫矫之目。[④]旧立秀林书院，虽延师教学其中而田租不设，山长之束修甚俭，生徒之膏火无供，规模未备。困廪空虚，俾之枵腹而习诗书，将何以几文教之震兴，而士林多体用兼备之材耶？[⑤]余下车来，目击为忧。适断公事，知阖州绅庶施舍各寺田亩优裕，收获所入，或供僧徒挥霍者有之。因商之乡士大夫，衰取[⑥]谷三百四十六石零拨入书院，稍廓束修膏火之助。士大夫无不欣乐之。缘是条以闻之大宪，俾垂久远。将来事机有会，或可增大其规模也。继自今将见讽诵弦歌彬彬日上。而督课生徒虽不敢望似四大书院之盛，其或如潮州之赵德、鄞县之杜醇，实所希冀云。[⑦]租谷拨用之数另开于后。是为记。

奉政大夫、广西南宁横州知州加一级、随带军功加一级、长洲宋思仁 □□氏撰

秀林书院原有旧租一百五十六石，以为馆师膏火。又早造租二十石，以为延师聘金并碗盒椅桌之用。今新拨租谷

三百四十六石零，所有租数土名佃人姓名列于碑阴。

乾隆四十年岁次乙未冬十月朔日立

❀ 注释：

①本文录自秀林书院碑记，该碑记现立于横县中学秀林书院纪念馆里，标点符号为译者所加。下两篇同。

义田：为供养族人而购置的田地；或私田之产捐于庙寺者称义田。

②首善：能起表率作用的，最好的。

③山长：古代书院的负责人。辟雍、庠序：古代对学校的称呼。

④宿：平素。目：代指人。

⑤几：征兆、苗头。

震兴：同"振兴"。

体用：中国古代哲学范畴，其含义多样，文中所引可理解为理论学习与实践能力的意思。

⑥裒取（póu qǔ）：集中取用的意思。

⑦赵德：号天水先生，唐朝人，时潮州刺史韩愈曾请他主持州学，潮州学风从此大振。

杜醇：字石台，宋朝人。以明经行修、孝友著称。宋庆历八年（1048年），知县王安石曾聘之为鄞县县学老师。

译文：

国家培养人才设立样板学校，从京城开始推行而至于省城郡府州县。有的地方建书院聘请山长招收学生来辅助学校推行教化，仪式极隆重。自从汉唐以来，最重视书院的莫如宋代。当时有四大书院之称，即应天书院、嵩阳书院、岳麓书院、鹿洞书院。所以成就人才最盛，直到今天仍光照史册。横州地处西南边境，在广西的州县中，教化兴起，平时即有特别出众的人。以前设立的秀林书院，虽然聘请教师来教学生但没有设田租（予以补助），山长的酬金很少，学生灯火费用无法供给，不成规模。米仓空虚，使师生空着肚子学习诗书，又凭什么来振兴教化，而使读书人多出体用兼备的人才呢？我到任以来，看到这种情况很是担忧。刚好因审理公事，得知全横州的乡绅百姓施舍粮食给各个寺庙的田亩很多，所得收入，有的被僧徒随意浪费。因此与乡士大夫商量，截取租谷计三百四十六石零，拨入书院，稍微增加教师酬金和学生灯火费。士大夫没有不乐意的。因此拟写文件报上司批准颁行，使之长期有效。将来有机会，或许可以增大办学规模。从今以后将出现读经习礼文明日进的气象。而教师督促考核学生，虽然不敢奢望似四大书院那样人才兴盛，如果有像潮州的赵德、鄞县的杜醇（那样的老师出现），那也实在是我所希望的啊。租谷拨用之数另外开列于后。是为记。

奉政大夫、广西南宁横州知州加一级、随带军功加一级、长洲宋思仁 □□氏撰

秀林书院原有旧租一百五十六石，用作老师办公费。又早造租二十石，用作聘请老师的聘金和添置碗盒椅桌之用。今新拨租谷三百四十六石零，所有租谷数量田土名称佃人姓名都列于碑的背面。

乾隆四十年岁次乙未（1775年）冬十月朔（初一）日立

宋牧伯恩增膏火碑记

岁在乙未，节届灵辰，武以边末非才谬典秀林教事。[①]春上三月十日，宋侯来刺横州。既握银章，[②]先临讲院。出其有方诗集，宝墨烟浓；授以橐余诸编，天葩灵拥。[③]庚清鲍俊，弈弈才锋；陆海潘江，源源家学。[④]知为先司农之冢子，作我亿兆姓之神君也。

众方待泽，仰簪笏之箕裘；侯乃推恩，布廉明之弓冶。⑤爰日悬而槎山暖，和风扇而郁水清。冕露乔卿，纤尘不到；花栽潘岳，万朵皆圆。⑥意在菁莪，聚精神以专注；谋先芃朴，出智府以经营。⑦考书院之创垂，束修仅矣；问经生之负笈，膏火缺焉。荒入砚田，昌黎之暗饥可叹；歉归书库，倪宽之赁作堪怜。⑧于以踌躇，于以参酌。⑨谓夫萤窗雪案，疏水难支，⑩曷若古刹浮屠土田稍损，约裁其二十之一，计租则三百有奇。佛以利济居心，佛若有知，应遂菩提之额⑪；僧以恬淡为道，僧能解事，咸输乐献之情。爰立恒久章程，永作诵弦资助。粟似从天而降，香泛琴书；钱如出地而流，甘回攻苦。化弥西蜀，范矜式于文翁；河润颍川，拜恩波于郭伋。⑫兰膏吐焰，庆溢寒毡；艺苑生光，欢腾短褐。允矣，隆平伟绩；洵哉，致治鸿模！夫王敬俭之文章，原于庭训；柳仲郢之器业，饶有父风。⑬戴此□⑭之循良，忆前徽于旧宪。崇儒重道，圣天子喜得名臣；衣德绍闻⑮，先抚军乐有肖子。转洪钧于一气，门阀煌煌；绵乐育于千秋，生徒济济。⑯从此人文昌炽，南康长治于考亭；学校奋兴，晋城久安于明道矣。⑰

武等岈嵝德宇，憩息棠阴。虽胸无宿物，有如没字之碑；而身在阳春，肯作不啼之鸟？敢竭空疏之见，刻划写真，聊书纪实之言雕镌付石，用以昭兹来许垂示无穷云尔。谨序。

宋侯讳思仁，江南长洲县人，历任四川简州、署保宁府知府。以先司农忧起复今任。并志。

癸酉科举人、截取知县、前拔贡生、秀林书院掌教、治年家晚生蒙武赍万悦氏顿首拜撰。⑱

乾隆四十年岁次乙未初冬朔日立

儒学增广生蒙唐赍书丹

✤ 注：

① 灵辰：吉祥的时辰；古代以正月初七为"灵辰"节。
谬：谦辞。

② 银章：即官印。"既握银章"意思是到任后行使职权。

③ 有方、橐余：指宋思仁的诗集《有方诗钞》和《橐余存稿》。

橐：口袋。

葩：花朵。

④ 庾信、鲍照皆是南北朝时期著名的诗人。杜甫诗曰："清新庾开府，俊逸鲍参军"。后人以"清新"评论庾信，以"俊逸"评论鲍照。

陆海潘江：是"陆才如海，潘才如江"的简称。"陆"就是陆机；"潘"就是潘岳，都是西晋著名诗人。

⑤ 簪笏：古代官员佩戴的冠簪和手执用以书事的手板，后人以之指称官员。

箕裘、弓冶：《礼记·学记》说："良冶之子，必学为裘；良弓之子，必学为箕。"大意是说，善于做裘衣、弓箭的人家，其儿子见惯见熟，自会做裘衣、弓箭。后人以之指父子世代相传的事业。

⑥ 觅露乔卿：郭贺，字乔卿，为官清廉有政声。汉明帝曾赐以三公之服，并命令郭贺撤去襜帷，露出帽子，使巡行时百姓看得清其容貌服饰，以之表彰郭贺。

花栽潘岳：潘岳做河阳县令时，曾命令全县种桃花，得百姓赞许。

⑦ 菁莪："菁""莪"皆为植物。《诗·小雅》说"菁菁者莪，乐育材也"，后人以"菁莪"指育材。

芃朴："朴"指枹木。《毛传》："芃芃，木盛貌。"据此意译为"发展"。

⑧ 昌黎：唐著名文学家韩愈，号昌黎。他有诗曰："蚍蚍当世士，所忧在饥寒。"

倪宽：汉朝人，小时候好学，因家贫不能上学，常带着经书去帮人打工，休息时便读书，时人赞其"带经而锄"。

⑨ 于以：语气助词。

参：同"叁"，数词，表多次。

⑩ 萤窗：晋人车胤小时候读书，家贫点不起灯，他就在夏夜捉了许多萤火虫放在纱布袋里，利用萤光照明读书。

雪案：晋人孙康小时候家贫，常映雪读书。"萤窗雪案"

形容刻苦读书。

疏水："疏水箪瓢"的省称，意为生活清贫。疏水：粗糙的饮食；箪瓢：简陋的食具。

⑪颡（sǎng）：额头。

⑫文翁：西汉教育家，景帝时任蜀郡太守，推行教化，受汉景帝嘉奖。

郭伋：东汉官员。曾任颍川太守，声誉很好。有一次，皇帝召见郭伋，对他说："颍川得了个贤能太守，受益很多。颍川距离京城不远，一条河水可滋润方圆九里之地，希望京师一同受益。"

⑬王敬伦：人名，事迹不详。

柳仲郢：唐朝人，官至京兆尹。之前其父亲柳公绰也曾任京兆尹，所以说是"饶有父风"。

⑭□：此字模糊不清，书写时往右偏离中线落笔，似属讳笔。

⑮衣德绍闻：衣：穿着，引申为继承。绍：接续，延续，引申为发扬。德：指美好的品行。闻：好名声。

⑯洪钧："天"的别称。

绵：延续不断。

⑰考亭：朱熹号考亭先生，南宋教育家、理学家。曾任南康（今江西星子县）知军。

明道：指北宋著名理学家程颢，人称明道先生。程颢曾任山西晋城县令。

⑱截取知县：清朝为笼络读书人，入关不久规定举人连考进士三次不及第者，由本省督抚开具证明到吏部备案，排队等候派任官职，称截取。中后期由于人数太多，许多人至死都"截取"不到一官半职。

掌教：教师。治：治下。明清时期吏民对州官的自称。

年家：科举时代同年中举者的互称。明清时不论是否同年都互称年家。

晚生：后辈对前辈的谦称。

译文：

　　四十年正月初七灵辰节，我蒙武赉以边材末料不才之身主持秀林书院教事。春三月十日宋侯来任横州知州。刚到任，就先到讲院，把他著的《有方诗钞》和《橐余存稿》赠送给书院。诗文华丽美盛，就像天花充满灵气。文采光耀，如庾信清新明丽、鲍照俊秀文雅；家学渊源，似陆机大海翻腾、潘岳长江奔涌。得知是前司农大人的长子，来作我横州百姓的贤明官员。百姓正仰待新官施行前人的恩泽，宋侯便推行先祖清廉的德政。爱日高照槎山暖；和风吹拂郁水清。宋侯人品如乔卿清静，一尘不染；施政如潘岳栽花，万朵美艳。着意在于育人，必须聚精会神；谋划重在发展，自应用心经营。（宋侯）查核书院创办以来，仅靠学生所交经费维持，询问学生求学的费用又很紧缺。读书人遭遇饥荒，韩愈诗吟饥饿着实可叹，倪宽锄带经书实在可怜。（为此）反复讨论，商量决定，认为靠萤火映窗雪光照案来读书生活清贫难以长久，不如古刹佛寺稍减土田收入，大约裁减其二十分之一，计租谷就有三百多石（转作书院租谷）。佛以利人济世为怀，佛祖若有知，也应点头赞成；僧以恬静淡泊为道，僧人能理解，都会乐于奉献。（宋侯）于是立下长期条约，用来补贴老师学生。从此粮米像从天而降，钱币如出地而流，惠及书院和学生。宋侯效法兴教化于西蜀的文翁，百姓感激他，称颂他就像推仁政于颍川的郭伋。油灯吐焰，书生们兴高采烈；书院生光，百姓们欢呼雀跃。实在啊，使文教事业昌盛发展的大政绩，使社会安定清平的大举措！王敬俭的文章，源自其父的教导；柳仲郢的功业，饶有其父的风范。推崇此□的善良用心，追忆前人的美好政绩。（宋侯）崇尚儒学推重道义，圣明的天子喜得名臣；继承品德弘扬家风，先抚军大人乐有肖子。气运一转，门庭煌煌；教兴千秋，学生济济。（横州从此）教化昌盛，就如同南康有了朱熹而得以长治；学校奋兴，如同晋城有了程颢而得以久安。

我蒙武赉等受宋侯的荫庇，虽然胸怀坦直没有成见，没有什么才学；但身处阳春，哪能做不啼之鸟？之所以敢竭尽我空泛浅薄的见解来刻画事情的原貌，且把写实的话刻入石碑，是想用这件事来教育后人并永远传诵下去而已。谨序。

宋侯名思仁，江南长洲县（今苏州）人，历任四川简州知州、代理保宁府知府。为先司农大人服丧满期后起用为今任。并记。

癸酉科举人、截取知县、前拔贡生、秀林书院掌教、治下年家晚生蒙武赉（万悦氏）恭敬撰写。

乾隆四十年岁次乙未（1775年）初冬（十月）朔（初一）日立

儒学增广生蒙唐赉书写红字

秀林书院学约

学宜思所学何事。性无有不善，人所以可为尧、舜者以性善也。孟子性善之论极有功于学者，人伦所在正性天易见之处。学以敦伦，即学以复性，非二也。

父子有亲。惟相亲以道，性乃复于父子。父不克中养不中，才养不才，①非能亲其子；子不克尊其亲为贤圣之亲，非能亲其父。

君臣有义。惟有义，性乃复于君臣。事君尽礼，臣之义也；事君以忠，亦臣之义。率土之滨，莫非王臣。士不妄图幸进，农知早完国课，皆臣之义。

夫妇有别。君子之道造端夫妇。有道即有别，惟有别，性乃复于夫妇。先儒谓："夜觇诸梦寐，昼卜诸妻子。"夫妇居室之间，正可验学力也。

长幼有序。无论宗族乡党，咸有长幼，咸宜序齿，不仅一家之兄先弟后有序也。《曲礼》云：年长以倍，则父事之；

十年以长，则兄事之；五年以长，则肩随之，行有序也。又云：群居五人，则长者必异席，坐有序也。惟有序，性乃复于长幼。

朋友有信。以友辅仁，父子、君臣、夫妇、长幼之道，皆资友之匡辅。不信，则不以心性交友，友讵肯辅？晏平仲善与人交，久而敬之，有信故久敬也。惟有信，性乃复于朋友。歧伦与性为二者不知性，即不知学。盖外敦伦而言复性，所复者何？所学者何？伦外无性，伦外无学，知所谓学者而后可与共学矣。

右详言五教。教伦，即所以复性。故尧、舜使契为司徒，敬敷五教。朱子《白鹿洞书院揭示》亦特重五教之学。而其所以能敦伦者，其功列于左。

朱子尝述其师曰："孟子夜气②之说于学者极有力，盖人尚有几希异于禽兽者恃有夜气。旦昼果不至，梏亡则夜气愈清，足以存其仁义之心，其旦昼之气必能如平旦之气，而良心常存矣。"此圣圣传授心法，孟子特揭以示人，真元灯一线也。夏峰孙子曰："浩然之气固夜气之所积也，存存不息，平旦如是，旦昼如是，极之而造次颠沛无不如是。是义集而气自充，气充而行必慊，将见刚大之气复归于径寸之舍，而道义之配自塞乎天地之间矣。夜气者，人禽之关，亦死生之关也。"由夏峰之言绎之夜气，得所养浩然之气，即得所养宜思所以养夜气。

最宜切戒慎不睹、恐惧不闻之学。道不可须臾离，学即不可须臾不戒惧。戒惧则心与道一。程伯子曰："识得此理，以诚敬存之而已，不须防检，不须穷索。若心懈，则有防；心苟不懈，何防之有？理有未得，故须穷索；存久自明，安待穷索？"又曰："凝然不动，便是圣人。"程叔子曰："学者须敬守此心，不可急迫，当栽培深厚，涵泳于其间，然后可以自得，但急迫求之，只是私己，终不足以达道。"朱子曰："程子所以有功于后学者，最是敬之一字有力。"又曰："持敬之说，不必多言，但熟味整齐严肃、严威俨恪、动容貌、整思虑、正衣冠、尊瞻视等语而实加功焉，则所谓直内，所谓主一，自不待安排而身心肃然，表里如一矣。"又答吕伯恭曰："承谕整顿收敛，则入于著力；从容游泳③，又堕于悠悠。此正学者之通患。"然程子尝云："亦须且自此去，今亦当且就整顿收敛处著力。"先贤所以谆谆诲人者，不外涵养本原。盖培植此心主一无适，乃可谓学。

贵于隐微独觉，人所不知之地严密自治。《大学》必慎其独。谨几于独，则易为力，俟其潜滋暗长而后制之，则难为功。此亦不但人不及觉，即己若非心定气清，亦难自知。君子之所不可及者，其唯人所不见，正此功也。谨之又谨，毫无自欺之蔽，后即有差，亦君子之过矣。

性偏难克者，痛克之方为切近之。学宜思在"我之性所偏者何"，时时省察，时时克治，乃可有进。谢上蔡先生检点病痛，□④去矜心。程子称其切问近思，上蔡真可谓百世师。

圣贤容人改过，能改过者即君子。过岂足以限人？尝观世之人，不知自治者无论矣，即稍知自治而一事偶差，遂甘自弃，往往谓前愆难掩，改图无益。观人者亦不思予人以自新之路，往往好论人过，摘人数十年前失误，即欲定人终身。夫舜跖之分只争一念：向为君子，一念颓废即为小人；向为小人，一念□⑤兴即为君子。周子谓："仲由喜闻过，令名无穷焉。"朱子谓："过而能改，则复于无过。"吕新吾谓："虽至属纩⑥时改过，亦不失为改过之鬼。"人孰无过？孰不能改？愿共勖之。

右五条养夜气、戒慎、恐惧，皆所以培养本原也。慎独，即培养中之精明。克治改过，亦自培养中养出能克能改力量。

古今义理无穷，非研究极精，则细微曲折未能详尽。措之于事，必有毫厘千里之差。故平时格物穷理，必力为探讨、抉微、追幽，使此心如明镜止水，虽中无一物，而万象内涵体用毕具。一旦做事，自然资深逢源，与空疏无具者不同。

读圣贤书，宜切身体认。如读《学而时习》，宜思所学者何。真知学之所在，即宜实心实力以学之。朱子谓："未能周公学周公，未能孔子学孔子。"如此方得所学。时习，则所学无间，乃可深造。自得自省，果学否？果时习否？未学即学，未习即习。每读一书，皆反求诸身，则圣贤言语，时如耳提面命，对书如对圣贤，放心安得不收？学问何至无成？至于非圣之书，断不可观。所宜潜心玩味者，除四书五经外，小学、《近思录》及诸儒言学之书，皆实有益于身心性命，皆当体之于己。总之，读书只贵躬行实践，只贵以古人之心印在我之心，以在我之心上契合古人之心。[⑦]孔子好古敏求，敏则期与古人为一矣，吾人当如何致力？

制艺代圣贤立言，所以使天下学者知有孔、曾、思、孟之学而循序渐进以驯至于圣人也。非身体力行，所言何能亲切有味？学者必心圣贤之心，学圣贤之学，由是而本其心得发为文章。甘苦自道之言自能醒人心脾。居易俟命，得不喜，失不忧，如此方为纯学。若不务实修而但剽窃袭取，纵或得名，其学亦务外，非设科取士之本意矣！程子谓："科举之事，不患妨功，惟患夺志。盖志有定向，斯心不妄动，当应举则应举而已，何妨功之有？"朱子曰："非是科举累人，自是人累科举。若高见远识之士读圣贤书，据吾所见而为文以应之，得失利害置之度外，虽日日应举亦不累也。居今之世，使孔子复生亦不免应举，然岂能累孔子耶？"先贤言犹在耳，懔之慎之！

学莫贵于责志。志不立必不能为学。不鞭策此志，志何以立？夫志，气之帅。志之所至，气必至焉。孔子，圣人也，尚必十五志学。志之在人，真如木本水源。不培其本而欲枝之茂，不疏其源而欲流之长，讵可得耶？诚能力策此志，心常惺惺，克己自如红炉点雪。程子谓："学者为气所胜，习所夺，只可责志。"王文成公谓："责志之功，其于去人欲，有如烈火之燎毛，太阳一出而魍魉潜消也。"旨哉言乎！惟痛自刻责鞭志，使醒者深知之。然学宜不负当下，责志之功，即宜用诸目前。目前知志之宜责，目前即责志，分阴亦贵惜也。

右四条穷理力为探讨、读书反求诸身、作文先贵实修、当下鞭志使醒，随在莫非培养本原。策以当下，尤见学只争当下。

工夫所在，即本体所在。我欲仁，斯仁至矣。欲仁之心即仁也。不知心者不知学，以心求心者仍不知学。[8]噫！学术不明也久矣。兢业即天理，用事即本体，发见须信得及。

事业自心性中流出方为真事业。三王之所以高于五霸者，只不外一真。

右二条为培养本原者示以活泼之本体，并示以天德王道不外一真，此心法也。

天行至健不已。学即宜法天无瞬息之或闲。张子谓："言有教，动有法，昼有为，宵有得，息有养，瞬有存。"如此功方严密，如此自与天合德。

□□□[9]言希天之学。培养本原正所以希天。天人本无二，□□□天则伦敦性复，即人即天矣。此天人一体之学也。

本学约数条，乃余向者主讲菊潭书以自警并以警诸生者也。前在直隶、唐山、晋州、成安、平山等州县，每逢月课，□谆谆与书院生童申明斯约，诸生亦颇有领会者。岁庚午奉□□□□□[10]课秀林书院生童。来学者果知性无不善，尧、舜可为，痛加策励，各思振兴，使文风蒸蒸日上，士习焕然一新，是则余所厚望也夫！

时大清同治年岁次辛未甲午朔。知横州事、中州子洁王涤心[11]谨识。

✿ 注：

①中养不中，才养不才：出自《孟子》的《离娄下》。"中"，即中正；"才"，即有才能。"不克"，即不能。

②夜气：儒家把人在夜间摆脱了白天世俗的纷扰而产生的良知善念称作夜气。

③游泳：涵濡；浸润。

④□缺字似为"但"。《宋史列传第一百八十七·道学二》

载，程颐问谢上蔡读书有什么收获，谢答曰："但去得一'矜'字尔。"

⑤□：缺字，所缺似为"振"。

⑥属纩：古人检验临死之人有无气息的习俗。即用新棉絮放在濒死者的口鼻上，如果棉絮不动，即宣布死亡。后人用"属纩"指代人的临终。

⑦以古人之心印在我之心，以在我之心上契合古人之心："古人之心"指古人的学说或思想；"在我之心"指自己学习体验之所得。

⑧不知心者不知学，以心求心者仍不知学：不了解"心学"就不知如何去学，单纯的理论探究仍属不知如何学。

⑨□□□：所缺字据行文应为"右一条"。

⑩□□□□□：所缺字似为"旨守横州月"。译文照此。

⑪王溯心，字子洁，理学家，河南人。河南古称"中州"。

译文：

学习，应该思考学的是什么。人的本性没有不善良的。人之所以能成为尧、舜，是因为人的本性善良。孟子的性善论，对学者有极大的作用，尊卑长幼的关系，正是人性与天道显现之处。学习就是敦促人际关系回复本性，亦即通过学习使人回复善良的本性，这并不是两码事。

父亲与儿子有亲。但只有以道义相亲，人性才能回复到父子身上。父亲不能做到以良好道德来教育不肖的儿子；以才能来培养无才能的儿子，就不能说父亲与儿子有亲；儿子不能像敬重圣贤一样敬重父亲，就不能说儿子与父亲有亲。

君王与臣子有义。只有有义，人性才回复到君臣身上。侍奉君王尽以礼仪，是臣子的义；侍奉君王出于忠心，也是臣子的义。四海之内，没有谁不是君王的臣子。读书人不贪图宠幸和升官，农民知道及早缴完国家赋税，这都是臣子的义。

夫妇有区别。君子的道起端于夫妇。有道就有区别。只有有区别，人性才能回复到夫妇身上。先儒说："夜晚苦苦思索还不明白的，白天可以和妻儿探讨。"夫妇一同生活，正可检验学习的功夫。

长幼有序。不论宗族乡里，都有长有幼，都应该按年龄排序，不只是一家之中的兄先弟后叫有序。《曲礼》说：比自己年长一倍的人，就像服侍父亲那样待他；长十年的，就像对待哥哥那样待他；长五年的，就与他平等相待。这就叫行有序。又说：五人相处，年长者就应坐在不同的座位。这就叫坐有序。唯有有序，人性才能回复到长幼身上。

朋友有信。以朋友来辅助仁德的养成。父子、君臣、夫妇、长幼之间的道义，都要借助朋友来匡正辅助。不诚信，就不能以性情交朋友，朋友怎肯帮忙呢？晏婴善于与人交往，时间长了人们还敬重他，这是有诚信所以才得到长久的敬重啊。唯有诚信，人性才能回复到朋友身上。把尊卑长幼的人际关系和人的本性视为两样的人不知道人性是什么，就不知道学什么。不讲尊卑长幼的人际关系而谈论回复人性，所回复的是什么呢，所学又是什么呢？尊卑长幼的人际关系之外没有人性，没有学问。知道什么叫学习的人，然后才可以与他一起学习啊。

右边详细说明五教。教人如何相处，就是用来恢复人的本性。所以尧、舜让契当司徒，恭谨地推行五教。朱熹的《白鹿洞书院揭示》，也特别重视五教之学。而其之所以能敦促人际关系恢复本性的，其功用列于左边。

朱熹曾述评他老师的话，说："孟子的夜气之说对学生非常有用，大概因为人还有一点不同于禽兽的就是仗着有夜气。白天（夜气）如果不显露，把杂念去掉了就会更清晰，足以保存人的仁义之心，那白天的夜气必能如清晨的一样，人的良心就能常存了。"这是圣人向圣人传授的心法。孟子特别把这种心法明白地告诉人们，真是一脉相传啊。孙夏峰说："浩然之气本是夜气积累，不停地积累，清晨如此，白天也如此，极为艰难困顿颠沛流离的时候也无不如此。此道义聚集正气自然充盈,正气充盈了行为就会心安理得,就会现出刚直正大之气并回复于径寸之心。而道德义理相配合,浩气自能塞满天地之间了。夜气,是区分人与禽兽的关键,也是区分生和死的关键。"用孙夏峰的话来演绎夜气,刚好解释了孟子所说的善养浩然之气,即善养浩然之气就是要考虑如何养夜气。

最应该研究戒慎不睹、恐惧不闻的学说。道是不可片刻离开的,读书即不可片刻不警惕不畏惧。警惕和畏惧就使心与道同一。程颢说:"识得这个道理,以虔诚的心来敬守它就可以了,不用防范和检束,不用苦心思索。如心松懈,则有防范;心如不松懈,有什么可防范?道理未弄清楚,自然必须苦心思索,(但)道理存在心里久了自然明白,哪里用苦心思索?"又说:"宁静不动,便是圣人。"程颐说:"学者应该敬守这种心境,不可急迫,应当深厚地加以养护,并从中领会参悟,然后才能自然得道。但凡急切追求,只是满足一己私欲,最终不能到达道的境界。"朱熹说:"程颐的说法之所以对后来的读书人有用,就是一个'敬'字最有力。"又说:"持敬的说法不用多解释,只要仔细体会整齐严肃、庄重恭敬、端庄容貌、严谨思虑、整齐衣冠、端正瞻视等词语的含义,在这方面实实在在下功夫,则所说的内心正直、专一,自然不用安排就已经身心肃静,表里如一了。"又答吕伯恭说:"按照要求去整顿收敛身心,进入持敬就感到很费力;悠闲舒缓地学习体会,则进入持敬费时又太长,这正是读书人的通病。"但程颐又曾说:"也必须且从这个方面去做,现在也应该从整顿收敛方面来努力。"先贤用来谆谆诲人的,不外是培养根本,因为只有培养心的专一而无杂念,才可以谈学习。

人贵在隐微处也能独自觉悟,在别人所不知的地方严格自律。《大学》要求人要谨慎独处。谨慎就近乎慎独,那么就容易集中力量克制杂念。如果让杂念暗中滋长,然后才去克制,则难以奏效。这种杂念不但别人不能及时发觉,即使是自己,如果不是心定气清，也难以自己发现。君子之所以不可企及，唯在别人看不见的地方能慎独，正是这个功夫啊。谨慎再谨慎，毫无自欺的害处，谨慎后即使有差错，那也是君子的差错了。

本性偏执难以克制的人，痛下决心克制的方法是：一定要切合自己的实际。读书应该思索在"我的本性之所以偏执的原因是什么"，时时反省检查，时时克制，才能有进步。谢上蔡检查改正自己的毛病，说只要去掉骄傲自大之心就行。程颐称赞他是"切问近思"。谢上蔡真可以说是百世师表。

圣贤允许人改正错误。能改正错误的人就是君子，错误哪足以限制人呢？我曾经观察世人，不知自律的人就不说了，即使稍知自律，如果做事偶然出错，就甘心自弃，往往认为前面的过错难遮掩，改了料想也无益。考核者也不想给人以改过自新之路，往往喜欢谈论人的过错，挑出人几十年前的失误，即想决定人的终身。那虞舜和盗跖的区别只差一个念头：向来是君子，一个好念头的颓废就会成为小人；向来是小人，一个好念头的振兴就会变成君子。周敦颐说："仲由喜欢别人指出他的过错，（这种）好名声永远流传。"朱熹说："错而能改正，就回复为没有过错了。"吕新吾说："即使到了临死时才改正过错，也不失为改正过错之鬼。"人谁没有过错？谁不能改正过错？愿共同勉励。

右五条是说养夜气、戒慎、恐惧都是用来培养人本性的。慎独，是培养中重点培养的精髓。自律与改错，也是在培养中养出的能克制自己能改正错误的力量。

古今的义理无穷无尽，不研究得极精深，则细微曲折的义理就不能详尽理解。用来办事，必定会有毫厘与千里的差别。所以平时穷究事物的义理，一定要努力探究，发掘隐晦细微、幽僻深奥的义理，使自己的心如明亮的镜、静止的水，虽然当中空无一物，但万物的内在特质和外在形状完全具备。一旦做事，自然蓄积深厚左右逢源，与学问空疏不完整的人不同。

读圣贤书应该亲身体验。如读《学而时习》，应该思考所学的是什么。真正知道了学习目标，就应该实实在在去学它。朱熹说："比不上周公就要学周公，比不上孔子就要学孔子。"这样才得到真正的学问。经常复习，则学习就不会间断，才可以深造。学有所得还要自行反省，真的学习了吗？真的经常复习了吗？没有学就学，没有复习就复习。每读一书，都反过来从自身找答案，那圣贤的话，就同当面看到听到一样。面对书就如同面对圣贤，迷失的心哪会不收敛呢？做学问哪会不成功呢？至于否定圣人的书绝对不能读。适宜专心研究体会的书，除四书五经之外，文字学、《近思录》以及各儒者谈学习的书，都实在有益于身心性命，都应当切身去体验领会。总之，读书只贵在亲身实践，只贵在切合古人的学说。孔子喜好古圣贤之学而努力追求，努力追求就有希望与古圣贤同一啊，我们应当如何努力？

用八股文代圣贤说话，就是使天下的读书人知道有孔子、曾子、子思、孟子的学说，而循序渐进地修行成为圣人。不身体力行，所说的话哪能亲切有味？读书人一定要以圣贤的心作为自己的心，以圣贤的学说作为自己的学说，由此而根据那些心得写成文章，（那么）自己谈读书的甘苦体会自然能够沁人心脾。（平时）安于现状听从天命，得功名也不惊喜，失去也不忧愁，如此才是纯正的学问。如果不致力于践行体验，而只是剽窃抄袭，纵使博得功名，他的学习也是做表面功夫，不是设科举考录读书人的本意了。程颐说："科举考试的事，不怕妨碍人修行（成为圣人），只怕改变人（成为圣人）的志向。这是因为立志都有明确的方向，这个志不动摇，当应举就应举罢了，哪里能妨碍人的修行呢？"朱熹说："不是科举使人累，而是人自累于科举。如果是远见卓识的人读圣贤书，根据自己的见解写文章去应试，把得失利害置之度外，即使日日应试也不会累啊。当今世界，即使孔子复生也不免应试，但哪能累得了孔子呢？"先贤的话仿佛还在耳边回响，要敬畏、谨慎啊！

学习最重要的是鞭策志。志不立就必定不能学习，不鞭策督促这个志，志凭什么而立？志是气的统帅，志到哪里，气也必定到哪里。孔子是圣人，还在十五岁时立志学习。志对人来说，就好像木之根，水之源。不培土而想树木枝繁叶茂，不疏通源头而想水长流，怎么可能呢？真的能尽力鞭策这个志，心常清醒，克制自己的杂念自然像红炉融雪一样（迅速有效）。程颐说："读书人被坏习气所支配，只能鞭策志。"王守仁说："鞭策志的作用，在去除人的私欲方面，犹如烈火烧毛，（又如太阳驱魑魅）太阳一出魑魅都消散了。"这话说得太好了！只有痛加鞭策志，才能使清醒的读书人深刻理解这个道理。但学习（也）应该不要辜负当下的时间，鞭策志的功夫，就应该用于现在。现在知道了志应当鞭策的道理，现在就应该加以鞭策。一分光阴也贵在珍惜啊。

右四条是穷究理义努力探讨、读书反求自身、作文首先贵在践行体验、当下就要鞭策志使人醒悟，所说无非培养根本。鞭策当下就践行体验，更加突现读书须争分秒（的紧迫性）。

读书的工夫所在，就是本体所在。我想得仁，这个仁就到了。想仁之心，就是仁啊。不知道心学的人不知学，仅仅从理论上来探求心学的人仍属不知学。唉！学术界的思想模糊不清太久了。勤奋努力就是天理，做事就是本体，明白这个道理应该相信还来得及（改进）。

事业从自己的性情中创造出来，才可称为本原的事业。夏、商、周三代君王之所以高于春秋五霸，只不外乎一个"真"字。

右二条为培养根本的人展示生动活泼的本体，并示以"天德王道不外一个真字"，这就是心法啊。

天道的运动极为刚健，永不停止。学习就应该效法天道的运动，瞬息都不停歇。张载说："说话合教义，行动有规范，白天力行有为，晚上静思有得，息时养浩气，瞬间有存留。"

这样功夫才严密，这样才能与天道相合。

右一条是谈崇尚天道的学问。培养根本正是所谓的崇尚天道。天道与人性本来不是两样的。□□崇尚天道，人的本性就回复了，即人性就是天道啊。这就是天人一体的学问。

本学约几条，是我从前主讲菊潭书院时写来自勉并勉励学生的。以前在直隶、唐山、晋州、成安、平山等州县，每逢月考，都与书院学生恳切耐心地解释这些学约，学生中也有相当部分人能领会。庚午岁（1870 年）我奉旨守横州，每月考核秀林书院的学生。来读书的学生如果真的知道人性没有不善，人人可以成为尧、舜（的道理），从而痛加鞭策勉励自己，都思考如何发奋振作，促使文风蒸蒸日上，读书人的习气焕然一新，这就是我所寄予的厚望啊。

时在大清同治年（1871 年）五月初一日。横州知州、中州子洁王涤心谨记。

❀ 补记：

《义学记》《书院义田碑记》《宋牧伯恩增膏火碑记》《秀林书院学约》四篇碑记注译于 2013 年 6 月 19 日至 7 月 31 日。其时横县中学正筹办 90 周年校庆，该校采用《书院义田碑记》在校内宣传橱窗展出。

后记

　　本书的文字大都是近几年来业余写成，所写体裁不一，长短不一，写成后就堆在书桌一角或丢在抽屉里，得闲便翻出来裁裁度度，修修补补。其中有几篇曾在南宁《绿城作家》、横县《茉莉花》杂志或《横县时讯》刊过，收入本书时又根据新发现的材料作了修改。凡与之前相左的说法，当以本书所刊为准。

　　本书非横县历史专著，但所集篇什皆与横县历史有关，故以"话说横州"命名之。

　　需要说一说的是对历史遗址的实地考察。为了探寻横州学前街、旧城墙以及横州街众多旧庙寺的位置，我曾拿着清人绘制的州城图在横州街内寻了十几圈，随机访问了二十几个老人。许多事由于年代久远人们已经说不清了，比如外西街原有一座坐南向北的玉虚宫，1932年为建第二市场铺维新码头而拆掉。有说估计此玉虚宫原址在今禁毒大队处的，有说可能在幼儿园处的，最后经林哲男老先生指点，找到一条在地图上标示但被今人砌墙遮挡了的小道，才得以确认。又如未建西津电站时，由南乡渡江过乾井，步行经沙埠可到莲塘街，民国时修的省级公路是在英莲处建一座桥过江到乾井，而不是经沙埠。这是询问南乡退休教师陆志华和莲塘中心校杨承信老师并到沙埠、英莲考察，询问当地多位老人而得知。总计一年多来，自驾车或骑单车沿着横州到校椅、灵竹，横州到百合同菜，横州到莲塘等旧路走了一两趟，到过校椅街、石井街、竹瓦、凤新（六凤搬迁）、箭芬（箭菜搬迁）、四排岭、茶站、文村、汶井、樟村、青桐街、六味、瓦窑、横塘、福塘，莲塘街、杨彭，陶圩街、福旺街、六秀，云表邓圩街、站圩街、上滩、下滩、龙门塘、大塘，旧永淳县的县城峦城街、新兴村，横州蒙垌、宋村、蒙村、江头村，百合街、圩背、绿岭、良善、同菜等圩街村庄考察访问，有的地方如莲塘街、杨彭、站圩街、百合街老猪子行就去了多次。

云表退休教师黄庆东不辞辛苦联系采访对象并冒着酷暑多次带我到云表大塘、站圩、邓圩等地考察采访。为确认大滩旧驿站遗址，下滩村 70 多岁的谢保凡医生甚至放下诊所的工作带我去遗址勘察。横县教师进修学校退休教师谭诚带我到樟村考察庙宇，辨读旧碑。横州符春生先生除向我提供其收藏的有关古籍外，还带我去看其朋友收藏的清光绪己亥年重刻的乾隆版《横州志》。峦城镇中心校校长莫钟桓、退休教师滕煜俭、梁树成和平朗笔山村 85 岁的李业仁先生为我了解旧永淳县教育的有关情况提供了帮助。横县宗教事务局林星飞局长、横县文学艺术界联合会黄仕江主席和《老横州的故事》收集整理者吴光先生于百忙中抽时间带我去南山寺考察。横县文物管理所孙冬梅所长复印民国《横县志》，使我得以阅读尘封多年的资料，对研究和理清横州历史帮助很大。此外，还有许多不留名的乡亲为我指路解惑，这些本应彰扬的热心人和热心事在本书相关的文章里都没有提及。

广西图书馆、桂林图书馆、广西师范大学图书馆，以及横县端书图书馆、横县文物管理所、横县党史办等县内外有关单位和同志，为我查找资料提供便利。许多朋友为本书无偿提供资料或照片。

借此机会，谨向所有关心、支持和帮助本书写作的领导、同仁、朋友、乡亲表示衷心感谢。

袁　海

2017 年 5 月于横州

图书在版编目（CIP）数据

话说横州 / 袁海著．—南宁：广西人民出版社，2017.5
（2021.11 重印）
ISBN 978-7-219-10286-2

Ⅰ．①话… Ⅱ．①袁… Ⅲ．①随笔 – 作品集 – 中国 – 当代
②游记 – 作品集 – 中国 – 当代 Ⅳ．① I267

中国版本图书馆 CIP 数据核字（2017）第 122685 号

责任编辑：韦洁琳
文字编辑：邓　韬
责任校对：黄丽莹
封面设计：韦秋宇

出版发行　广西人民出版社
社　　址　广西南宁市桂春路 6 号
邮　　编　530021
印　　刷　南宁市开源彩色印刷有限公司
开　　本　880mm×1230mm　1/32
印　　张　11.125
字　　数　299 千字
版　　次　2017 年 5 月　第 1 版
印　　次　2017 年 5 月　第 1 次印刷
　　　　　2021 年 11 月　第 2 次印刷
书　　号　ISBN 978-7-219-10286-2
定　　价　60.00 元